KB060486

근로시간 제도개혁

화이트칼라 이그젬션은 왜 필요한가

大内伸哉 Ouchi Shinya 저
이승길 역

박영사

저자서문

　근로시간이라고 하면 지금까지 장시간 근로에 따른 과로의 문제를 논의하는 경우가 많았다. 여기에 최근에는 새로운 논의로서 화이트칼라 이그젬션(white collar exemption, 근로시간의 적용제외)이 추가되었다. 그렇지 않아도 장시간 근로 문제가 있는 중에 화이트칼라 이그젬션이라는 가산임금을 폐지하는 제도의 도입은 장시간 근로를 더욱더 유발시키는 논외의 시도라고 비판하는 목소리도 크다. 한편, 화이트칼라 이그젬션을 "시간이 아니라 성과로 임금을 지급하는 제도"라고 정의하며 '화이트칼라 이그젬션＝성과형 임금'이라는 이미지를 덧입혀서 이 제도를 도입할 필요가 있다고 주장하는 목소리도 있다.

　나는 화이트칼라 이그젬션과 관련해 어느 한 쪽에 주장도 부족하다고 느끼고 있다. 그 원인은 화이트칼라 이그젬션이 '노동기준법'(한국의 근로기준법)의 개정론, 즉 법률 문제로 의식하는 것이 희박한 채로 논의되는 부분이 있기 때문이다. 근로시간제도를 제대로 논의하기 위해서는 노동기준법의 제4장 '근로시간, 휴게, 휴일 및 연차유급휴가'의 조문(제

32조−제41조)과, 이와 관련된 판례를 이해한 후에 진행할 필요가 있다. 언뜻 보면, 근로시간의 문제에 대해서는 누구라도 논의할 수 있는 것처럼 '참가의 장벽'이 낮은 것 같지만, 실제로는 법률 전문가도 이해하기 어려운 부분이 있는 '함정이 많은' 분야이다.

본서를 쓴 목적은 우선 근로시간제도를 논의하기 위해서는 꼭 알아두어야 할 법률의 기본 지식을 알기 쉽게 설명하고, 그 다음에 현행 법률의 내용에는 어떠한 문제가 있는지를 여러 독자와 함께 생각해 보아야 할 정보를 제공하려는 것이다. 아울러 참고로 일반인에게는 거의 알려져 있지 않은 외국의 근로시간제도(미국, 유럽연합, 영국, 독일, 프랑스, 이탈리아)를 소개하려는데 있다. 마지막으로는 '근로시간의 제도개혁'과 관련해 현재의 일본에서의 논의를 정리한 후에 나 자신의 개혁안을 제시해 보고자 한다.

그런데, 본서를 집필할 때에 먼저 생각했던 점은 장시간 근로를 비판하는 사람들의 위선이다. 위에서 근로시간의 단축을 주장하는 많은 사람들이 실제로는 장시간 근로를 행하고 있다. 일본 사회에서는 '촌가(寸暇, 짧은 시간)를 아끼며 일하는 것'은 미덕(美德)으로 보았다. 그 밖에 사회에 큰 가치를 가져온 많은 창조적인 성과는 '촌가를 아끼며 일하면서' 탄생하였다. 우리는 이러한 뛰어난 성과를 창출한 사람을 칭송해 왔다. 이것은 이를 창출한 근무방식도 함께 승인하는 것을 의미한다.

물론 법률가의 입장에서는 장시간 근로가 법률에 위반되면, 이를 악(惡)으로 규제해야 한다. 미지급(서비스, 무급, 공짜)잔업을 다양한 핑계를 꾸며대며 정당화하는 경영자(사용자)를 허용할 수는 없는 것이다.

그러나 법률가는 기존의 법률을 준수(compliance)하는 것을 염두에 두면서도, 기존의 법률을 바꾸기 위하여 구체적인 법 개정안을 제안하는 작업(입법론)도 법률가의 중요한 역할이다. 근로시간에 관한 입법론에서는 창조적인 성과는 장시간 근로를 통해 창출해 왔다는 사실을 직시할 필요가 있다. 즉, 장시간 근로에는 좋은 것과 나쁜 것이 있다. 이때에 좋은 것은 남기고, 나쁜 것은 시정하는 것은 당연한 일이다. 이러한 준별 이론(峻別 理論)이 화이트칼라 이그젬션인 깃이다.

　노동법은 이미 커다란 개혁의 시기에 들어와 있다. 노동법은 고용사회의 큰 변동의 흐름과 궤도를 같이하고 있다. 일본 고용사회의 미래를 응시해야 한다고 보는 제도개혁론을 적극적으로 제시하는 것이 나의 라이프 워크(생애 과업)이다. 이러한 과업의 제1탄이 2013년에 발표했던 『해고개혁 – 일본형 고용의 미래를 생각하며』(解雇改革 – 日本型雇用の未来を考える, 中央経済社, 2013)이다.[1] 이러한 과정에서 보면, 본서는 제2탄인 셈이다. 이러한 의미에서 본서는 근로시간을 주제로 삼고 있지만, 나의 시선은 훨씬 미래에 두고 있는 셈이다.

　지난 2014년 12월의 중의원(衆議員) 총선거에서 압승을 거두고서 출범한 제3차 아베신조(安倍晋三) 정권은 지금까지의 고용개혁, 특히 근로시간 제도개혁의 걸음을 가속화할 것이다. 정부 내의 개혁 작업에서 노사 간의 이해 대립을 조정하기 위하여 타협할 만한 개혁의 내용이 될 가능성이 높다. 하지만, 어중간한 개혁은 하지 않는 편이 좋은 경우도 있다. 개혁에서 정말로 필요한 것은 그 이론적인 '줄기'이다. 본서에서는 이러한 개혁을 위한 줄기를 제시하고 싶은 것이다. 향후에도 일본의 경제가 경쟁력을 가지고, 기업과 근로자 모두에게 바람직한 고용사회를 창출하기 위한 필요한 개혁은 무엇인가라는 높은 차원에서 작업할 수 있기를 기대하고 있다. 이를 위하여 본서가 공헌을 할 수 있다면 큰 기쁨이라고 생각한다.

---

1 <번역자 주> 이 책자는 김희성(강원대) 교수, 『해고개혁 – 일본형 고용의 미래를 생각하며』, 한국경제연구원, 2015년 3월에 번역 출판하였다.

　본서를 집필하는데 근로시간에 관한 법학 분야에 축적된 선행 업적을 참조하였다(☞책 말미에 '참고문헌'을 참조). 또한 '고베노동법연구회'(神戸労働法研究会)의 신진 연구자들에게 항상 많은 자극을 받고 있으며, 본서를 집필하는 데에도 많은 도움을 주었다. 특히 화이트칼라 이그젬션을 비롯한 근로시간과 관련해 고베카쿠인대학(神戸学院大学) 법학부의 카지카와 아츠코(梶川敦子) 준교수(準教授)의 업적에서 많은 시사점을 받은 점을 여기에 특기해 두고 싶다.

2015년 1월

오오우치 신야(大内伸哉)

근로시간 제도개혁, '화이트 갈라 이그젬션'은 왜 필요한가?

1. 근로시간의 단축의 논쟁

(1) 현재의 실근로시간은 휴일근로는 연장근로에 포함되지 않는다는 고용노동부 행정해석에 따라 주 최대 68시간까지 근로할 수 있다. 즉 주 40시간＋연장근로 12시간＋휴일근로 16시간(토요일 8시간＋일요일 8시간)＝68시간. 그런데 실근로시간 단축을 위해 휴일근로를 연장근로에 포함하여 1주 최대 근로시간을 주 52시간으로 단축을 명확하게 하기 위해 근로기준법 개정을 추진하고 있다. 즉 주 40시간＋연장근로 12시간＝52시간.

이러한 법 개정의 추진 배경은 2013년 기준 우리나라의 연간 근로시간이 2,057시간으로 OECD(경제협력개발기구) 회원국의 평균(1,706시간)보다 350시간이 많고, 멕시코 다음으로 긴 편이다. 이에 일찍이 2014년 12월말 노사 단체와 정부는 장시간 근로문화를 개선하려는 법정책 방향에는 공감하고 있다. 나아가 2020년까지 1800시간대로 실근로시간 단축 연착륙을 위한 법제도를 정비할 필요성도 합의한 바가 있다. 다만, 주 40시간, 1년 52주, 휴일 15일 정도를 고려해, 단순한 계산으로 (40시간×52주)−(8시간×15일)=2080시간−120시간=1960시간이 된다. 목표치인 1800시간대가 되려면 재차 160시간을, OECD 회원국의 평균과 맞추려면 256시간을 각각 단축해야만 한다.

그후 금년 5월을 기점으로 제20대 국회는 그대로인데, 대통령이 바뀐 '정권 교체'란 커다란 변혁이 있었다. 이에 근로시간 단축만 보면, '휴식이 있는 삶'을 위한 문재인 대통령의 대선 공약은 그대로 추진해도 별 문제가 없는 것처럼 보인다. 예를 들어 주 52시간제 상한제 전면 이행 (중소영세 기업 및 근로자 지원 방안 마련), 근로시간 특례업종 및 적용제외 산업 축소, 1주 60시간 상한제 도입, 최소휴식시간제 도입(11시간), 임기 내 4인 이하 사업장에도 법정 근로시간 한도 적용 등이다.

그런데, 재논의의 단초는 여소 야대의 국회, 박근혜 대통령의 탄핵 등으로 노동개혁의 추진 동력이 상실된 상황에서 제20대 국회는 지난 2017월 3월 고용노동소위원회를 개최하고, 근로시간 단축 법안을 집중 논의되었던 적이 있다. 당시에 여야는 합의에는 이르지 못하고 대선 이후 논의를 재개하기로 합의하였다. 주된 쟁점으로 ① 휴일근로의 연장근로 중복할증, ② 기업 규모별 단계적 적용, ③ 특별연장근로 8시간 허용 여부에서 합의를 이루지 못한 채 종료하였다.

먼저, 휴일근로의 연장근로 중복할증 문제가 있다. 현행 고용노동부 행정해석은 휴일근로와 연장근로를 별개로 보아 휴일근로시 가산수당에 대한 할증률을 50%만 적용 중이다. 하지만, 일부 고등법원의 중복가산 인정(100%) 또는 부인(50%) 판결 이후에 대법원 전원합의체에 5년째 계류되어 있다. 여전히 휴일근로에 대한 연장근로 가산수당 중복 여부는 소송 중에 있다. 사실 휴일근로의 연장근로 포함 여부에 대한 명확한 법 규정은 없지만, 이는 '휴일근로'와 '연장근로' 모두 법정 근로시간외

근로라는 점에서 같은 성질(同性質)의 것이므로 다른 가산원인이 중복된다고 보지 않는다. 마찬가지로 법정휴일근로는 휴일근로의 관점에서 법정외 근로로서 평가하기 때문에 주의 연장근로로는 계산되지 않는다고 보아야 한다.

또한, 기업 규모별 단계적 적용과 관련해, 중소기업계는 법개정으로 법정근로를 주 최대 52시간까지 단번에 단축한다면, 절대 인력 부족과 생산성 저하에 따른 부작용이 발생한다고 주장하다. 이에 100인 미만 사업장이 전체의 97.5%를 차지하는 현실을 고려하면 기업 규모별(100인, 50인, 30인, 20인, 5인)로 그 적용 단계를 세분화된 시행(4-7년) 및 보완책의 마련을 통한 실근로시간 단축의 연착륙을 면밀하게 검토할 필요가 있다.

그리고, 특별연장근로 8시간 허용 여부와 관련해, 노사 합의에 따른 특별연장근로를 허용함으로 경영 상황에 따라 주 최대 60시간까지 추가 근로가 한시적으로 가능하도록 법개정이 필요하다. 휴일근로를 연장근로 한도에 포함한 근로시간의 단축은 그 전제로 기업 부담을 완화시키고, 정치, 사회·경제적 부작용을 최소화할 대책방안을 마련하는 것이 필요하다.

(2) 최근 문재인 대통령께서는 취임한 뒤 처음으로 청와대 본관 접견실로 '노동계' 대표들을 초청해 만찬을 가졌다. 거기서 근로시간 단축에 대하여 국회 입법이 가장 바람직하다고 하면서도, 여의치 않으면 대법원의 판례나 정부의 행정해석을 바로잡는 등 여러 대안이 있다고 언급하셨다. 근로시간 단축이 우선 입법추진할 과제가 되어 버렸다. 하지만, 세상은 변했고, 대선 공약을 재확인하면서 이젠 필요하다면 정부의 행정해석이 폐기될 것이라고 이구동성이다.

그러나 정부의 행정해석을 바로잡는다는 이유로 행정지침에 따른 노사 관행과 상식에 부합하지 않게 스스로 번복(폐기)하는 것은 신중하게 처리할 문제이다. 대법원 판례는 법관에 의해 재판 영역에서 영향을 미치고,

행정해석은 법치행정의 원칙상 행정작용도 보통 행정기관에 의해 실현된다. 행정작용도 사법작용과 비교하면 양자의 기본구조가 동일한 셈이다. 이것은 국회에서 국회의원이나 정부에 의한 법률의 제개정도 상호 유사한 구조이다. 서두르기보다는 경제·정치 환경의 변화에 따른 노동개혁이라는 큰 그림에서 근로시간 단축문제도 다루어야 한다. 이러한 문제는 '경제사회발전 노사정위원회'에서 노사정 대타협을 이루어내고, 그리고 국회에서 법을 개정하는 '정도'(正道)로 해소하는 것이 바람직할 것이다.

이번에 국회에서는 노동관계법을 제개정해야 한다면, 특히, 근로시간 문제에 한정해서도 근로시간 특례업종 및 근로시간 적용제외 제도, 근로시간 저축휴가제, 탄력적 근로시간제 단위기간 3개월에서 1년으로 확대, 전문업종에 대한 재량근로시간제 확대, 할증율 50%에서 국제노동기준인 25%로 조정, 업무방식과 성과에 연동된 '화이트칼라 이그잼션제도'(White Collar Exemption, 근로시간 적용제외제도) 신설,1 유급주휴의 무급화 검토, 휴가제도(법정 및 법정외)의 검토 등을 체계적이고 종합적으로 고려해서 근로시간법제의 정비 방향을 함께 설정해 추진할 필요가 있다. 미래를 지향하는 진정한 노동 개혁을 위한 입법자로서 국회의원들의 치열한 고민을 통한 현명한 입법적 결단을 재삼 기대해 본다.

2. 근로시간 법제개혁의 기본방향

(1) 최근에 정치권에서 최저임금의 인상, 비정규직의 정규직화, 근로

---

1 이제는 '화이트칼라·이그잼션'의 신설을 논의할 필요가 있다. 일본에서는 고도전문업무/성과형 노동제, 고도 프로페셔널 제도, 연장근로수당 제로법안, 탈시간급제 등으로 불린다. 나아가, 일본의 경우 2013년 아베 내각이 성장전략의 하나로서 도쿄(東京), 오사카(大阪), 아이치(愛知)의 세 개의 대도시권 등을 경제특구로 지정하여 금전해결을 포함한 해고규제의 완화, 기간제고용계약 설정의 유연화, 화이트칼라 이그잼션의 도입을 검토하고 있다. 다른 한편, 장시간 근로를 해소하는 데에는 시간외 근로시간의 직접적 규제, 가산율의 인상, 휴식시간제도 도입 등의 필요성을 신중히 검토할 필요가 있다.

시간 단축 등의 노동법제를 다루고 있다. 현재 우리의 노동문제는 다양하고 심각하다. 지난 제19대(2015.9.15. 노사정대타협) 국회(관련 계류 법안은 회기를 마치면서 자동폐기) 및 2016년 4월 이후의 제20대 국회, 2017년 5월 새 정부가 갑작스레 제 각각 출범했지만 축적된 노동법제 개혁의 시급성에는 동의하면서도 현실적으로 논의조차 하지 못하였다. 또한 새 정부는 전환기의 노동정책과 관련해 일자리 창출, 비정규직 감축 및 처우개선, '노동존중사회의 실현이라는 공약을 제시하였다. 최근의 경기 침체와 실업, 고령화/저출산 등과 산업현장에 노동시장의 구조개편 이슈가 있다. 노동현안 중의 '노동개혁'은 노동시장의 유연성 제고와 청년실업의 해소 등의 일자리 창출을 말한다. 그리고 소득 주도의 경제성장 전략 중에는 노동법제 개혁은 필요하다고 본다.

그런데, 정권마다 노동법제 개혁은 산업현장에서 노사단체는 팽팽한 진영의 논리에 매몰되어 소모적인 주장이 있을 뿐이다. 노동계는 비전과 전략이 부재한 반면에, 경제계는 대기업을 조율할 능력이 부족한 상황이다. 이에 정부는 기존 노동정책 과정에서 드러난 문제점을 반복하지 않고 노동법제 개혁을 적극적으로 추진할 필요가 있다. 노동법제 개혁을 위해서는 산업 현장에서 직면하는 고용사회의 현상을 정확하게 진단하면서 적절한 처방전을 써야만 한다. 어쩌면 지금이 새로운 노동법제 개혁으로 전환시킬 수 있는 중대한 분수령을 만들 골든타임이 아닌가 싶다.

잘알다시피 선진국의 노동법제 개혁은 공통적이며 일치된 해결의 방향성을 지향하고 있다.[2] 특히, 4차 산업혁명과 관련해 일자리 문제 등 향후 고용사회의 미래는 어떻게 될 것인가?[3] 국가가 시장메커니즘을 최

---

2 일본, 프랑스, 독일, 영국의 노동법제 개혁에 대한 자료로서, 이형준, 「선진국 노동법제 개혁의 시사점」, 경총 노동경제연구원, 2016.
3 롤랜드버거(김정희/조원영 옮김), 「4차 산업혁명」, 다산, 2017 등; 경제사회발전노사정위원회(번역본), 「노동 4.0 녹서」(번역본), 2017; 독일 연방노동사회부, 「노동 4.0 백서」(토론보고서)(번역

대한 살리고 입법에 관여하려면 장기적인 관점에서 노동법제 개혁을 다룰 필요가 있다. 그런데, 국회는 서둘러 노동법제를 입법화하고자 한다. 노동법제 개혁의 형성과정에 참여하는 노사정 및 공익대표에게 노동법제의 정합성이나 이론적 일관성이란 도대체 구체적으로 무엇을 의미하는 것인가?[4] 노동법제 개혁은 결국 가치지향적이며 통상 지속적인 환경의 도전에 대한 대응으로서 제도의 공백을 메우기 위하여 형성되고 집행된다.

(2) 앞으로의 기업은 고령화·저출산의 심화, 경영환경의 변화에 따라 근로시간을 탄력적으로 조정함으로써 추가 비용의 부담없이 인력관리를 유지할 필요가 있다. 사무직근로자의 경우 근로시간법제의 유연화로 근로의 수행방법에 있어서 근로자의 재량 폭이 증가하고, 일반근로자와 같이 엄격한 규제가 업무수행 실태와 능력발휘 목적의 견지에서 부적절한 사무직근로자의 증가하는 상황을 고려하여 근로시간제도와 관련한 입법적인 개선방안이 필요하다.

이러한 현황에 대해서는 다음과 같이 정리할 수 있다. (i) 관리직 등 사무직근로자 층의 잠재적인 확대이다. 우리나라의 기업에서는 외국과는 달리 승진관리의 특징인 늦은 선발시스템에서 사무직근로자는 입사 후 장기간 동안 격차 없이 연공서열로 승진하기 때문에, 적어도 과장급까지는 사무직근로자의 범위가 광범위하다. (ii) 관리직 등의 사무직근로자의 장시간근로에 관한 실태이다. 최근의 경영상황에서 선진국과 비교해 사무직의 과잉근로가 많다. 특히, 경기상황에 따라 근로시간이 양

본), 2017 참조.
4 실제로 정부, 국회, 노사정위원회 등에서의 입법 관련 작업은 정상(頂上)교섭의 측면에서 정합성이나 이론적 일관성을 관철하기란 현실적으로 어렵다. 그런데 중립적인 학자(공익위원)가 관여해 정치 상황에 따라 일관된 이론을 입법하는 의미가 있다. 제19대 및 제20대 국회에 계류된 '노동법제 개혁법안'을 보면, 노사간에 미합의 쟁점은 중립적인 학자라도 충분한 역할을 하기가 어렵다는 생각이 든다.

극화되는 방향에서 주 40시간 미만 근로자와 함께 주 60시간 이상 근로자가 늘어나고 있다. (iii) 이러한 실태의 배경으로는 종래의 기업사회의 폐쇄성, 불투명성이 있다. 사무직근로자의 장시간근로의 현상은 기업의 집단에 의한 개인의 억압을 드러내고, 기업의 조직문화에서 정시 퇴근의 기피풍조로 초과근로가 많고, 직장분위기와 관행상 휴가사용을 억제하는 문화도 원인이 되고 있다.

그런데, 선진국에서 진전된 유연한 근로시간법제의 규제방법은 (i) 법령에 의한 일률적 규제, (ii) 노사에 의한 집단적 결정, (iii) 개별계약에 따른 자유로운 결정으로 구분할 수 있다. 이러한 규제방법 중에서 전통적으로는 (i)의 방법이 많이 이용되어 왔으나, 1980년 이후의 경제 환경의 변화와 다양화·복잡화의 시대 추세(유연성의 요청) 중에서 (ii)의 방법이 나타났고, 또 경쟁의 격화(효용성의 요청) 중에서 (iii)의 방법을 채택할 필요성이 유력하게 대두되었다. 실제로 모든 경우에 이러한 규제방법을 편성해 구체적인 근로시간법제를 마련하였다.

이러한 점을 고려해 보면, 선진국의 근로시간법제에 대한 체계와 내용을 그대로 우리나라의 근로시간법제에 벤치마킹하는 경우에는 한계가 있다. 노동법 개혁시 외국법제를 논의할 경우에 대체로 우리나라의 법제와 외국(미국, 유럽연합, 덴마크 모델, 독일, 프랑스, 일본, 이태리의 사례 등)의 법제 내지 인사노무의 실무가 상이하다는 점에만 착안해 개혁이 필요하다고 인식해 출발하는 사례가 많다. 하지만 외국법제의 전체적인 모습을 간과한 채 우리나라의 법제와의 상이한 점만을 착안해 외국에서 이루었던 법으로 개정해야 한다고 논의하는 어리석음을 범해서는 안된다. 왜냐하면 외국법제는 각각의 고용시스템에서 형성된 노동시장 상황과 법률, 제도적 조건, 관습 등의 이유, 운용 방법, 문제점을 제대로 파악할 때에 비로소 유용하게 참고할만한 정보를 얻어 활용할 수 있기 때문이다. 외국의 사례는 경제적 사정과 정치제도에 따라 현지의 상황을 파악하고 상대화하면서, 정책의 환경, 목적, 수단, 효과 등을 면밀히 검토해 계수해야 하는 것은 당연한 일이다

외국의 실태와 법제의 차이를 고려해 보면, 노동법상 근로시간정책은 법적 요청이 다양해 그 의미가 상이하다. 개별계약에 의한 자율 결정에 맡기는 경우에 유럽 지침, 미국, 일본과 같이 상세한 법령상 규제로도 급변하는 사회의 다양화하고 복잡한 실태에 적용함이 어려운 경우도 고려해야 한다. 외국의 근로시간법제의 체계를 검토해 보면, 우리나라와 그 성격이 달라서 제도와 장점을 참고하되, 대안으로 곧바로 계수하기에는 한계가 있다. 따라서 현행 근로시간법제의 문제점을 근거삼아 개별적 근로시간법제의 개선방안으로 사무직근로자 중심의 '재량근로제의 확대' 및 '화이트칼라 이그젬션(근로시간규제의 적용제외제)의 도입'을 검토할 필요가 있다. 이러한 경우에 경제·사회적 환경, 입법 목적, 제도의 설계 내용, 임금수준 등을 종합적으로 고려해 둘 수가 있다.

3. 근로시간 제도개혁에 학자의 역할

(1) 산업구조의 변화와 기술혁신, 저출산/고령화의 인구학적 변동 등으로 향후 21세기의 노동법적 과제를 새로이 설정해야 한다. 미래의 고용구조의 기본방향을 확인한 후 노동현안 정책과 중장기 정책을 재편성하고, 점진적으로 착실하게 연착륙할 수 있도록 대응할 필요가 있다. 실제로는 노동법제 개혁은 노사정 삼각관계에서 정부의 정책적 태도에 따라 달라진다. 국회의 다수당이 집권당이면 입법과정에서 정부법안의 추진이 용이할 수가 있다. 나아가 정부여당의 정책은 추천권이나 임명권을 통하여 대법원의 대법관 구성 등에도 영향을 미쳐서 판례의 흐름이 역행될 수도 있다.

학자는 학문의 세계에서 자신이 선호하는 방향에 대하여 자유로운 입장을 표명할 수 있다. 하지만 노동법제 개혁의 형성 과정에서 정치적인

사안을 위임받은 (노동법)학자(또는 전문가)의 사명은 국민의 선택과 판단에 필요한 정보를 제공하는 역할을 추가할 필요가 있다. 선진국에서도 입법을 추진할 때에 국제노동기준을 지향하며 풍부한 관련 전문가의 치밀한 검토 과정이 일반화되어 있다. 학자는 오로지 '학문적인 논증 작업'을 통하여 자신의 판단기초를 견고하게 하면 된다.

노동법제 개혁의 형성과정에서 학자로 참여하는 의미는 자신의 주장을 관철시키는 것이 아니라, 관련 학계에서 이미 축적된 논의 상황이나 학술지식의 도달점, 객관적인 사실을 전달하는데 충실할 필요가 있다. 노동법제 개혁 법안의 쟁점사안에 대한 더욱 면밀한 검토 분석이 수반되는 논의 과정에서 공정한 팩트에 기초한 식견{특히, 선진국(ILO, EU지침, 일본, 미국, 영국, 독일, 프랑스)으로 입법례의 지식·분석, 입법 추세 및 동향, 법질서 내의 체계적합성과 정합성}을 축적해 가면서, 쟁점도 좀더 명확화할 수 있다. 학문적 규칙 내에서는 현재 당사자 간에 분쟁 중인 사안에 전문의견서를 통하여 견해를 밝히고, 이로 인해 학자의 독립성이 훼손되지 않는다.

물론, 학자는 헌법상 학문 및 표현의 자유를 다양하게 보장받고, 다양한 입법론을 논의하는 상황 자체에 의미를 찾을 수도 있다. 또한 중립적인 입장을 전달하기가 어렵다면 대립하는 대표적인 학자가 노동법제 개혁의 형성과정에 관여할 수가 있다. 나아가 노동법제 입법정책에 영향력을 미치는 학자가 규제를 노동시장에 맡겨야 하며 입법적인 개입은 타당하지 않다고 하는 '규제 소극론'의 주장도 규제의 해태에 빠져버리는 원인으로 볼 수 있다.

이에 학자가 노동법제 개혁의 형성과정에 관여한다면, 정치적인 역할을 기대하고, 그 역할의 추가를 주장할 수도 있다. 이러한 경우라면 학자는 어떠한 정치적인 책임을 질 수도 있다. 그런데, 국민은 선거로 선택받지 않은 학자에게 정치적 책임을 지울 수단이 없다. 결국 학자가 노동법제 개혁의 형성과정에 관여하는 것은 타당하지 않을 것이다.

하지만, 노동법제 개혁에 관여한 학자의 역할은 시대를 통찰하는 냉정하고 명확한 관점, 명철한 관찰안을 제시할 필요는 있다. 노사 모두가 잘못된 노동법제로 기업의 도산 내지 근로자의 실직을 초래할 수가 있다. 이에 학자는 노동법제 개혁에 적극적으로 관여함으로 정책적 효과에 대한 사회적 책임이 커질 수 있다.

(2) 노동법제 개혁에 대한 학자의 역할은 다음과 같이 언급하고 싶다. 첫째, 고용사회의 현상을 파악할 필요가 있다. '실태형'은 실태조사를 전제로 하여 기초자료를 삼는다. 학자는 다른 분야의 실태조사·연구를 전제로 노동법제와 연계하면 된다. 또한, '이념형'은 실제로 법정책의 형성 과정에 관여한 많은 전문가의 협동 작업과 상호 이해가 필요하다.

둘째, 쟁점 법리, 법체계 및 비교법에 대한 연구검토 과정에서 대안을 제시해야 한다. 학계에서는 공론의 장을 마련해 내용을 충분하게 토의해 다양한 견해와 이익을 인식해 비교형량해야 한다. 거기서 논의된 전문지식은 적절한 형태(학술지, 논문, 기고문 등)로 국민에게 알려서 공감대를 확산해야 한다.

셋째, 노동법제 개혁에 대한 법학이 지닌 고유한 영역에서 쟁점 연구를 심화해야 한다. 예를 들어 고용정책과 일가정의 조화 이념, 인사관리의 개별화·복잡화에 대한 대응, 최저임금제도 및 그 인상방안, 임금제도의 개편, 취업형태에 따른 비정규근로자와 정규직근로자의 평등원칙 내지 균등처우 원칙(동일노동 동일임금원칙), 근로시간의 규제 개혁, 해고의 금전보상, 근로계약법제[5]의 필요성 여부, 근로자상, 종속적 노동론,

---

[5] 근로기준법은 근로조건의 최저기준과 이의 보장을 위한 행정적·형사적 제재규정이 대부분이며, 근로계약의 성립·전개·종료 사항은 구체적인 규정이 없는 상황이다. 노동시장의 환경변화에 따른 독자적인 '근로계약법리'를 본격적/체계적인 논의가 필요하다. 정부는 근로계약 전반에 관한 제도개선 방안 마련을 위한 연구라는 주제로 추진하고 있다. 이에 독일, 일본 등 해외의 근로계약

근로조건의 결정·변경시스템에 대한 정비(구축) 등이다. 이를테면 학설과 판례에서 보통 노동법의 적용대상인 근로자의 개념이 상이한 사실은 인정하고 있다. 다양한 근로자 개념의 문제이지만, 상이한 법의 취지 및 목적에 따른 근로자 개념의 상대성 문제이기도 하다. 또한, 현실에서 낮은 근로조건이어서 보호해야 할 근로자의 구제는 노동보호법의 문제가 아니라, 노동조합 및 노동관계조정법 또는 사회보장의 문제이다. '개인의 근로자'가 시장에서 대등한 플레이어를 할 수 없다면, 가능한 한 정책을 펼칠 필요가 있다. 해고에 대한 실체적인 제한은 '근로자'에게 좋은 일만은 아니고, 스스로 충분하게 이해해 사직할 수 있는 절차적 룰도 정비를 해야만 한다.

4. 근로시간 제도개혁, 왜 번역했는가?

(1) 노동법에서 근로시간은 임금과 근로자의 건강, 생활양식에 많은 영향을 미친다. 근로시간의 규제는 단지 근로자의 '시간'을 규제할 뿐만 아니라 근로자의 임금, 생활방식 등 다양한 측면을 규제하고 있기 때문이다. 이것은 한 국가의 일하는 시스템과 근로자의 개인 생활을 결정하는 중요성을 가진다. 근로시간의 단축을 위한 기존의 노동운동의 역사에 비추어 볼 때, 현행 근로시간제도가 성공한 것인지는 엇갈린 평가가 있다. 우리나라는 오래 전부터 지금까지 여전히 장시간 근로시간을 가진 국가에 속한다. 시간 단축을 위한 다양한 법정책을 펼쳐왔다. 근무형태의 유연화에 따라 새로운 근로시간제도를 도입하고, 정부의 노동행정도 집행해 왔다.

이러한 상황에서, 우리나라와 마찬가지로 근로시간 제도개혁을 논의

법의 마련을 위한 논의의 연구도 필요하다. 일본의 경우는 2007년에 제정된 순전(純全)한 민사법 규인 「노동계약법」은 순수하게 사업상의 권리의무 관계를 정한 입법이며, 향후 노동법제 개혁의 하나로서 기점이 될 수 있는 점에서 주목받고 있다.

하고 있는 일본의 상황을 검토할 필요가 있다. 이는 일본의 근로시간법
제는 우리나라와 유사한 듯하지만 상이한 부분이 많기 때문이다. 나아
가 현재 장시간 근로의 문제, 근로자의 (멘탈)건강. 일가정 양립(조화)의
추구 등의 현안 과제는 유사하다. 양국은 1일 8시간, 1주 40시간의 법
정 근로시간의 상한을 정하면서, 불규칙적인 근로형태의 확대에 대응하
여 탄력적 근로시간제도, 선택적 근로시간제, 재량적 근로시간제도 등
유연한 근로시간 제도를 도입해 매우 비슷한 규제 방법을 취하고 있는
것으로 보인다.

　하지만, 연장근로는 상이한 방법으로 규율하고 있다. 우리나라는 근로
기준법에서 당사자 사이에 합의하면 1주 12시간 내의 연장근로를 할 수
있으며, 특별한 사정이 있으면 고용노동부장관의 인가와 근로자의 동의
를 받아 이를 초과하는 연장근로를 할 수 있다. 반면에, 일본은 이른바
'36협정'이라는 근로자대표와 사용자와 연장근로에 대한 협정을 통하여
연장근로의 요건, 시간 등을 정할 수 있다. 또한 연장근로에 따른 가산
임금의 연장·야간근로 및 휴일근로의 가산율도 우리나라는 50%인 반면
에, 일본은 25% 및 35%로 차이가 있다. 이에 비추어 본다면, 우리나라
는 일본과 유사하면서도 보다 엄격한 근로시간 규제제도를 가지고 있다.

　그러면서도 현재 일본과 우리나라가 처한 상황은 비슷하다. 여전히
세계에서 가장 긴 근로시간을 가지고 있으며, 장시간 근로로 인한 근로
자의 건강이 위협받고 있다. 일과 생활의 조화도 문제가 되고 있다. 포
괄임금제도의 유지는 근로시간 산정에 기초한 임금체계마저 흔들 가능
성을 가지고 있다. 나아가, 불규칙한 근로형태의 확대에 대응하기 위한
도입한 유연한 근무시간제도도 요건이 어렵고 절차가 복잡해 많이 제대
로 기능하지 못하고 있다. 즉 전체적인 근로시간 제도가 제대로 기능하
지 못하고 있는 것이다.

　(2) 이러한 상황에서, 저자인 오오우치 신야(大內伸哉, Ouchi Shinya)

교수(일본 고베대학, 노동법 전공, 동경대학 출신, 1963년생)는 일본에서 노동법학계의 대표적인 중견학자이다. 그는 노동법학과 경제학, 경영학의 학제적 입장을 고려해 노동법의 관점을 제시하는 경향으로 일본의 노동법제를 주로 소개하고 있다. 일반 시민을 상대로 쉬운 노동법을 소개하는 책자도 많다. 한국에도 한번 방문한 적이 있는 학자이다.

   이번에 번역한 「근로시간 제도개혁」(화이트칼라 이그젬션을 왜 필요한가)은 화이트칼라 이그젬션 등의 '근로시간 제도개혁'의 논의의 장을 확대하는 계기를 마련하고자 하였다. 본서의 구성과 내용은 분석적이고 종합적으로 잘 편성되어 있다. 즉 (i) 일본의 근로시간제도의 기본 지식을 알기 쉽게 해설해 현재의 법률 내용에 어떠한 문제가 있는가를 독자와 함께 생각하기 위한 정보를 제공하고 있다. (ii) 일반인에게 거의 알려져 있지 않은 외국 입법례(미국, 유럽연합, 영국, 독일, 프랑스, 이탈리아)의 동향을 소개하고 있다. (iii) 일과 가정 양립의 조화(여가, 휴가) 등 근로시간 제도개혁론을 둘러싼 현재의 논의를 정리하고 있다. (iv) 근로시간 제도개혁론의 제언도 제시하고 있다.

   최근 일본 아베 정권의 노동개혁의 양대 축인 '근로시간제도 개혁'과 '해고개혁(금전보상제도 도입)'과 관련해, 저자의 본서인 「근로시간 제도개혁」(화이트칼라 이그젬션을 왜 필요한가)은 「해고개혁(일본형 고용의 미래를 생각한다)」(제1탄, 2013)[6]과 자매서(2탄)이다. 이것은 최근 출판된 책(2015년)으로 약간 도전적인 의미를 가지고 있지만, 이미 2판을 인쇄해, 일반인에게도 대중적인 호평을 받고 있다. 우리나라의 근로시간 제도개혁에 많은 시사점을 던져줄 것으로 기대된다.

   (3) 본서에서 제기하고 있는 일본의 '화이트칼라 이금젬션제도'(근로시간규제 적용제외제도)에 대한 논의는 노동기준법상 근로시간규제에서 근

---

 6 大内伸哉, 『解雇改革－日本型雇用の未来を考える』(2013, 中央経済社).

로시간 자유선택제와 재량근로제의 개정과 동시에 규제개혁으로서 '근로
시간규제 적용제외'를 확대하는 '특정 고도 전문업무·성과형 근로제(고
도 프로페셔널제도)'를 도입해야 한다고 주장하고 있다. 일본 경영계는 국
제경쟁력을 확보하기 위하여 근로시간규제 적용제외를 확대해야 한다는
견해를 오래 전부터 피력하였다. 요컨대 일본의 정규직은 기본적으로 연
공급 임금제도로서 근속연수가 장기간인 근로자일수록 가산임금의 산정
기초가 되는 '통상임금'이 높아지기 때문에 연장, 심야 및 휴일근로 비용
도 상승한다. 즉 중고령 근로자의 임금비용을 억제하자는 의도이다.

　제1차 아베 내각(2006－2007)은 경영계의 주장을 받아들여 크게 이용
되지 않는 재량근로시간 대신 이른바 '화이트칼라 이그젬션(white collar
exemption)'법안을 제안하였다. 2007년도 기준으로 연봉 400만엔 이상
근로자를 대상으로 근로시간규제 적용제외를 골자로 하고 있다. 이 법안
구상에 대해 '장시간 근로의 강요'와 '잔업수당을 제로(영)로 하는 법안'
으로 이해한 노동계가 반대하여 법안으로 발의하지 못하였다. 이러한 비
판적인 견해는 일정한 요건을 충족한 근로자가 희망하는 경우에 근로시
간·휴일·심야근로의 규제를 제외함으로 일본의 노동 현실을 간과하고
있다고 지적한다. 즉 일본의 장시간근로는 세계적으로 심각한 수준, 과
로사·과로자살의 산재 건수가 계속 증가, 장시간 근로와 직장 스트레스
에 의한 정신 질환의 산재 건수도 증가한 점을 근거로 제시하고 있다.

　지난 2014년 4월 제2차 아베내각은 일본의 「경제재생부」의 「산업
경쟁력회의」에서 새로운 근로시간제도의 창설을 제안한 바가 있었다.
즉 '시간이 아니라 성과로 평가되는 근무형태(pay for performance)'를
표방하였다. 아베노믹스의 성장전략은 '시간이 아니라 성과로 평가되는
근무 형태를 희망하는 근로자들의 요구에 부응하기 위하여 근로시간의
길이와 임금 사이의 연계를 분리하는 제도를 창설한다'고 주장한다. 이
것이 종전의 화이트칼라 이그젬션 법안과 다른 점은 근로시간 기준이

아닌 성과 기반의 노무관리를 지향하는 것으로 근로자가 시간과 장소를 자유롭게 선택하고, 일과 생활의 통합을 실현할 수 있다는 장점을 강조한다. 이를 통하여 높은 전문성을 가진 근로자뿐만 아니라 육아·가족간병을 담당하는 근로자의 활용도 기대할 수 있다.

(4) 이상과 같이 본서의 저자는 '화이트칼라 이그젬션'의 도입과 '연장근로 가산율의 수정' 등을 골자로 한 근로시간제도의 대대적인 개혁을 촉구하고 있다. 향후 정보통신기술(ICT)의 발달에 따른 근로자들의 일하는 방법에 큰 변화가 예상된다. 또한 개별 근로자의 관심이 일 우선, 회사 우선보다 일·가정의 조화, 일과 생활의 조화 등 개인의 시간과 자유를 우선시하는 사람들이 많아질 것으로 전망된다. 이러한 상황에서 본서에서 제안한 근로시간 제도개혁안들은 작금의 우리나라의 동제도의 개혁을 추진할 경우에 진지하게 검토할 필요가 있을 것이다.

본서의 번역서가 세상에 나오기까지 여러 관계자분들의 따스한 격려와 지원이 있어 감사한 마음을 표하고자 한다. 또한, 거친 번역을 꼼꼼하게 교정해 준 아주대노동연구회의 김준근 박사(노동법전공), 이주호 조교(아주대 대학원 박사과정수료 노동법전공)에게 고마움을 표하고자 한다. 그리고 여러 가지의 우여곡절 속에서 짧은 시간 동안에 일본과의 라이선스 출판계약을 추진하고, 번역서를 흔쾌히 출판해 주신 박영사의 안종만 회장님, 전체적인 편집 및 출판에 창의적인 아이디어로 예쁘게 다듬고 애써주신 김선민 편집부장님과 편집부 관계자에게 감사드리고 싶다. 마지막으로 항상 웃음으로 내조하는 아내와, 사랑하는 두 딸(윤형, 윤진)에게도 감사한 마음을 전하고 싶다.

2017년 11월
아주대 종합관 연구실에서
이승길

대목차

목 차

Chapter 5 | 일본의 근로시간 규제는 어디에 문제가 있는가?

Chapter 6 | 일본인에게 바캉스는 어울리지 않는다?

Chapter 7 | 근로시간 제도개혁론은 무엇을 논의해 왔는가?

Chapter 8 | 새로운 근로시간제도를 위한 제언

일러두기

〈법령명의 약어〉

노기법	노동기준법
시단촉진법	근로시간의 단축 촉진에 관한 임시조치법
근로시간등 설정개선조치법	근로시간의 설정 개선에 관한 특별조치법
근로자파견법	근로자파견사업의 적정한 운영 확보 및 파견근로자의 보호 등에 관한 법률
노재보험법	노동자재해보상보험법
남녀고용기회균등법	고용 분야에 있어 남녀 균등한 기회 및 대우의 확보 등에 관한 법률
육아개호휴업법	육아휴업, 개호휴업 등 육아 또는 가족개호를 행하는 근로자의 복지에 관한 법률
파트노동법	단시간근로자의 고용관리 개선 등에 관한 법률
노기칙	노동기준법시행규칙
할증임금령	노동기준법 제37조 제1항의 시간외 및 휴일의 할증임금에 관련된 율의 최저한도를 정한 정령

〈판례〉

본문 중의 판례는 사건명만을 표시하고, 상세한 것은 책 말미의 판례색인에 표시하였다. 또한 大內伸哉, 『最新勞働判例200 勞働法(第3版)』(2014, 弘文堂)에 수록된 판례의 경우는 그 게재 번호도 병기하고 있다.

사례: 電電公社弘前電報電話局事件＜最重判 119＞

〈참고문헌〉

본문 중의 문헌의 인용에 있어서는 참조할 경우에 특히 필요하다고 생각되는 경우에만 쪽 수를 표시하였다.

화이트칼라 이그젬션은 왜 필요한가?

회사에 근무하는 사람이라면 일반적으로 자신의 '근무시간'이 있다. 시업시각까지 출근해 종업시각에 퇴근한다. 하지만 정사원(正社員, 전일제근무자, 한국의 '정규직 근로자'에 해당)이라면 항상 종업시각에 퇴근할 수 있는 사람은 적다. 일본의 고용사회에서는 종업시간을 초과해 '잔업(연장근로＝시간외근로)'은 당연한 일이다. 때로는 시업시각 전에 출근하는 '조출(早出, 조기출근)'을 명령받는 경우도 있다. 잔업이나 조출이 당연한 것은 일본 정사원의 근무방식이 '무한정'임을 상징하고 있다.

일본의 고용사회에서 정사원은 특권적 지위를 누리고 있다. 근로계약 기간이 한정되지 않아서 고용이 안정되고, 아울러 급료(임금, 급여)도 높다. 그 이유의 하나로는 잔업비를 지급받는 데에 있다. 무한정한 근무방식은 과로를 초래해 정사원의 근무방식에 부정적인 측면이 있지만, 금전을 지급받기에 이해할 수 있다는 사람도 많다.

그런데 이러한 잔업비가 없어질지도 모르는 논의를 하고 있다. 이것이 화이트칼라 이그젬션(white-collar exemption)제도이다. 이러한 제도는 원래는 영어 단어에서 알 수 있듯이 미국의 「공정근로기준법」에 규정을 두고 있다(☞제4장 참조1). 그 내용은 간단하게 말하면, 일정한 요건을 총족시키는 화이트칼라 근로자(사무직 계열이나 관리직 계열의 업무에 종사하는 근로자)에게 근로시간 규제의 적용제외(exemption)를 인정하는 것이다. 이와 유사한 제도는 미국 이외의 국가에도 있다. 만약 일본에서 이 제도를 도입한다면, 잔업비가 없어질지도 모른다.

실제로는 제1차 아베 신조(安倍 晋三) 정권시에 2006-2007년 일본판 화이트칼라 이그젬션인 '새로운 자율적인 근로시간제도'를 도입하려고 시도한 적이 있었다. 하지만, 이것은 '잔업비 제로' 제도라고 비판을 받고서, 정부는 어쩔 수 없이 철회하였다. 잔업비가 없어지는 것은 정사원의 특권을 박탈하는 것이다. 장시간 근로만 시키고서 이것에 보답하지 않으면 근로자가 반발하는 것은 당연하다.

이렇게 보면, 화이트칼라 이그젬션의 문제점은 명백하다. 하지만 제2차 아베 신조 정권은 재차 화이트칼라 이그젬션의 도입을 목표로 삼았다. 2014년 6월 24일 각의(閣議)에서 결정된 '「일본재흥전략」 개정 2014'(『日本再興戦略』改訂 2014, 이하 '일본재흥전략'이라 함) 중에서는 근로시간법제의 개혁을 언급하면서, "시간이 아니라 성과로 평가받는 근무방식을 희망하는 근로자의 니즈(욕구)에 응답하는 새로운 근로시간제도를 창설하기로 하였다"고 밝혔다.

구체적으로는 "일정한 연 수입의 요건(예를 들어 적어도 연수입 1,000만 엔(한화로 1억원 정도) 이상)을 총족하고, 직무의 범위가 명확하고 고도의 직업능력을 가진 근로자를 대상으로 건강의 확보 또는 일과 생활

---

1 <역자> 제4장 미국과 유럽의 근로시간법제는 일본과 어떻게 다른가?

을 조화시키면서 근로시간의 길이와 임금의 연계를 분리한 '새로운 근로시간제도'를 창설하기로 하였다. 이에 「노동정책심의회」(労働政策審議会)에서 검토하여 결론을 내린 후에 차기 통상국회를 목표로 필요한 법적 조치를 강구한다"고 밝혔다(☞제7장 참조2). 여기서는 화이트칼라 이그젬션이라는 단어를 사용하지 않았다. 하지만, 이것은 '일본판' 화이트칼라 이그젬션을 포함한 '새로운 근로시간 제도개혁'을 목표로 삼아 선언한 것이 분명하다.

정부는 왜 화이트칼라 이그젬션의 도입에 대하여 많은 근로자가 분명하게 반발할 것인데, 추진하려는 것인가? 정부는 왜 기업이 잔업비를 지급하지 않아도 좋은 제도를 굳이 만들려는 것인가?

내가 정부의 목적을 제대로 이해하지 못하는 것인지도 모른다. 하지만, 나는 지금까지 화이트칼라 이그젬션의 도입이 필요하다고 주장해 왔다(大内 2007, 大内 2009 등). 그 이유는 물론 기업을 위하여 잔업비를 지급하지 않아도 되는 근로자를 늘려서 이른바 '미지급 잔업(서비스 잔업)'을 지지하려는 것은 아니다. 오히려 잔업비의 지급이 법률로 의무화된 구조에 딱 들어맞지 않는 근로자가 증가하는 상황에 놓여 있다. 중요한 목적은 이에 대하여 재검토해야 할 필요성이다.

제1장3에서 살펴보는 것처럼, 일본의 근로시간법제는 「공장법(工場法)」에서 유래한다. 공장법에서는 공장에서 일하는 연소자나 여성을 대상으로 근로시간을 규제(상한의 설정, 야간근로(심야근로)의 제한, 휴게나 휴일의 보장)하고 있었다. 오늘날에는 공장에 한정하지 않고 모든 업종의 모든 근로자(성인 남성도 포함)에게 근로시간을 규제하고 있다. 하지만, 공장법을 모델로 하는 근로시간의 규제가 오늘날에 규제의 원형(原形)이 되고 있다.

---

2 <역자> 제7장 근로시간 제도개혁론은 무엇을 논의해 왔는가?
3 <역자> 제1장 근로시간을 규제하는 이유는?

하지만, 현행 노동기준법(勞働基準法, 한국의 '근로기준법'에 해당)의 근로시간과 관련된 조문은 하위 번호가 많은 점에서도 알 수 있듯이, 1987년 노동기준법을 개정한 이후에 새로운 법조문을 추가해 매우 알기 어렵게 되었다. 이른바 원래의 심플한 가옥을 거듭해 증축함으로 집 전체가 이상한 형태가 되어 버렸다(☞제2장 참조4). 이상한 형태 이외에도 제3장5에서도 보는 것처럼, 근로시간을 규제하는 중요한 사명인 근로자의 '건강의 확보'라는 점도 충분하게 담보하지 못하고 있다. 이러한 문제점은 유럽의 법률과 비교해 보면(☞제4장 참조6), 더욱더 명확해진다(☞제5장 참조7). 화이트칼라 이그젬션에 대한 논의는 어떠한 의미에서는 근로시간의 규제를 현대 고용사회의 실태에 맞게 재구축하려는 시도라고도 할 수 있다.

이러한 근로시간의 규제를 재구축할 경우에 중요한 점은 '잔업비'의 처리이다. 여기서 잔업비란 노동기준법상 '가산임금(할증임금)'을 말한다. 노동기준법은 근로자를 1일 8시간 또는 1주 40시간의 법정근로시간을 초과해 일하게 한 고용주(사용자)는 임금의 25%(한국은 50%) 이상을 추가해 지급하도록 의무화하고 있다. 화이트칼라 이그젬션이란 일부의 화이트칼라에게 근로시간의 규제를 없애고 가산임금을 지급하는 의무화를 없애는 것이다.

가산임금은 잘 생각해보면 이상한 제도이다. 그 중요한 기능은 말할 필요도 없이 장시간 근로에 대한 패널티(벌칙)를 주는 것이다. 고용주가 부담하는 임금 비용을 강제적으로 높게 하는 것이기 때문이다. 하지만 동시에 근로자가 장시간을 일하면 수입이 늘어나는 부분도 있다. 이것에는 '미지급 잔업' 문제 등이 있기 때문에 실제로 어디까지 수입이 늘

---

4 <역자> 제2장 일본에서 근로시간의 규제는 어떠한 것인가?
5 <역자> 제3장 일본의 근로시간 규제는 근로자의 건강보호에 도움이 되는가?
6 <역자> 제4장 미국과 유럽의 근로시간법제는 일본과 어떻게 다른가?
7 <역자> 제5장 일본의 근로시간 규제는 어디에 문제가 있는가?

어나는 것인지는 미심쩍은 부분도 있지만, 근로자는 가산임금을 받기 때문에 장시간 근로를 유혹하는 효과가 있는 것을 부정할 수 없다. 그렇다면, 가산임금제도가 근로자의 장시간 근로를 억세하고 선상을 확보하는 데에 도움이 되는지는 매우 의심스럽고, 근로시간의 규제가 필요한 것인지도 의문이 든다.

그 뿐만이 아니다. 실제로 일본의 노동생산성(시간당 GDP)은 선진국 중에서도 매우 낮아서 20위이다(日本生産性本部「日本の生産性の動向(2013年版)」의 후술하는 그림 참조). 특히, 비제조업에 문제가 있다(제조업의 생산성은 OECD 회원국 중 7위이다). 여기에서는 고용주가 지휘명령을 하는 정도가 낮고, 스스로 근로시간을 다루기 쉬운 화이트칼라에게 비효율적으로 장시간 근로를 하는 실태를 알 수 있다. 가산임금제도가 이러한 사태를 만드는데 크게 기여할 가능성이 높다.

실제로 일본의 노동기준법에 원형인 공장법에서는 가산임금의 규제가 없었다. 또한 오늘날에도 유럽의 「근로시간지침」에서는 가산임금을 언급하고 있지 않다. 근로시간이 짧은 것(근로시간의 단축)으로 유명한 독일에서는 20년 전부터 법률상 가산임금의 의무화가 없어졌다.

화이트칼라 이그젬션이 '잔업비 제로'이기 때문에 바람직하지 않다는 주장은 근본적으로 잘못된 것이 아닌가? 오히려 일본의 근로자가 더욱 효율적으로 일하려면 '잔업비'가 없는 편이 좋은 것은 아닌가? 본서는 이러한 문제의식에서 일본의 근로시간의 규제에 대하여 과거에서 현재까지 살펴보고, 이러한 과제를 명확히 한 후에 구체적으로 근로시간의 제도개혁안을 제시하고 싶다.

일본의 생산성

OECD 회원국 시간당 노동생산성(2012년, 34개국 비교)

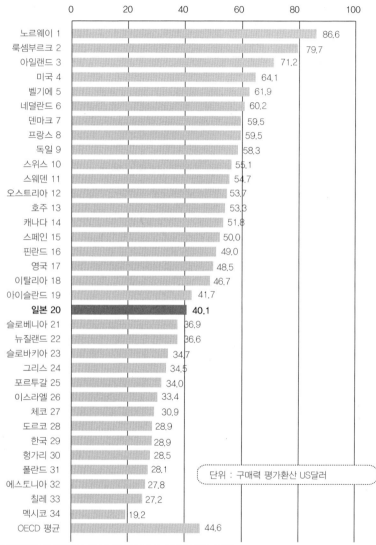

노르웨이 1	86.6
룩셈부르크 2	79.7
아일랜드 3	71.2
미국 4	64.1
벨기에 5	61.9
네덜란드 6	60.2
덴마크 7	59.5
프랑스 8	59.5
독일 9	58.3
스위스 10	55.1
스웨덴 11	54.7
오스트리아 12	53.7
호주 13	53.3
캐나다 14	51.8
스페인 15	50.0
핀란드 16	49.0
영국 17	48.5
이탈리아 18	46.7
아이슬란드 19	41.7
일본 20	**40.1**
슬로베니아 21	36.9
뉴질랜드 22	36.6
슬로바키아 23	34.7
그리스 24	34.5
포르투갈 25	34.0
이스라엘 26	33.4
체코 27	30.9
도르코 28	28.9
한국 29	28.9
헝가리 30	28.5
폴란드 31	28.1
에스토니아 32	27.8
칠레 33	27.2
멕시코 34	19.2
OECD 평균	44.6

단위 : 구매력 평가환산 US달러

(출처 : 공익재단법인 일본생산성본. 일본의 생산성 동향 2013년판을 일부 정리함)

근로시간을 규제하는 이유는?

일본에서 근로시간은 「여공애사(女工哀史)」 시대부터 현재까지 법적 규제가 필요하다고 여겨져 왔다. 근로자가 장시간을 근로하면 건강을 해칠 수 있고, 최근에 '일과 생활의 조화'(work-life balance, 일·가정의 양립)의 관점에서도 억제해야 한다고 보았다.

또한, 근로를 통하여 돈을 벌려는 자도 있을 수 있지만, 그 행동이 다른 사람에게 민폐를 끼칠 수도 있다. 그래서 근로시간의 자기결정은 제한해도 좋은 것이다.

하지만, 근로시간의 규제를 위반한 고용주(사용자)에게 벌칙을 주거나 근로기준감독서(한국의 지방고용노동관서)의 시정권고 등의 강력한 이행확보(enforcement) 시스템도 필요한 것인가? 겨우 근로시간이라고 하면 혼날까?

1. 자기결정에 맡기면 안되는가?

(1) 근로인가? 여유인가?

시간은 우리 모두에게 평등하게 주어지고 있다. 1일 24시간, 1주 168시간, 1년 8,760시간(윤년이라면 24시간이 더 길다). 이러한 시간 중에서 일하는 시간이 '근로시간'이다.

경제학자는 "경제학에서는 일정한 시간에서 생활에 필요한 시간을 뺀 나머지 시간(총시간)을 사람들이 여유시간과 근로시간을 나누는 방법에 따라 근로시간이 결정된다"(大內・川口 2014, 162면).

근로와 여유는 맞교환(trade-off) 관계이다. 근로자는 근로를 '고역'(苦役)이라는 의미에서는 가능하면 피하고 싶겠지만 수입을 얻으려면 피할 수 없다. 자신의 시간 중 어디까지가 근로인지는 자신의 자산이나 소득(금전적 여유)과 근로의 장・단점을 평가하는 방법(선호)에 따라 달라진다.

(2) 합리적인 노사라면…

근로자가 자신의 판단으로 자신에게 주어진 시간 중에서 근로에 충당하는 시간의 길이를 결정하고, 고용주도 이를 받아들여 합의로 일정한 근로시간을 일하도록 하는 근로계약이 성립하면 아무런 법적 문제도 없게 된다.

경제학에서도 합리적인 근로자는 자신의 효용을 최대화하는 근로와 여가의 편성을 고려할 것이다. 예를 들어 장시간 근로를 선택했어도 이것은 근로자가 선택한 결과로 평가해 아무런 문제도 없게 된다.

또한, 근로자는 장시간을 근로하더라도 건강을 해칠 정도의 길이를 선택하지는 않는다. 고용주도 근로자의 건강을 해치고 생산성을 떨어뜨릴 정도로 장시간을 근로시키는 비합리적인 행동을 하지 않는다. 따라서 노사 간에 합의된 근로시간을 규제할 이유는 없는 것이다.

(3) 정부의 개입이 실업을 초래한다?

또한, "완전 경쟁에서 사용자와 근로자 사이에 시장의 조정기능이 작용해 근로시간이나 근로자수인 노동량과 임금을 결정한다. 여기서 사용자에게 그 임금으로 고용하고 싶은 '근로자'와 일을 시키고 싶은 '근로시간'이 그 임금으로 고용하고 싶은 근로자수와 일하려는 근로시간과 같은 것이다."라는 것으로, '근로시간의 규제가 있으면, 일하려는 인원수나 근로시간과 고용하려는 인원수나 근로시간이 동일하게 되는 것처럼 임금을 조정하는 것이 어려워진다'(小畑·佐々木 2008, 85면). 즉, 완전 경쟁(근로자도 고용주도 임금을 조건으로 자유롭게 노동시장에 참가·퇴출하는 상황)이라고 전제하는 것이지만, 이론적으로 노사가 선택한 근로시간에 대하여 정부가 개입하면 실업을 초래할 수가 있다.

그런데 실제로 근로시간의 규제는 '노동법이 탄생'한 처음부터 있었다.

2. 규제는 어떻게 전개되어 왔는가?

(1) 제2차 세계대전 전의 「공장법」

일본에서 근로시간을 규제한 역사는 1911년에 제정된 「공장법(工場法)」에서 시작되었다(1916년 시행). 공장법은 상시 15명 이상의 '직공'(職工)을 사용하는 공장과 위험유해사업을 대상으로 15세 미만인 자와 여자(여성)에 대하여 1일에 12시간을 초과해 취업시키는 것을 금지하였다. 하지만 실제로는 명문의 예외규정에 근거해 많은 근로자를 고용해 생사(生絲)나 수출견직물 등의 산업에서 14시간까지 취업하는 것을 인정하였다.

상한을 초과한 연장근로는 천재지변 등의 경우, 불가피하게 임시로 필요한 경우, 임시로 필요한 경우에 2시간 범위 내의 연장, 계절에 따라 번망(繁忙)한 사업에서 인정하였다(☞제5장 4(연장근로가 어떠한 사유라도 허용되는 일본) 참조). 하지만 가산임금을 지급할 의무는 없었다.

이와 관련해 1919년의 「ILO(국제노동기구) 제1호 협약」(공업적 기업에서 근로시간을 1일 8시간 또는 1주 48시간으로 제한하는 협약)에서는 연장 근로시에는 25% 이상의 가산임금을 정하였다. 하지만 일본의 공장법은 그 후에 법을 개정할 때에도 가산임금을 지급하는 의무를 도입하지 않았다. 가산임금의 도입은 「노동기준법」의 제정을 기다려야 하였다.

그후 1923년에 개정된 공장법은 그 적용범위를 확대해 취업시간의 상한을 1일 11시간으로 단축하였다(하지만 일부 업무에서는 12시간까지 취업을 인정하였다). 1938년에는 「상점법(商店法)」을 제정해 공장 이외에서도 최장 취업시간의 규제를 도입하였다. 또한, 1939년에 제정한 「공장 취업시간 제한령」은 16세 이상의 남자 직공을 적용대상으로 1일 취업시간의 상한을 12시간으로 규정하였다.

(2) 노동기준법의 제정

제2차 세계대전 후(이하 '전후'라 한다)인 1947년에 제정한 「노동기준법」은 제2차 세계대전 전의 법률을 계승하면서 적용사업이나 적용대상자의 제한을 기본적으로 삭제한 포괄적인 보호법으로 탄생하였다. 근로시간도 1일의 법정 근로시간 8시간, 1주 48시간으로 정하였다. 이를 초과하는 연장근로는 공장법과 같이 사유를 한정하지 않고, '노사협정'(= 서면합의 ☞후술)을 체결해 행정관청에 신고하면 특별한 사유의 제약없이 할 수 있었다. 다른 한편, 앞에서 언급한 것처럼 공장법에는 없었던 가산임금의 지급의무를 도입하였다.

1주 48시간의 예외로는 '탄력적 근로시간제'(변형 근로시간제)는 4주 단위의 탄력적 근로시간제만이 있었다. 선택적 근로시간제(플렉스타임

(flex time)제)나 재량근로시간제는 없었다. 전체적으로 현행 법의 규제
와 비교하면 매우 간단한 규정을 두고 있었다.

(3) 1987년 노동기준법의 '대'개정

노동기준법에서 근로시간을 규제하는데 커다란 전환점이 된 것은
1987년의 법개정이었다(1988. 4. 1. 시행). 당시 유럽과 미국 등의 국가
에서 일본 기업의 존재가 급속하게 확대되었다. 이러한 동향 속에서 일
본 기업에 근로시간의 길이가 부당한 경쟁('사회적 덤핑')이라고 비난받
는 대상이었다. 그래서 근로시간은 유럽과 미국 등의 선진국 수준에 맞
추는 것을 국가정책으로 삼아, 구체적으로는 연간 1,800시간 근로를 목
표로 삼았다.

1987년 노동기준법을 개정해 1주의 법정 근로시간을 40시간으로 규
정하였다(하지만 당초에는 적용 유예, 단계적인 이행).[1] 탄력적 근로시간제
는 4주간 단위가 1개월 단위가 되고, 그 밖에 3개월 단위와 1주간 단위
의 탄력적 근로시간제를 도입하였다. 또한 선택적 근로시간제나 사업장
외근로와 재량근로('전문업무형')에서 '근로시간 간주제'를 도입하였다(☞
각 제도의 상세한 내용은 제2장 4(법정 근로시간이란 무엇인가)를 참조). 연
차유급휴가(연차휴가=연휴)는 그 최저 부여일수를 6일에서 10일로 확대
하였고, 소정의 근로일수가 적은 근로자(단시간근로자=파트타임근로자
등)에게도 비례적으로 부여하였다. 또한, '계획연차휴가제도'를 도입해
연차휴가의 사용에 대한 불이익 취급을 금지하였다.

바로 '엄청난' 노동기준법의 개정이었다.

---

1 <역자주> 한국의 경우 1989년, 1997년, 2003년 이후 근로기준법을 개정한 후 근로시간의 규제
   를 개혁하였다. 근로시간 단축으로 근로자의 건강보호, '일과 가정의 양립'을 지원하기 위해 주
   법정근로시간은 1989년 3월 29일에 44시간근로제로, 2003년 9월 15일에 40시간근로제(2004.1)
   로 단축해 법제화되었다. 2011년 7월부터 비로소 5인 이상 사업까지 확대 시행되었다.

(4) 1989년 이후 노동기준법 개정

헤이세이(平成, 1989년) 이후 노동기준법의 근로시간 규제는 몇 차례 개정되었다.

우선 1993년 노동기준법의 개정(1994. 4. 1. 시행)에서는 주 40시간제를 시행(중소기업 유예조치의 완전 해소 1997. 4. 1. 시행)하고, 3개월 단위의 탄력적 근로시간제는 1년 단위로 개정하고, 연차휴가권은 고용한지 6개월 이후에 발생하게 되었다(종래는 고용한지 1년 후).

1998년 노동기준법의 개정(1999. 4. 1. 시행)에서는 '새로운 재량근로시간제'로 '기획업무형' 재량근로시간제를 추가해 연차휴가의 사용일수가 2년 6개월을 초과해 계속 근무한 이후에는 1년에 2일씩을 추가로 부여하게 되었다. 또한, 연장근로의 한도 기준(☞제2장 2.(법정 근로시간의 예외인 연장근로))에 법률 근거를 부여해 '휴게의 일제 부여'는 '노사협정'에 의해서 예외를 설정하도록 인정해, 1개월 단위의 탄력적 근로시간제가 취업규칙 이외에 '노사협정'에 의해서도 도입할 수 있게 되었다.

2003년 노동기준법의 개정(2004. 1. 1. 시행)에서는 '전문업무형' 재량근로제를 도입할 경우에는 '노사협정'의 기재사항을 추가해(건강·복지의 확보조치 등), '기획업무형' 재량근로제를 도입하는 요건이나 절차 등을 완화하였다.

2008년 노동기준법의 개정(2010. 4. 1. 시행)에서는 1개월에 60시간을 초과하는 연장근로에 대한 할증률을 인상(50%)하였다. 또한, 그 인상분에 대한 '대체휴가제'를 도입하고, 연차휴가의 '시간 단위의 사용'을 인정하였다.

📑 제정할 당시의 노동기준법

노동기준법을 제정할 당시에 노동기준법의 제4장 '근로시간, 휴게, 휴일 및 연차유급휴가'는 오늘날과 같은 조문의 분류번호도 없고, 간단하고 보기 쉬운 것이었다.

1. 근로시간
제32조의 1(1일 8시간, 1주 48시간), 2항(4주 단위의 탄력적 근로시간제) 　제33조(재해, 그 밖의 불가피한 사유 등의 경우 시간외 · 휴일근로)
2. 휴게
제34조(일정한 시간 이상의 근로 도중에 휴게시간의 부여, 일제 부여, 자유 이용)
3. 휴일
제35조(주휴제, 변형(탄력적)휴일)
4. 연장 및 휴일의 근로
제36조(36협정에 따른 연장 · 휴일근로)
5. 연장, 휴일 및 야간의 가산임금
제37조
6. 시간계산
제38조(근로시간의 통산과 갱내근로)
7. 연차유급휴가
제39조
8. 근로시간 및 휴게의 특례
제40조
9. 적용의 제외
제41조(관리감독자 등)

3. 시대에 따라 변화하는 규제의 목적

(1) 건강보호와 문화생활보호

공장법에서 근로시간을 규제한 취지는 공장법 전체의 취지와 같이 "심각한 양상에 빠진 직공(職工)의 육체적인 마멸(磨滅)을 방지"하는 것이었다(渡辺 2007). 즉, 법의 취지는 어느 정도 취약한 근로자(연소자와 여자)에 한정하여 건강을 확보하는 것이었다. 공장에서의 근로는 아무래도 집단적인·일률적인 근무방식이 되기 쉽고, 성인 남성과 혼재되면 연소자나 여성에게는 가혹한 것인지도 모른다. 이에 성인 남성 이외에는 특별한 보호가 필요하였다.

제2차 세계대전 후의 노동기준법도 이러한 취지를 계승했지만, 성인 남성도 포함하여 적용대상의 확대, 연차휴가 규정의 도입 등으로 근로시간을 규제하는 취지는 보다 넓어져서 '문화생활보호'가 목적이 되었다(荒本 1998, 215면).

연소자나 여성에 대하여 특별한 근로시간의 규제(연장근로나 휴일근로의 제한, 야간근로의 원칙금지)를 두어 '건강의 확보' 등의 취지는 오히려 연소자나 여성에 해당되고, 성인 남성에게는 '문화생활의 보호'가 더 중요하다고 볼 수 있다.

(2) 국가정책으로서 근로시간의 단축

건강보호이든 문화생활보호이든 노동기준법의 목적은 당초에는 근로자를 보호하는 것이었다. 이와 다른 관점을 근로시간의 규제에 주입한 것이 1987년 노동기준법 개정이었다. 이렇게 노동기준법을 개정한 목적은 국제 동향을 기초로 한 국가가 이른바 위로부터의 근로시간의 단축(시간단축=시단) 정책을 실현함으로 근로자의 보호를 규제하는 취지는 후퇴하게 되었다. 이러한 법 개정에 따라 1992년에 제정된 「시간단축촉

진법」(時間短縮促進法, 「근로시간의 단축 촉진에 관한 임시조치법」)은 연간
근로시간을 1,800시간의 정책 목적을 실현하기 위한 한시적인 입법이었
다.[2] 정부의 근로시간 단축정책을 실현하기 위한 강한 의지를 느낄 수
있다.

하지만, 1987년 법 개정시에 도입한 주 40시간의 기준은 미국과 프랑
스의 수준에 드디어 따라 왔다고는 하나, 벌칙이 있고 엄격한 준수가
필요한 최저기준은 매우 높은 수준이 되었다. 주 40시간을 즉시 시행하
지 못한 것도 이 수준이 이미 최저기준에는 적합하지 않은 증명으로 볼
수 있다.

정책적으로 매우 높은 수준을 규정함으로 그 벌칙의 강한 방법으로
이행확보(sanction)가 적합하지 않는 상황이 발생하였다. 나는 이 점이
여전히 불안정한 근로시간을 규제할 실효성을 더욱더 약화시켰다고 생
각한다.

(3) 근로시간 단축정책의 종료

시간단축촉진법은 2004년에 연간 근로시간 1,800시간의 목표를 대체로
달성하였다. 이러한 사명은 마찬가지로 2005년에 「근로시간 등 설정개선
특조법」(労働時間等設定改善特措法)으로 대체하였다(2006. 4. 1. 시행).

이러한 새로운 노동기준법을 시행하면서 나온 통달(通達, 2006. 4. 1.
기발(基発) 0401006호)은 그 제정한 이유를 다음과 같이 발표하였다.

---

2 <역자주> 한국의 경우도 노사정 합의를 통하여 "장시간 근로 관행 개선과 근로문화 선진화를
   위하여 2020년까지 전 산업 근로자의 연평균 실근로시간이 1,800시간대로 단축될 수 있도록 적
   극 협력한다."고 한 바가 있다.

　　"근로시간의 단축은 근로시간이 짧은 자의 비율이 증가한 결과로
　　정사원(전일제근무자)의 근로시간이 단축되지 않고, 모든 근로자를
　　평균한 시간단축의 목표는 시의에 맞지 않게 된 점, 장시간 근로에
　　의한 뇌·심장질환에 관계된 산업재해의 인정 건수는 상승하는 추세
　　인 점, 급속한 저출산·고령화나 근로자 의식의 다양화 등이 발생한
　　점 등의 사정을 고려해 '근로시간의 단축을 포함해 근로시간 등의
　　사항을 근로자의 건강과 생활에 배려함과 동시에 다양한 근무방식
　　에 대응해 개선하기 위한 자주적인 대응을 촉진하기 위한 법이다."

「근로시간 등 설정개선 특조법」의 제정은 장시간 근로를 규제하는
취지를 국가의 근로시간 단축정책으로 추진하지 않고, 근로자의 다양화
를 진행하면서 재차 근로자의 건강을 확보하고, 생활을 보호한다는 최
초의 정책 목적에 회귀하는 것을 보여주었다.

(4) 다양한 근로자에 따른 규제의 탄력화

　그 동안 1998년 노동기준법도 이미 '근로자의 다양화'라는 관점에서
개정하였다. 그 중에서도 '기획업무형' 재량근로제의 도입은 그 후의 '화
이트칼라 이그젬션(white collar exemption) 도입론'과 마찬가지로 가산
임금을 지급하지 않을 수 있는 제도는 강한 반대 등에 부딪혀 실현되지
못하였다.
　기획업무형 재량근로제의 도입을 실현한 것은 '36협정'(☞제2장 2.(법
정근로시간의 예외인 근로)에 따른 연장근로의 상한을 종래의 요점을 기
록한 문서에서 고시(告示)로 인상(노동기준법 제36조 제2항)해, 그 이행을
위한 행정지도에 법적 근거를 부여(제36조 제4항)한다는 '교환조건'이 있
었던 것도 영향을 미쳤다. 하지만, 그 이상으로 기획업무형 재량근로제
를 도입하는 요건이 매우 엄격했던 것도 중요한 이유이다. 기획업무형

재량근로제를 도입하는 요건은 2003년 노동기준법을 개정해 약간 완화되었지만, 여전히 엄격하였다. 이것은 최근에 '화이트칼라 이그젬션의 도입'을 논의하는데 원인(遠因)이 되기도 하였다.

(5) 일과 생활의 조화론의 대두

여성에게 장시간 근로의 규제는 1985년 「남녀고용기회균등법」(男女雇用機会均等法, 한국은 「남녀고용평등법과 일·가정 양립지원에 관한 법률」에 해당함)을 제정함과 아울러 1985년 노동기준법을 개정해 연소자와 분리해 여성만의 보호를 규제하였다. 또한 1997년 남녀고용기회균등법을 개정(1999. 4. 1. 시행)해 남녀 평등의 규제를 강화함으로 삭제하였다. 즉 여성에 대한 연장근로나 휴일근로의 제한, 야간근로의 원칙금지는 임산부를 제외하고는 삭제하여, 근로시간의 규제는 성인에게는 남녀간 공통사항으로 되었다. 이것은 언뜻 보면, 여성의 건강을 확보하는 측면에서는 규제완화라고 할 수 있다.

그 후 법률에서는 형식적으로는 주로 '육아'나 '가족개호(家族介戸, 돌봄)'를 부담하는 근로자의 보호라는 남녀간 중립적인 사항으로 바뀌었다. 하지만, 실질적인 보호의 대상은 여전히 여성이었다. 이것이 1997년 「육아개호휴업법」(育兒介護休業法)의 개정(1999. 4. 1. 시행)시 야간근로의 제한, 2001년 개정시 육아나 가족개호를 행하는 근로자에게 연장근로의 면제를 도입하였다. 또한 2009년 개정시 3세 미만의 자녀를 양육하는 근로자에 대한 단시간근무제도(소정 근로시간의 단축)를 청구할 권리, 소정외 근로의 면제를 청구할 권리를 인정하였다.

이것은 근로자의 생활 니즈(욕구)를 충족한다는 관점에서 근로시간의 제한을 근로자의 권리로서 보장하는 것이다. 근로시간을 규제하는 주축이 건강의 확보에서 일과 생활의 조화로 이행하는 것을 상징하는 흐름이다.

또한, 2007년 12월 18일에는 「일과 생활의 조화(work-life balance) 헌장」 및 「일과 생활의 조화 추진을 위한 행동지침」(이하 '행동지침'이라 함)을 제정하였다. 여기서 근로시간에 대하여 언급하기도 하지만, 먼저, 헌장(憲章)에서 "일과 생활의 조화와 경제성장은 수레의 두 바퀴로 청년기에 경제적으로 자립하고, 성별이나 연령 등에 관계없이 모두가 의욕과 능력을 발휘해 노동시장에 참가하는 것은 일본의 활력(活力)과 성장력을 높이고, 나아가 저출산화의 흐름을 바꾸어 지속가능한 사회를 실현하는 데에도 기여하게 된다."는 단어로 표현한 것처럼 폭넓은 정책적 관점에서 근로시간 문제를 규정하고 있다.

또한 행동지침에서는 '건강하고 풍부한 생활을 하기 위한 시간을 확보'하기 위하여 '연장근로의 한도 기준을 포함해 근로시간의 관계법령을 철저하게 준수한다.' '노사 간에 장시간 근로의 억제, 연차유급휴가의 사용 촉진 등 근로시간 등의 설정을 개선하기 위한 업무를 재검토하거나 필요한 인원을 확보하는 데에 노력한다.' 등의 내용을 포함하고 있다. 근로시간의 규제는 일과 생활의 조화 정책의 일부가 되었던 것으로 보인다.

2007년 「노동계약법」(勞働契約法, 한국에는 없는 법률임)을 제정(2008. 3. 시행)할 당시에도 국회의 심의 단계에서 "근로계약은 근로자 및 사용자의 일과 생활을 조화시키는 것도 배려하면서 체결 또는 변경해야 한다"는 일과 생활의 조화 조항을 추가하였다(제3조 제3항). 엄밀하게 말하면, 법학에서 '일과 생활의 조화(work-life balance)[3]'는 근로자에게 어떠한 구체적인 권리를 부여하는 것이 아니라 이념적인 규정에 불과한 것이다. 앞의 헌장이나 행정지침도 정책의 강령이나 슬로건에 불과하다.

하지만, 일과 생활의 조화론이 대두하면서 근로시간을 규제하는 취지에서 지금처럼 양적 제한 이외에 다양한 개인의 생활상 니즈에 맞는 질

---

3 <역자주> 한국에서는 '일·가정 양립'이라고 한다.

적 개선도 포함하였다. 장시간 근로에 대한 부정적인 주된 이유는 건강의 확보가 아니라 라이프(생활 내지 인생 전체)를 충실하게 하기 위하여 시간을 빼앗기지 않도록 이행하는 깃이 있다.

일과 생활의 조화는 일과 생활의 시간 배분을 개인의 선택에 맡긴다는 부분에 있다. 이렇게 되면, 근로시간을 법률에 의한 일률적인 규제였던 종래의 방법은 적당하지 않게 된다. 이 점은 「육아개호휴업법」에서는 근로시간의 제한이 고용주의 의무가 아니라, 근로자의 권리로서 행사하는 경우에 조건부 의무로 규제하는 방법도 있다. 근로자가 생애 니즈를 충족하는 방법을 결정해도 좋을 것이다.

(6) '과로사' 문제

한편, 근로시간을 규제하는 취지로 건강을 확보하는 것이 완전히 배후로 밀려난 것은 아니다. 1990년대 경부터 이른바 '과로사(過勞死)' 문제를 지적받아 왔다.[4] 하지만, 이를 2001년 산업재해의 인정기준을 재검토하면서 전환기를 맞이하였다. 이것을 재검토하면서 장기간 동안 피로가 축적되어 발병한 뇌질환·심장질환(지주막하출혈, 뇌경색, 심근경색 등)이 산업재해로 쉽게 인정받게 되었다. 근로시간의 길이는 과로사의 경우에 산업재해를 인정하는 데에 중요한 의미를 가지게 되었다.

또한, 2000년 최고재판소(最高裁判所, 한국의 '대법원'에 해당) 판결(電

---

4 <역자주> '과로사'(Death From overwork, 過労死, karoshi)'는 일본과 한국에서 주로 사용되는 용어이다. 일본에서의 발단은 1969년 29세의 신문발송부 사원이 뇌졸중으로 사망한 것을 '직장 돌연사'(occupational sudden death)라고 하였다. 과로사는 업무와 관련한 사망으로 주장한 지 5년 후에야 업무상 질병으로 인정받고서, 최초의 과로사 사례가 되었다. 過労死(かろうし)는 1982년 3명의 의사가 출판한 책명으로 처음 사용되고, 1991년 국제적으로 통용, 1990년 국내 신문에서 사용되었다. 과로사는 과로가 직접적인 사망원인이 아니며 뇌혈관·심장질환을 유발해 진행 악화에 따른 사망만을 말한다. 산재보상법의 업무상 질병을 뇌혈관·심장질환으로 표현한다. 과로사는 뇌혈관·심장질환의 발병 요양 중인 상태는 배제하는 듯하여 적절한 용어인지 의문이 든다.

通 사건<2000. 3. 24. 最重判 131>)에서는 "근로자가 근로일에 장시간에 걸쳐 업무에 종사하는 상황이 계속되는 등으로 피로나 심리적 부하(負荷, 스트레스) 등이 지나치게 축적되면, 근로자의 심신 건강을 저해할 위험이 있는 경우에는 주지하는 바와 같다."라고 명언하였다. 이 사건에서 최고재판소는 '과로자살'(過労自殺)에 대하여 고용주가 건강배려의무를 위반하였다고 판시하여, 그 손해배상책임을 인정하였다.

고용주에게 건강배려의무를 위반하였는지 여부는 재판에서는 근로시간수가 중시되는 점에서 고용주는 그 근로시간의 관리책임(2001년에 내려진 행정통달인 「근로시간의 적정한 파악을 위하여 사용자가 강구해야 하는 조치에 관한 기준에 대하여」(2001. 4. 6. 기발(基発) 339호)도 참조)을 제대로 완수해야 하였다.

예방의 측면에서는 1999년 「노동안전위생법」(労働安定衛生法, 한국의 「산업안전보건법」에 해당)을 개정해 야간근로에 종사하는 근로자의 건강을 보호하기 위한 자발적인 '건강진단 제출제도'를 도입하고(제66조의 2), 2000년 「노동재해보상보험법」(労働災害補償保険法, 한국의 「산업재해보상보험법」에 해당)을 개정해 정기 건강진단에서 뇌질환·심장질환이 의심되는 이상(異常) 소견이 있는 경우의 2차 건강진단을 산업재해보험의 보험급여로 행하는 시스템도 도입하였다(제26조 제1항).

2005년에는 「노동안전위생법」을 개정해 월 100시간 이상 연장근로가 있는 경우에 의사의 '면접지도 시스템'을 도입하였다(제66조의 8). 지금까지 노동안전위생법은 건강의 측면에서는 '정기 건강진단', 또는 일정한 고위험에 종사하는 근로자에 대하여 '특수 건강진단'을 의무화하였을 뿐이다. 그런데, 근로자의 동의가 있는 경우에 한정한 것이지만 과로에 따른 건강예방을 위하여 본격적으로 노력하기 시작하였다.

2007년 「노동계약법」을 제정할 때에 지금까지 판례의 룰에 불과했던 '안전배려의무'('건강배려의무'를 포함한다고 해석됨)가 "사용자는 근로계약에 따라 근로자가 그 생명, 신체 등의 안전을 확보하면서 근로할 수 있도록 필요한 배려를 해야 한다"고 명문 규정을 두었다(노동계약법 제5조).

2010년에는 노동기준법 시행규칙의 <별표 제1의 2>에서 열거한 '업무상의 질병' 리스트(목록) 중에서 새롭게 '장기간에 걸친 장시간 업무, 그 밖의 혈관병변 등을 현저하게 악화시키는 업무에 따른 뇌출혈, 지주막하출혈, 뇌경색, 고혈압성 뇌증, 심근경색, 협심증, 심장 정지(심장성 돌연사를 포함) 혹은 해리성(解離性) 대동맥류 또는 이러한 질병에 부수하는 질병'(8호)을 추가하였다. 장시간 근로에 따른 뇌질환·심장질환을 의학적 지견(知見, 식견)에 따라 '직업병'으로 인정하였다.

이와 같이 장시간 근로에 따른 건강 장애는 '산업재해의 보상'이나 '민사 사건의 손해배상' 사건에서 업무와의 관련성을 인정하고, 이에 따라 근로시간의 길이를 기준으로 하여 노동안전위생법 등에 따른 예방조치도 강구하였다.

이와 함께 '정신건강' 문제가 부상한 점도 오늘날의 특징이다(☞제3장 3(정부는 장시간 근로로부터 근로자의 건강을 보호하는 방법)).

(7) 노동기준법상 근로시간 규제의 의의 변화

지금까지 살펴본 것처럼, 현재 노동기준법의 근로시간의 규제(☞상세한 내용은 제2장5))는 법정 근로시간을 중심으로 한 상한 규제의 형태이다. 규제의 대상은 연소자나 임산부에 대한 특별한 보호는 남아 있다. 하지만, 기본적으로는 일반 근로자(성인 남녀)에 대한 공통된 내용으로 하였다.

그러나 정책의 관점에서 수준을 인상한 법정 근로시간(주 40시간)은 근로자의 건강을 보호한다는 관점에서 보면, 필요 최저한의 수준이 아

---

5 <역자> 제2장 일본에서 근로시간의 규제는 어떠한 것인가?

닌 매우 엄격한 것이다. 다른 한편, 노동기준법에서 근로시간의 규제는 연장근로에 엄격한 상한 규제가 없다는 점 등도 고려하면, 건강의 확보라는 당초 취지에서의 파악이 적합하지 않은 것이었다.

원래 건강의 확보라는 취지에서는 근로시간의 규제는 간접적인 것이다. 이러한 점도 최근에 보다 직접적으로 건강의 확보를 위하여 「노동계약법」에서 안전(건강)배려의무론이나 「노동안전위생법」에서 예방조치를 중시하게 되었다.

또한, 일과 생활의 조화론의 대두는 근로시간을 규제하는 근거로서 '생활의 보호'라는 관점을 복권(復權)시켰을 뿐만 아니라, 거기에 '개인의 권리' 부분을 강조하는 효과가 있었다. 「육아개호휴업법」이 앞에서 언급한 것처럼, 근로시간의 단축과 관계되는 다양한 '권리'를 개인에게 부여하고 있는 점, 또한 연차휴가권과 같이 원래 개인의 권리로서 간주한 중요성이 다시 강조한 점도 일과 생활의 조화론과 연동하고 있다.

이렇게 노동기준법상 근로시간의 규제와 관련해, 상황이 변화하면서 이러한 규제의 의의는 계속 변화하고 있지만, (화이트칼라 이그젬션과 같은 부분적인 적용제외의 논의도 있지만) 이러한 규제를 철폐하기 위한 논의는 없었다.

🕑 보론: 근로시간 단축과 워크쉐어링

근로시간 단축은 '고용의 창출'이라는 고용정책의 목적으로 주장하는 경우도 있다. 2000년에 도입된 프랑스의 주 35시간 제도는 워크쉐어링(work sharing, 일자리 나누기)을 목표로 한 것이었다.

또한, 1970년대부터 높은 실업률을 고민하였던 네덜란드는 1982년에 '바세나르 합의'라는 노사정 3자간 협정을 체결하였다. 정부는 기업에 대하여 감세 등으로 고용을 촉진하기 위한 조치를 강구하고, 노동조합은 임금의 축소에 동의하고, 이와 대응한 기업은 근로시간을 단축하지만 고용은 유지한다는 내용으로 합의하였다. 이러한 네덜란드의 노력은 단시간(파트타임)근로자의 지위를 향상시킴으로써 근로시간의 단축과 이에 동반하는 '일의 분담'을 촉진하였다.

　일본에서도 2000년대부터 종종 워크쉐어링을 논의해 왔다. 특히, 2002년 3월에 정부와 '일본경영자단체연맹'(닛케렌(日経連), 현재의 케이단렌(経団連))과 '일본노동조합총연합회'(렌고(連合))가 발표한 「워크쉐어링에 관한 노사정(政労使) 합의」에서는 '워크쉐어링의 노력에 관한 5개 원칙' 중의 첫번째 원칙은 "워크쉐어링이란 고용을 유지·창출하기 위하여 근로시간을 단축한다. 현재 일본의 상황에서는 다양한 취업형 워크쉐어링의 환경을 정비하기 위하여 조기에 노력하는 것이 적당하다. 또한 현재의 엄격한 고용 상황에서 현재 조치로서 긴급대응형 워크쉐어링에 긴급하게 노력하는 것이 하나의 선택이다." '다양한 취업형 워크쉐어링'의 모델은 네덜란드형이었다.

　하지만 워크쉐어링의 정책목표는 "가능하면 많은 사람과 일을 분담하자"고 하면 비판하지 않지만, 근로시간을 단축해 임금을 삭감하여 고용을 창출하기 위한 구체적인 정책을 제시하는 경우에 반대하는 근로자는 많을 것이다.

　물론 근로시간을 단축하면 결국 고용은 창출된다고 생각할 수 있다. 하지만 경제학자인 카와구치 다이지(川口大司) 교수의 연구에 따르면, 1987년 노동기준법을 개정한 후 근로시간 단축정책은 "법정 근로시간의 감소는 확실히 실근로시간을 감소시켰지만, 신규 고용창출로는 연계되지 못하였다. 오히려, 실근로시간은 감소되면서 월급은 감소되지 않아서 시간당 임금은 상승했기 때문에 기업은 여하튼 고용량을 줄이고자 신규 졸업자를 억제해 대응하는 것으로 나타났다."고 한다.

　그리고 법정 근로시간을 단축한 경우에 실근로시간은 감소하지만 월급의 감소를 동반하지 못하고, 시간당 임금이 상승하는 것은 많은 국가에서 일반적으로 나타나는 현상이다. 아울러 고용이 증가해도 복수로 분할하는 것은 쉬운 일이나, 고정비용이 들지 않는 일로 한정된 경우도 있어 근로시간 단축으로 워크쉐어링이 제대로 기능한 국가는 거의 없다 (大内・川口 2014, 168면).

어느 경우이든 워크쉐어링은 근로시간 규제의 목적을 심각한 불경기에 실업자가 넘쳐나는 극한의 상황에서 '긴급대응형 워크쉐어링'만을 생각하는 것은 아닌가?

이상과 달리, 단시간 정사원의 증가 등 다양한 취업형태가 늘어나면, 이것이 워크쉐어링을 실현하는 것과 연계될 수 있을지도 모른다. 이것은 일과 생활의 조화를 촉진하는 정책이 워크쉐어링을 추진하는 효과가 있음을 시사하고 있다(小倉 2008도 참조).

4. 근로시간의 규제는 이론상 어떻게 정당화되는가?

근로시간을 규제하는 취지를 건강을 확보하거나 일과 생활의 조화에서 찾든지 이를 실현하려면 노동기준법의 법적 구조를 이용하는 것이 타당한지는 신중하게 검토할 필요가 있다. 이하에서는 다소 이론만을 다룬 내용이지만, 계속해 살펴보았으면 좋겠다.

(1) 강력한 이행확보

실제로 법률의 규제도 그 방법은 다양하다(川口 2013). 구체적으로 규제를 준수하기 위한 이행확보(enforcement) 수단에 어디까지 강제력이 있을 것인가? 이와 관계해 규제를 위반한 경우에 제재(sanction)방법이 무엇인지가 중요하다. 노동기준법은 규제를 위반한 경우에 '벌칙'과 시정권고 등의 '행정지도'가 있다. 또한 노동기준법이 설정한 근로조건을 근로자는 권리로서 주장할 수 있고, 고용주가 이를 지키지 않으면 '법원'을 통하여 권리를 실현할 수도 있다.

이와 관련해 노동기준법의 부속법인 「최저임금법」의 사례가 알기 쉽기에 다음과 같이 구체적으로 설명할 수 있다. 도쿄(東京)의 최저임금은 2014년 10월 1일 이후 시급 888엔이다(매년 개정).[6] 만약, 도쿄에서 고용주가 어떤 근로자에게 시급 850엔만 지불하면 최저임금법을 위반한 것이고, 고의로 위반시 50만 엔 이하의 벌금이 부과된다. 또한 최저임금법의 준수는 근로감독관(노동기준감독관) 등에 의한 행정감독의 대상이 된다. 또한 최저임금을 밑도는 내용의 임금을 합의해도 그 합의는 무효가 된다. 무효의 부분은 최저임금과 같은 규정으로 보기에 근로자가 최저임금액을 권리로서 주장할 수 있다.

이렇게 벌칙, 행정감독, 법원에서 권리를 실현하는 3가지 이행 확보할 수단을 세트로 구성된 것은 노동법 중에서도 드물고, 노동기준법이나 최저임금법에서만 볼 수 있다. 이러한 2개의 법률은 그 만큼 강력한 이행을 확보하는 수단을 가지고 있는 것이다.

(2) 법학적 근거 - 자기결정의 한계론 -

그런데 이번 제1장 1.(자기 결정에 맡기면 안되는가?)에서 살펴본 것처럼, 근로자가 근로시간의 길이에 관한 자기결정을 존중해야 한다는 견해에 대하여 법학에서는 2가지 관점에서 반론할 수가 있다. 즉 (ⅰ) 근

---

6 <역자주> 한국의 「최저임금법」의 경우, 적용기간(2017.1.1.~2017.12.31), 시간급 6,470원(인상률 7.3%, 8시간 기준 일급 51,760원), 월급으로 환산하면 주 40시간제 시행 사업장에서는 월 1,352,230원(209시간)이며, 주 44시간제 시행 사업장에서는 월 1,462,220원(226시간)(수혜근로자 3,366,000명, 영향률 17.4%).
  * 2016년 시간급 6,030원(8시간 기준 일급 48,240원), 월급 1,260,270원(6,030원×209시간)
  * 2015년 시간급 5,580원(8시간 기준 일급 44,640원), 월급 1,166,220원(5,580원×209시간)
  * 2014년 시간급 5,210원(8시간 기준 일급 41,680원)

로자는 자신의 근로시간을 본래 진정한 의미에서 자기결정을 한 것인가? (ⅱ) 근로자는 자기결정을 했어도 타인의 권리나 이익을 침해함으로 존중할 수 있는가이다.

첫째는 근로자가 본래 자기결정을 하는지는 근로자의 '종속성' 관점7에서 근로계약의 내용을 근로자가 자기결정을 한 경우에는 항상 회의(懷疑)적인 시선을 가져야 한다는 견해가 노동법학에 뿌리깊게 박혀있다(西谷 2004 등). 여기에는 근로자를 선천적으로(a priori) 종속적인 존재로 파악해 노동법의 논의를 전개해야 한다는 전통적인 노동법을 논의하는 특징이 있다. 확실히 많은 근로자는 종속적인 상황에 있다고 해도 좋을 것이다. 하지만 근로자의 종속성은 선천적인 것이 아니고, 일정한 외적 요인(정보의 적음 등에 의한 교섭력의 부족 등)으로도 초래된다. 이에 종속성의 요인이 없으면 오히려 근로자는 헌법(제13조)의 권리이기도 한 자기결정권을 존중할 필요가 있다.

하지만, 이를테면 종속성이 없어도 근로자가 자신의 건강을 침해하는 사항까지 자기결정권이 미치는 것인가는 문제된다. 예를 들어 자살(自殺)은 자기결정권의 행사로서 허용되는 것인가는 어려운 문제이다. 적어도 생명에 관해서는 자기결정권의 제한은 정당화된다는 견해도 유력하다(온정주의(paternalism)). 하지만 단순한 건강의 피해도 생명에 준하여 자기결정권의 제한을 논할 수는 없을 것이다. 생명의 경우에 우선 상실하였다면 회복할 가능성이 없는 부분에 온정주의가 개입할 수 있는 근거가 있다. 건강의 피해는 중독된 후유증이 남거나 자살로 이어지는 경우에 한정해 온정주의를 통하여 자기결정권의 제한을 정당화할 수 있다고 해석해야 할 것이다.

---

7 <역자주> 한국의 경우, '근로자'란 직업의 종류와 관계없이 임금을 목적으로 사업이나 사업장에 근로를 제공하는 자를 말한다(근로기준법 제2조 제1항 제1호).

이와 구별할 것은 근로자가 '일중독(workaholic, 워크홀릭)'에 빠진 경우이다. 이러한 경우에는 원래 근로자가 합리적으로 판단할 수 없게 된다. 이러한 상황에서 자기결정은 원칙적으로 존중할 수 없을 것이다. 하지만 중독 상황에서 자기결정이 합리적이지 않더라도, 이러한 상황에 빠진 것에 대하여 자기결정을 한다면, 온정주의의 개입을 정당화할 수 있는가는 어려운 문제이다. 일중독의 문제는 오히려 다음에서 살펴볼 타인의 권리나 이익을 침해하는 것인가라는 관점에서 검토하는 편이 좋을 수가 있다.

그러면 두 번째의 반론인 근로시간의 자기결정이 타인의 권리나 이익의 침해를 초래하는 경우 존중해서는 안되는 점은 어떠한가?

근로자가 장시간 근로를 하면, 이에 가정생활의 시간이 단축되는 형태로 가족의 이익을 침해할 수 있다. 또한 과로로 건강 장애가 발생하면, 이를 간호해야 하는 가족에게 경제적 부담이나 인적 부담을 커지게 한다. 또한 건강장애는 산업재해보험이나 건강보험의 재정에도 영향을 미쳐서 잠재적으로 타인의 보험료 부담(그 부담자가 기업이라면 제품 가격에 전가하는 등으로 일반 국민의 부담)을 증가시킬 수도 있다(산업재해보험이라면 산업재해 사고의 실적을 보험료에 반영시키는 메리트(merit)제에 의해 고용주가 부담하는 경우도 있지만 이것도 전가시킬 수 있다). 그 밖에 직장의 상사가 잔업을 거절하지 않고서 장시간을 근무하는 사람이라면 부하도 함께 그 생활상 이익을 침해받을 수도 있다.

이렇게 침해된 타인의 모든 이익은 반드시 법적 권리로서 명확하게 보장되지 않지만, 자기결정의 범위를 논의하게 되면 이러한 타인의 이익을 어디까지 침해하는지를 고려대상으로 삼아야 한다.

(3) 경제학적 근거 - 시장의 실패 -

경제학자에 의하면, 근로시간의 규제는 노동시장이 불완전한 경우에 정당화된다고 한다. 하나의 사례로 '부(負)의 외부성'이다. 여기서 '부의 외부성'이란 시장을 통하지 않는 비용이 발생하고 있기 때문에 비용을 도외시한 과잉의 거래가 이루어져, 효율적인 자원배분을 저해할 우려가 있는 것을 말한다. 근로시간에서도 이러한 '부의 외부성'이 있는 경우로 다음의 세 가지를 들 수 있다(小畑·佐々木 2008, 86면).

(i) 사용자가 이윤을 최대화하기 위하여 근로자에게 장시간 근로에 종사하게 함으로서 그 근로자가 스트레스를 품고서 동료나 부하의 상대방에게 발산시켜서 그들의 생산성을 떨어뜨리는 경우.

(ii) 근로자 본인이 장시간 근로를 선택해도, 가정에서 보내는 시간이 축소됨으로 근로자의 가족은 만족도가 떨어질지도 모르는 경우.

(iii) 근로자가 일중독으로 합리적인 행동을 할 수 없는 경우. 예를 들어 일중독에 빠진 근로자가 상사가 되면 상사보다도 먼저 귀가하기 어려운 부하의 입장에서는 장시간 근로를 강요받게 된다.

이렇게 보면, 경제학의 '부의 외부성'의 논의는 법학의 자기결정의 한계론(타인의 이익을 침해한다는 관점에서 제약론)과 중첩되는 부분이 많다.

하지만 위의 (i)과 (iii)의 경우는 합리적으로 행동하는 고용주라면 스스로 회피할 수도 있다. 즉, 어떠한 근로자가 장시간을 근로함으로 본인의 생산성이 떨어지거나 주변에 있는 동료나 부하의 생산성을 떨어뜨린다면, 경영자는 근로에 관한 지휘명령권을 갖고 있기 때문에 그 정도로 장시간을 근로하지 않도록 지휘명령할 것이다.

또한, 이른바 평판(評判)의 메커니즘에 따른 기회주의의 행동(단기의 이익을 중시한 행동)도 어렵다. 오늘날에는 '블랙기업'[8]이라고 평가받는

---

8 <역자 주> 블랙기업은 일본에서 유래된 개념으로 보통 노동법을 무시하거나 법망이나 미비를

기업의 입장에서 큰 손해를 받아서 상품의 매출이나 좋은 인재의 모집 등에 지장을 초래한다. 이러한 의미에서도 지나친 장시간 근로는 합리적이지 않다.

(4) 회피할 수 없는 '부의 외부성'

하지만, 두 번째의 가정생활에 대한 불이익은 그 근로자나 주변 근로자의 생산성에 직접적인 영향을 미치지 않아 기업의 지휘명령에 따른 대처를 기대하기는 어려울지도 모른다. 실제로 일본 기업의 대부분은 근로자가 그 생산성을 유지할 정도의 장시간 근로는 가정생활에 희생을 강요할 수 있다.

하지만, 근로자의 가족은 순수하게 외부에 있는 사람이지만, 장시간 근로의 지휘명령에 따르는 근로자의 이익은 가족의 이익과 일체로 보아도 좋을 수 있다. 오히려 가정생활에서의 불이익 문제는 근로자 본인의 일과 생활의 조화론과 함께 논할 수 있다. 이에 후술하는 것처럼(☞본장 5.(노동기준법에 의한 규제는 적절한가)), 근로시간 자체를 규제할 것이 아니라, 휴가 등에 관한 개인의 권리를 부여하는 형태로 대처할 필요가 있다고 할 수 있다.

한편, 일중독에 의한 '부의 외부성'은 경영자의 지휘명령권에 따라 회피할 수 있을 것 같지만, 화이트칼라 중에는 일을 진행하는 방법에 재량이 있고 경영자의 지휘명령이 약하고, 근로자에게 실질적으로 근로시간의 결정권이 있는 경우도 있다. 이러한 경우 후술하는 것처럼, 가산임금이 장시간 근로를 촉진하는 기능이 작동하는 경우도 있다(☞제8장 1 (가산임금은 정말로 유지해야 하는가)). 일중독이 화이트칼라에게 많은 것

악용해 근로자에게 가혹한 근로를 요구하는 기업을 의미한다. 처음에는 '폭력조직과 관련된 기업'을 뜻하는 말이었으나, 현재는 불법·편법적 수단으로 근로자를 소모품처럼 쓰고 버리는 '악덕 기업'이란 의미로 사용하고 있다. 또는 기업의 사회적 책임을 이행하지 않는 기업을 말한다.

은 우연이 아니다. 일중독은 기업의 인사관리로 대처할 부분도 있지만, 일정한 지위에 있는 근로자라면 그 근무방식을 충분하게 통제(control)하는 것이 어려운 경우도 있다. 이러한 경우 일중독의 '부의 외부성'의 관점에서 법 규제를 정당화할 수도 있다.

(5) 경제적 합리성이 있는 장시간 근로

그 밖에 기업에서는 일정한 장시간 근로가 경제적 합리성을 가지는 경우도 있다. 그 이유 중의 하나는 '고정비'의 존재이다. 일정한 생산량을 유지하려면 필요한 노동량은 '인원수 × 근로시간'으로 계산한다. 하지만, 고정비가 발생하기 때문에 인원수를 늘리기보다도 근로시간을 늘리는 편이 합리적인 경우가 많다. 또한, 해고의 규제가 있는 국가에서는 인원수를 조정하는 것이 어렵기 때문에 경기가 호황이더라도 그 후 경기가 악화될 경우에 대비하여 인원수를 늘리지 않고 근로시간을 늘리는 경향을 보이고 있다.

이러한 점에서 보면, 장시간 근로에 따라 생산성이 떨어지거나 산업재해의 위험이 증대하는 것 등을 고려해도, 여전히 장시간 근로를 선택하는 기업이 늘어나더라도 이상한 상황이 아닌 것이다. 고용조정이 쉬운 비정규직(유기고용·파견 근로자 등)의 활용을 강하게 규제하면(노동계약법 제18조, 파견법 등), 더욱더 이러한 사항에 맞게 된다.

한편 근로자도 저소득이면 장시간 근로를 거부하지 않고, 가산임금이 있으면 더욱 그러하다.

이러한 장시간 근로는 경제학의 입장에서 보아도 합리성이 있는 것이다. 하지만 이 경우에도 역시 근로자의 건강을 확보하는 문제가 있고, 이를 고려하면 장시간 근로를 규제할 필요가 있다고 문제를 제기할 수 있다. 여기에는 근로자에 대한 온정주의도 있지만, 오히려 노동력이 마모(磨耗)되어 생산성의 저하를 초래하는 일본 경제의 미래에 대한 악영향을 회피하는 쪽이 중요하다.

　이 점에서 참고로 되는 것은 앞에서 언급한 '일과 생활의 조화 헌장'
이 일과 생활의 조화에 대하여 "일본의 활력과 성장력을 높이고, 나아
가 저출산화의 흐름을 바꾸어 지속가능한 사회를 실현하는 데에도 이바
지한다."라고 언급한 부분이다. 일과 생활의 조화는 단기간의 문제라기
보다도 일본의 활력이나 성장력 등과 같이 일본 경제의 미래와 관계되
는 점에서 정부는 무관심할 수가 없다. 공장법 시대에도 장시간 근로가
근로자(당시는 연소자와 여자)의 육체가 마모되는 것을 방지하는 것이 법
률의 목적이었다. 이것이 규제를 정당화하는 근거이었지만(전술), 이러
한 점은 지금도 근본적으로 마찬가지이다.

5. 노동기준법에 의한 규제는 적절한가?

　하지만 근로시간의 규제를 정당화하는 근거가 있더라도, 이것을 강하
게 이행하도록 확보하는 구조를 가진 노동기준법을 활용하는 것이 적절
한 것인지는 여전히 검토할 여지가 있다.

　첫째, 규제의 근거로서 일과 생활의 조화론을 중시하면, 노동기준법
을 강하게 이행하도록 확보하는 것이 적합하지 않을 수 있다. 일과 생
활의 조화를 실현하는 방법은 개인의 생애 스타일이나 가치관 등에 영
향을 받는 부분이 크다. 그렇다면 근로시간의 규제에서도 이러한 근로
자의 선택을 중시할 필요가 있다.

　역사적으로는 일본에서 근로시간의 규제는 연소자나 여자 등 특정한
범주의 근로자를 일괄해 약자로 파악하여 집단적으로 규제해 왔다. 이
러한 규제의 모델은 노동기준법을 제정한 후에도 유지하였다. 하지만,
폭넓게 성인 남녀가 공통된 규제 대상이 된 오늘날에 다양한 근로자의
니즈에 의하여 집단적으로 규제하는 것은 타당성을 계속해 잃어가고 있

다. 「육아개호휴업법」에서 근로시간의 규제는 근로자에게 권리를 부여하는 형태라는 점에서도 알 수 있듯이, 일과 생활의 조화를 중시하면 근로시간의 규제는 고용주에게 직접적인 의무를 지우기보다도 근로자에게 권리를 부여하는 방법이 적합할 수가 있다.

권리를 부여하는 방법은 노동기준법 중에서도 연차휴가(또는 출산전휴가)에서 취해 왔다. 일과 생활의 조화의 관점에서 근로시간의 규제는 '일하는 것'을 제한하는 규제보다는 '쉬는 것'을 근로자에게 '권리'로 주는 규제로의 전환을 요구한다고 할 수 있다(☞제8장[9]).

둘째, 건강을 확보하는 목적과의 관계에서도 현행 노동기준법의 규제방법이 적절한 것인지는 의문이 든다. 앞에서 언급한 것처럼, 근로자의 입장에서 장시간 근로의 선택을 합리적이라고 할 수 있는 '가산임금제도'가 있다. 노동기준법에서 가산임금을 의무화하는 것이 오히려 장시간 근로를 촉진하는 효과를 가질 수 있다.

또한 본래 노동기준법이 강한 이행확보의 구조를 실제로 활용하는지도 의문이 든다. 이미 지적한 것처럼, 정책상 엄격한 수준으로 정해진 법정 근로시간이 있는 점에 오히려 규제하는 자(행정 등)에게 강한 제재를 어렵게 함으로 노동기준법의 실효성을 약화시킨다고 추측할 수 있다.

이상과 같이, 근로시간의 법적 규제가 의미하는 바를 다양한 관점에서 분석해 보았다. 다음의 제2장에서는 일본 법률이 실제로 어떻게 근로시간을 규제하는지를 상세하게 살펴본다.

---

9 <역자주> 제8장 새로운 근로시간제도를 위한 제고.

$$2$$

Chapter

일본에서 **근로시간의 규제**는
어떠한 것인가?

　일본에서 근로시간을 규제하는 핵심은 1주 40시간, 1일 8시간의 '법정'근로시간을 엄격하게 준수하는 것이다. 이를 초과하는 연장근로는 근로자의 과반수대표와 '36협정'을 체결해 '근로기준감독관'(한국의 근로감독관에 해당)에게 신고해 인정받아야 한다.

　하지만 현행 법률은 연장근로를 어떠한 경우에 하면 좋은지, 몇 시간까지 인정하는지 등의 모든 사항을 '36협정'에 맡기고 있다. 과반수대표를 매우 신뢰하고 있다. 한편, 고용주에게 가산임금을 지급하도록 의무화하였다. 36협정을 체결해 연장근로를 해도 좋더라도 가산임금은 면제되지 않는다.

　제대로 만든 법제도라고 생각하지만, 현재 관점에서는 법정 근로시간 따위를 지킬 리가 없다. 과반수대표는 그렇게 신뢰할 만한 것인지 의문이다. 노동기준법은 조금은 이상(理想)에 치우쳐 있는지도 모른다.

1. 법정 근로시간이란 무엇인가?

일본의 헌법에서는 '임금, 취업시간, 휴식, 그 밖에 근로조건에 관한 기준은 법률에서 이를 정한다'고 규정하고 있다(제27조 제2항).[1] '취업시간, 휴식'의 기준을 법정하도록 한 것은 헌법의 요청이다.

(1) 노동기준법 제32조

이러한 기준은 노동기준법에 설정하고, 그 기본이 제32조의 법정근로시간의 규정이다.

제32조 제1항에서 "사용자는 근로자에게 휴식시간을 제외하고 1주간에 대하여 40시간을 초과하여 근로시켜서는 안된다"고 규정하고, 제2항에서 "사용자는 1주간의 각 일에 대해서는 근로자에게 휴식시간을 제외하고 1일 8시간을 초과하여 근로시켜서는 안된다"고 규정하고 있다.[2] 즉, 법정근로시간은 1주 40시간, 1일 8시간이다.

여기서 '휴식시간을 제외하고'라고 되어 있기 때문에 40시간, 8시간은 구속시간의 규제가 아닌 것은 명확하다. 이것은 노동기준법을 제정할 당시에 구속시간으로 8시간 규제를 주장하던 노동계와 당시 현상을 기초로 한 9시간의 규제를 주장한 경영계 사이에 실근로시간 8시간의 규제를 채택함에 따른 것이다. 정부는 경영계에게 8시간 근로를 수용하도록 하기 위하여 연장근로에 사유 제한이 없는 규제를 인정하였다(연식(軟式) 근로시간의 규제). 하지만, 이것이 일본에서 근로시간의 규제를 크

---

1 <역자주> 대한민국 헌법 제32조 제3항에서는 "근로조건의 기준은 인간의 존엄성을 보장하도록 법률로 정한다"고 규정하고 있다.

2 <역자주> 한국 근로기준법 제50조 제1항에서 "1주간의 근로시간은 휴게시간을 제외하고 40시간을 초과할 수 없다"고 규정하고, 제2항에서 "1일 근로시간은 휴게시간을 제외하고 8시간을 초과할 수 없다"고 규정하고 있다.

게 왜곡시키게 된다(후술).

(2) 법정근로시간 위반의 제재

노동기준법상 법정근로시간의 규제에 위반한 '사용자'에게는 징역 6개월 이하 또는 30만 엔 이하의 벌금이라는 벌칙이 있다(제119조 1호).[3] 여기서 '사용자'란 '고용주(사업주)' 이외에 '사업의 경영담당자'(임원 등)와 '그 밖에 그 사업의 근로자에 관한 사항에 대하여 사업주를 위하여 행위하는 모든 자'도 말한다(제10조).[4] 근로자라고 해도 인사부장이나 총무부장 등의 지위에 있는 자 등 사업주를 위하여 행위하는 모든 자가 '사용자'에 해당하여 벌칙을 적용한다.

(2) 1987년 개정의 영향

노동기준법을 제정할 당시(1947년) 1주의 법정 근로시간은 '48시간'이었다. 하지만, 1987년 법 개정에서는 '40시간'으로 바뀌어 유예기간을 거쳐 1997년부터 모든 사업장에서 실시하고 있다(다만, 상시 10명 미만의 근로자를 사용하는 상업, 영화·연극업(영화제작사업은 제외). 보건위생업, 접객오락업의 경우에는 1주의 법정근로시간 상한은 특례로 '44시간'이다(노동기준법 제40조, 노동기준법시행규칙 제25조의 2)).[5]

---

3 <역자주> 한국의 근로기준법 제110조(벌칙)에서는 "2년 이하의 징역 또는 1천만원 이하의 벌금"을 규정하고 있다(양벌규정).

4 <역자주> '사용자'란 사업주 또는 사업 경영 담당자, 그 밖에 근로자에 관한 사항에 대하여 사업주를 위하여 행위하는 자를 말한다(근로기준법 제2조 제1항 2호).

5 <역자주> 근로시간 및 휴게시간의 특례로서 "제59조(근로시간 및 휴게시간의 특례) 다음 각 호의 어느 하나에 해당하는 사업에 대하여 사용자가 근로자대표와 서면 합의를 한 경우에는 제53조 제1항에 따른 주(週) 12시간을 초과하여 연장근로를 하게 하거나 제54조에 따른 휴게시간을 변경할 수 있다.

1. 운수업, 물품 판매 및 보관업, 금융보험업, 2. 영화 제작 및 흥행업, 통신업, 교육연구 및 조사사업, 광고업, 3. 의료 및 위생 사업, 접객업, 소각 및 청소업, 이용업, 4. 그 밖에 공중의 편의

1987년 법 개정은 1주의 법정근로시간을 40시간으로 단축해 제1항에 규정하고, 1일의 법정근로시간을 제2항으로 이동해 주 40시간 원칙을 법 규정에서도 명확화하였다. 하지만 주 40시간은 앞의 제1장에서도 언급한 것처럼, 어느 새 최저기준이라고는 할 수 없는 수준이다. 이를 법정근로시간으로 규정해 벌칙으로 강제하는 것이 일본에서 근로시간의 규제와 관련된 논의(특히, 상한 규제의 방법)를 혼미하게 만든 하나의 원인(遠因)이다.

2. 법정 근로시간의 예외인 연장근로

(1) 연식 근로시간의 규제

연장근로란 법정 근로시간을 초과한 근로를 말한다. 이는 법정 근로시간에 반하기 때문에 원칙적으로 위법이다.

또는 업무의 특성상 필요한 경우로서 대통령령(사회복지사업 : 시행령 제32조)으로 정하는 사업"
그런데, 현행 특례업종의 대상 근로자는 328만명(26개 업종)에 이르고 있는데(근로기준법 적용 근로자의 33.3% 수준), 표준산업분류에 따라 특례업종을 재분류하면서 공공의 필요 및 업무의 성질상 특례업종 유지 필요성이 낮은 16개 업종은 삭제, 장시간근로 관행을 개선하기 위해 주 12시간을 초과하여 연장근로가 가능한 특례업종의 과도한 비중을 축소할 필요가 있다. 특례업종의 축소의 입법 논의가 있다(26개→10개).

〈근로시간 특례업종의 변화〉

근로시간 특례업종 26개, 328만명(근기법 적용대상 사업체)	
남는 근로시간 특례업종	근로시간 특례업종 제외 업종
10개 업종-147만명	16개 업종-181만명
육상운송업, 수상운송업, 항공운송업, 기타 운송관련, 서비스업, 영상/오디어기록물 제작 및 배급업, 방송업, 전기통신업, 보건업, 사회복지서비스업, 하수/폐수 및 분뇨처리업 등	보관및 창고업, 자동차 및 부품판매업, 도매 및 상품 중개업, 소매업, 금융업, 보험 및 연금업, 금융 및 보험관련 서비스업, 우편업, 교육서비스업, 연구개발업, 시장조사 및 여론조사업, 광고업, 숙박업, 음식점 및 주점업, 건물/산업설비 청소 및 방제서비스업, 미용/욕탕 및 유사서비스업 등

물론 연장근로를 일본에서도 '공장법 시대'부터 예외적으로 인정하였고, 노동기준법도 이를 계승하였다. 하지만, 연장근로의 규제 방법은 크게 변화하였다. 이것은 공장법 시대는 연장근로의 사유를 제한하는 경식(硬式) 근로시간의 규제였다(☞제1장 2. 규제는 어떻게 전개되어 있는가? 참조). 하지만, 노동기준법에서 그러한 제한이 없어졌다. 이는 연식(軟式) 근로시간의 규제를 도입한 결과이다.

노동기준법은 먼저 공장법 시대부터 인정하였던 연장근로의 사유 중에서 '재해, 그 밖에 피할 수 없는 사유로 임시의 필요가 있는 경우'(비상 사유에 의한 경우)에는 근로기준감독서장(한국의 '지방고용노동지청장'에 해당함)의 허가를 받은 후 연장근로 (및 휴일근로)를 인정하고 있다. 사태가 절박해 근로기준감독서장의 허가를 받을 틈이 없는 경우에는 사후에 지체 없이 신고하면 연장근로(및 휴일근로)를 할 수 있다(노동기준법 제33조 제1항).[6] 신고받은 근로기준감독서장은 연장근로(또는 휴일근로)가 적당하지 않다고 인정하는 경우에는 사후에 그 시간에 상당하는 휴게 또는 휴일을 주도록 명령할 수 있다(동조 제2항).[7]

이러한 비상 사유에 의한 연장근로는 근로시간의 규제가 강한 국가(독일 등)에서도 인정하고 있다. 하지만 이 규정은 일본법에서는 연장근로가 예외적으로 인정하는 사유를 규정한 의미는 없다. 왜냐하면 연장근로는 '36협정'의 체결이나 신고가 있으면 사유의 제한없이 할 수 있기 때문이다. 이에 연식 근로시간의 규제를 행하는 국가인 일본에서 노동

---

6 <역자주> 한국의 근로기준법 제53조(연장 근로의 제한) ③ 사용자는 특별한 사정이 있으면 고용노동부장관의 인가와 근로자의 동의를 받아 제1항과 제2항의 근로시간을 연장할 수 있다. 다만, 사태가 급박하여 고용노동부장관의 인가를 받을 시간이 없는 경우에는 사후에 지체 없이 승인을 받아야 한다(위반시 500만원 이하의 벌금(양벌규정)). <개정 2010.6.4.>

7 <역자주> 한국의 근로기준법 제53조(연장 근로의 제한) ④ 고용노동부장관은 제3항에 따른 근로시간의 연장이 부적당하다고 인정하면 그 후 연장시간에 상당하는 휴게시간이나 휴일을 줄 것을 명할 수 있다(위반시 2년 이하의 징역 또는 1천만원 이하의 벌금(양벌규정)). <개정 2010.6.4.>

기준법 제33조는 36협정 체결없이 연장근로를 할 수 있다는 점에 의미가 있다.

(2) 36협정이란?

일본에서는 연장근로의 사유를 제한없이 어떠한 경우에 어느 범위까지 연장근로를 인정하는가에 대하여 36협정의 '노사협정'에 위임하고 있다. 노동기준법 제36조에 규정해 '36협정'이라 한다. 이른바 '36협정'은 과반수대표와 고용주 사이에 체결해, 고용주가 이를 근로기준감독서장에게 신고하면 연장근로를 시켜도 노동기준법에 위반되지 않아 벌칙을 적용하지 않는다. 이에 36협정에는 '면벌적 효력'이 있다고 말한다.

36협정을 체결한 주체인 '과반수대표'란 그 사업장에서 근로자의 과반수로 조직된 노동조합이 있으면 그 노동조합(과반수 노동조합), 또한 그러한 노동조합이 없는 경우에는 근로자의 과반수를 대표하는 자(과반수대표자)를 말한다. 중소기업 등에서는 노동조합이 대부분 없기 때문에 과반수대표자를 선출하고 있다.

노동기준법을 제정할 당시에 36협정을 체결한 주체로서 상정한 것은 '노동조합'이었다. 연장근로에 '백지 위임'의 형태로 노사관리를 맡긴 노동기준법은 근로자 측의 대표로서 노동조합을 매우 신뢰하였다고 볼 수 있다.

제2차 세계대전 후에 노동조합 조직률의 정점은 1949년에 55.8%에까지 이르렀다. 1947년 노동기준법을 제정할 당시에는 근로자의 대표자로 '노동조합'을 삼는 것에 현실성이 있었다. 과반수의 요건은 민주적 대표라고 생각했기 때문이다. 한편으로 '과반수대표자'는 거의 논의하지 않았던 것 같다. 과반수대표자는 법 규정의 문언대로 과반수 노동조합이 없는 경우에 보충하는 것에 불과하고, 그 근로자 대표로서의 적격성 등 후에 문제될만한 논점은 의식하지 못하였던 것 같다.

(3) 한도 시간의 승격

노동기준법의 규정으로 36협정에서 설정할 수 있는 연장 근로시간수의 제한은 없었지만, 행정지도를 할 경우에 목표시간은 있었다. 이것이 실무상 연장근로의 상한 기능을 가지고 있었다.

그후 '기획업무형 재량근로제'가 도입된 1998년 노동기준법을 개정할 당시에 '교환조건'으로서 연장근로의 규제를 강화하기 위하여 목표시간과 이에 따른 행정지도에 법적 근거를 두었다(제36조 제2항~제4항(신설)).

이것이 「노동기준법 제36조 제1항의 협정에서 정한 근로시간의 연장 한도 등에 관한 기준」(1998. 12. 28. 노동성 고시 제154호)(한도 기준)이다. 여기서 36협정에서 정할 수 있는 연장근로의 상한(한도 시간)을 명문화하였다.

📋 노동성 고시의 한도 시간

기간	한도 시간
1주간	15시간
2주간	27시간
4주간	43시간
1개월	45시간
2개월	81시간
3개월	120시간
1년	360시간

이 법개정으로 일본에서 연장근로의 상한을 설정한 것처럼 보인다. 하지만 여기서 채택한 규제방법의 특징은 다음과 같다.

첫째, 한도 시간은 노동기준법의 명문 규정이 아니라, 노동기준법에 의한 노동성대신(劳動省大臣 – 당시, 현재는 '후생노동성대신', 한국은 '고용노동부장관'에 해당)이 책정하는 '고시'(告示)에 두고 있을 뿐이다. 이것은 한도 기준에 대해서는 앞의 제1장에서 살펴본 것처럼 노동기준법이 강한 이행확보(enforcement) 구조를 적용하지 않는다는 의미이다.

둘째, 위의 첫째 사항과도 관련해 노동기준법은 이 한도 기준에 노사가 36협정을 체결함으로 그 한도 기준에 적합한 것이 '되도록 해야 한다'고 규정할 뿐이다(제36조 제3항). '해야 한다'라는 문언을 의식적으로 회피해 한도 기준에는 엄격한 의미에서 강제력이 발생하지 않도록 하고 있다. 예를 들어 1개월의 한도 시간인 45시간을 초과하는 연장근로를 36협정에서 설정한 것은 한도 기준에 위반이지만, 이것이 법적 무효는 아니다.

셋째, 그 대신에 행정관청(근로기준감독서장)이 한도 기준에 관하여 36협정을 체결하는 노사에게 필요한 조언이나 지도를 할 수 있는 자로 하였다(제36조 제4항). 한도 기준의 준수는 지금처럼 행정지도로 실현하도록 하였다.

넷째, 이 한도 기준에는 예외가 있다. 즉 한도 기준은 절대적인 상한이 아니다. '특별조항이 있는 협정(特別条項付き協定)'을 체결하면, 한도 시간을 초월해 근로시간을 연장해야 하는 특별한 사정이 있는 경우에 한도 시간을 초과해 근무시켜도 좋다는 것이다. 2003년 개정에서 '특별한 사정'은 '임시적인 것에 한정한다'고 되어, 통달에서는 '일시적 또는 돌발적으로 연장근로를 할 필요가 있는 것으로, 전체로서 1년의 절반을 초과하지 않는 것을 예상하는 것'으로 규정하고 있다.

'특별 조항이 있는 협정'에 의한 경우는 연장근로의 상한 기준이 없다. 즉 제한은 임시로 특별한 사정이 있는지 없는지 만이다.

이렇게 보면, 한도 기준 상한의 효과는 거의 없는 것이다. 이것은 일본법에서는 1998년 노동기준법을 개정한 후에도 근로시간의 '절대적인 상한'이 실제로 없다는 것을 의미하고 있다.

🕐 해설: 연장근로의 제한

36협정을 체결해도 특정한 범위의 근로자는 연장근로를 제한한다.

첫째, 연소자(만 18세에 미달한 자)는 연장근로를 시킬 수 없다(노동기준법 제60조 제1항. 비상 사유에 의한 것은 예외이다). 연소자는 공장법 시대부터 특별한 보호의 대상이었다. 또한 만 15세 이상으로 18세에 미달한 자는 1주 40시간의 범위 내에서 어떤 1일의 근로시간을 4시간 이내로 단축할 경우 다른 날의 근로시간을 10시간까지 연장할 수 있다(제60조 제3항 제1호).[8]

둘째, 임산부(임신 중인 여성 및 출산 후 1년을 경과하고 있지 않은 여성)가 청구하는 경우 연장근로를 시킬 수 없다(노동기준법 제66조 제2항).

휴일근로나 야간근로도 마찬가지이다(제66조 제2항 및 제3항).[9] 여성에 대한 특별 보호가 1997년 개정으로 삭제한 후에도 임산부의 보호는 남아 있다.

---

8 <역자주> 한국 근로기준법 제69조(근로시간) 15세 이상 18세 미만인 자의 근로시간은 1일에 7시간, 1주일에 40시간을 초과하지 못한다. 다만, 당사자 사이의 합의에 따라 1일에 1시간, 1주일에 6시간을 한도로 연장할 수 있다(위반시 2년 이하의 징역 또는 1천만원 이하의 벌금(양벌규정)).
9 <역자주> 한국 근로기준법 제70조(야간근로와 휴일근로의 제한) ① 사용자는 18세 이상의 여성을 오후 10시부터 오전 6시까지의 시간 및 휴일에 근로시키려면 그 근로자의 동의를 받아야 한다.
　② 사용자는 임산부와 18세 미만자를 오후 10시부터 오전 6시까지의 시간 및 휴일에 근로시키지 못한다. 다만, 다음 각 호의 어느 하나에 해당하는 경우로서 고용노동부장관의 인가를 받으면 그러하지 아니하다. <개정 2010.6.4.>
　　1. 18세 미만자의 동의가 있는 경우
　　2. 산후 1년이 지나지 아니한 여성의 동의가 있는 경우
　　3. 임신 중의 여성이 명시적으로 청구하는 경우
　③ 사용자는 제2항의 경우 고용노동부장관의 인가를 받기 전에 근로자의 건강 및 모성 보호를 위하여 그 시행 여부와 방법 등에 관하여 그 사업 또는 사업장의 근로자대표와 성실하게 협의하여야 한다. <개정 2010.6.4.>(위반시 500만원 이하의 벌금(양벌규정))
　* 제70조 제1항, 제2항 위반시 (위반시 2년 이하의 징역 또는 1천만원 이하의 벌금(양벌규정))

셋째, 초등학교에 취학하는 시기에 도달하기까지 자녀를 양육하는 근로자는 1개월 24시간, 1년 150시간을 초과하는 연장근로를 거부할 수 있다(육아개호휴업법 제17조 제1항).[10] 하지만 사업의 정상적인 운영을 방해하는 경우에는 다르다. 요개호(要介護, 돌봄을 필요로 하는) 상태에 있는 대상가족을 가진 근로자도 마찬가지이다(육아개호휴업법 제18조).

넷째, 3세까지의 자녀를 양육하는 근로자가 청구하면 소정 근로시간을 초과하는 근로를 시킬 수 없다(같은 법 제16조의 8). 이 경우에도 사업의 적정한 운영을 방해하는 경우는 다르다.

위의 셋째와 넷째는 앞의 제1장에서도 살펴본 것처럼, 근로시간의 규제를 성인 남녀에 대해서는 공통으로 한 후, 일과 생활의 조화의 관점에서 특히 생활상 니즈(필요)가 있는 자에 한정해 보호를 인정하였다. 첫째와는 달리 근로자의 보호는 근로자가 권리로서 행사한 경우에 인정한다. 또한, 둘째의 경우와 달리 사업의 정상적인 운영을 방해하는 경우에 행사할 수 없다는 점에 특징이 있다.

(4) 잔업 ≠ 연장근로

그런데 여기서 사용하는 '연장근로'라는 단어는 세상에서 자주 사용하는 '잔업'과 반드시 같은 의미는 아니다. 연장근로는 노동기준법이 정

10 <역자주> 한국 근로기준법 제19조의3(육아기 근로시간 단축 중 근로조건 등) ③ 사업주는 제19조의2에 따라 육아기 근로시간 단축을 하고 있는 근로자(만 8세 이하 초등학교 2학년 이하의 자녀(입양한 자녀 포함)을 양육하기 위함)에게 단축된 근로시간 외에 연장근로를 요구할 수 없다. 다만, 그 근로자가 명시적으로 청구하는 경우에는 사업주는 주 12시간 이내에서 연장근로를 시킬 수 있다(위반시 500만원 이하의 과태료).

하는 법정근로시간을 초과하는 근로를 말하고, 1일의 실근로시간이 8시간을 초과한 부분 또는 1주의 근로시간이 40시간을 초과한 부분에서 인정하고 있다.

한편, 잔업은 명확한 정의는 없지만, 일반적인 용어법에서는 취업규칙에 정한 근무시간('소정 근로시간')을 초과한 근로를 말한다. 휴게시간을 제외한 소정 근로시간이 법정근로시간과 마찬가지로 1일 8시간이라면 잔업 = 연장근로가 되지만, 소정 근로시간이 법정근로시간보다도 짧은 경우에는 잔업이 있어도 연장근로가 되지 않는 경우가 있다.

예를 들어 취업규칙에서 정한 시업시각이 9시, 휴게시간이 12시−13시, 종업시각이 17시라면, 이 규정대로 근무하면 근로시간은 7시간이 된다. 그렇게 하면 17시 이후에 잔업도 18시까지는 근로시간이 8시간을 초과하지 않아 법상 연장근로가 발생하지 않는다. 따라서 36협정의 체결·신고가 없어도 18시까지의 근무는 노동기준법상의 문제는 발생하지 않는다. 하지만, 잔업이 18시를 넘으면, 1일의 근로시간이 8시간을 초과해 연장근로가 발생하므로, 36협정의 체결·신고가 법률상 의무가 되고, 가산임금의 지급도 마찬가지로 법률상 의무가 된다.

혹은 시업시각보다도 1시간 빠른 8시에 출근을 명령받은 경우에 그 근로자가 그대로 일상과 같이 일하면 17시에 근로시간은 8시간이 된다. 이 경우에는 17시 이후에 잔업을 명령받으면 즉시 연장근로가 발생한다.

요컨대, 노동기준법에서는 취업규칙의 규정에 관계없이 그 근로자의 1일 근로시간의 합계가 몇 시간인지가 중요하다. 이것이 8시간을 넘지 않는 한 노동기준법의 규제가 없지만, 8시간을 초과하면 노동기준법의 규제가 적용된다.

또한 후생노동성(厚生労働省, 한국의 '고용노동부＋보건복지부'에 해당)의 「2014년 취로(취업)조건 종합조사」에 따르면, 1일의 소정 근로시간은 기업 평균은 7시간 43분, 근로자 1인 평균은 7시간 44분으로 법정근로시간보다도 약간 짧다.

3. 가산임금이란?

(1) 가산임금은 법적 의무

노동기준법은 연장근로의 사유를 제한하지 않고, 근로시간수의 상한도 규정해 두지 않았지만, 가산임금의 지급을 의무화하였다(제37조). 공장법에는 없었던 가산임금의 규제이지만, 노동기준법의 제정시 ILO(국제노동기구) 제1호 협약의 규정(☞제1장 2.(규제는 어떻게 전개해 왔는가?) 참조)이나, 미국 공정근로기준법에서 주 40시간 초과한 경우 50% 이상의 가산임금의 규제가 있는 점 등에서 비교적 쉽게 도입하는 것을 인정하였다. 논의했던 것은 가산율을 미국 법과 같이 50%로 규정할 것인지 여부였다.

연장근로는 위법한 연장근로에 대한 패널티(벌칙)라는 의미가 있다. 하지만 이것은 36협정의 체결·신고에 의하여 '합법'으로 보더라도 부과된다. 경영자 중에는 가산임금은 36협정상 합법적으로 행하지 않은 연장근로에 대한 벌칙으로 지급이 의무화된다고 오해해, 36협정을 제대로 근로기준감독서장에게 신고하였다면 가산임금까지 지급할 필요가 없다는 사람도 있다. 하지만 이러한 생각은 오해이다. 합법으로 보아도 연장근로에 대한 벌칙은 면제되지 않는다.

노동기준법 제37조는 가산임금의 지급의무는 "사용자가 … 앞의 조 제1항 규정에 따라 근로시간을 연장하고 … 한 경우에" 발생한다고 규정하고 있다.[11] 즉 제36조 제1항의 36협정으로 연장근로를 시킨 경우에

---

11 <역자주> 한국 근로기준법 제56조(연장·야간 및 휴일 근로) 사용자는 연장근로(제53조·제59조 및 제69조 단서에 따라 연장된 시간의 근로)와 야간근로(오후 10시부터 오전 6시까지 사이의

사용자에게 가산임금의 지급의무를 부과하고 있다. 법률에서는 오히려 36협정의 체결·신고가 없는 위법인 연장근로에 대해서는 가산임금의 지급의무를 규정하고 있지 않다. 이 경우에는 벌칙을 부과하기에 이러한 제재만으로 충분하다는 해석할 수도 있다. 하지만, 판례는 위법한 연장근로의 경우에는 벌칙 이외에도 가산임금의 지급의무도 있다고 해석하고 있다. 이는 실무에서도 마찬가지이다.

36협정의 체결이 필요한 비상 사유에 따른 연장근로의 경우(제33조)에도 가산임금의 지급은 의무화하고 있다.

가산임금의 지급의무에 위반한 경우에도 위법한 연장근로를 시킨 경우(법정 근로시간에 위반한 경우)와 마찬가지로 징역 6개월 이하 또는 30만 엔 이하의 벌금이 부과된다(동법 제119조 1호).

또한, 가산임금의 미지급시 근로자가 가산임금을 청구하면 법원은 그 미지급분과 동일한 금액의 지급을 명령할 수 있다(제114조). 이를 '부가금'(附加金)이라고 한다(동법 제20조의 해고예고수당, 제26조의 휴업수당 등의 미지급시에도 명령할 수 있다). 즉 배액의 지급명령이다(다만, 사정에 따라 감액하거나 지급을 명령하지 않는 경우는 있다). 부가금은 위법행위가 있던 때부터 2년을 지나면 청구할 수 없다.[12]

이상과 같이 노동기준법은 연장근로에 대하여 고용주에게 가산임금을 지급하도록 의무화해 장시간 근로의 비용을 높혀서 근로시간을 억제하려고 한다. 연장근로의 사유나 상한의 설정은 36협정에 전면적으로 위임한 노동기준법이지만, 가산임금은 법률상 의무로 하였다. 36협정에 따른 연장근로의 점검이 기능을 발휘하지 못하게 되어가는 가운데, 가

근로) 또는 휴일근로에 대하여는 통상임금의 100분의 50 이상을 가산하여 지급하여야 한다.(위반시 3년 이하의 징역 또는 2천만원 이하의 벌금/반의사불벌죄(양벌규정)).
12 <역자주> 한국 근로기준법 제49조(임금의 시효) 이 법에 따른 임금채권은 '3년'간 행사하지 아니하면 시효로 소멸한다.

산임금의 규제가 연장근로의 규제에서 중요한 역할을 하게 되었다(☞제5장 참조).

(2) 가산율

고용주는 연장근로에 대하여 '통상의 근로시간 … 에 가산의 계산액'에 소정률(가산율)로 계산한 가산임금(할증임금)을 지급해야 한다(노동기준법 제37조 제1항). 노동기준법에서 가산임금만을 명문으로 의무화하고 있다. 하지만, 이것은 당연한 것으로 통상의 임금에 추가해 지급한다는 의미이다. 고용주는 시급 1,000엔의 근로자가 연장근로를 행한 경우 그 시급 1,000엔(통상임금)과 여기에 가산율을 추가해 계산한 임금(가산임금)을 지급해야 한다(또한 노동기준법 제37조가 벌칙을 붙여 의무화한 것은 가산임금의 부분만인지, 통상임금도 포함할 것인지는 논란이 있다. 이것은 미지급이 있던 경우에 부가금의 금액에도 영향을 미친다).

가산율은 「노동기준법 제37조 제1항의 연장 및 휴일의 가산임금에 관계되는 비율의 최저한도를 정하는 정령(政令)」(이하 '가산임금령')에서 규정하고 있으며, 연장근로의 가산율은 25%(한국은 50%) 이상이다.

2008년 노동기준법을 개정(2010. 4. 1. 시행)할 당시에 월의 연장근로시간이 60시간을 초과하면, 그 시간분의 가산율은 또 25%를 추가해 합계 50% 이상이 되었다(제37조 제1항 단서).[13] 다만, 25%의 추가 부분은 과반수대표와의 노사협정이 있으면 유급휴가를 부여하는 것으로 대체시킬 수 있다(제37조 제3항).[14] 이 대체휴가는 연차휴가와는 다른 것이다. 이 제도는 최근에 정책을 논의하는 데에서도 언급되는 연장근로에 대한

---

13 <역자주> 연장/휴일/야간근로는 통상임금의 50% 이상을 가산해 지급해야 한다(한국 근로기준법 제56조).

14 <역자주> 보상휴가: 사용자는 근로자대표와의 서면합의에 따라 연장/야간/휴일근로에 대해 임금을 지급하는 것을 갈음해 휴가를 줄 수 있다(한국 근로기준법 제57조).

'금전보상에서 대체휴일로'의 모델이 되고 있다(제7장[15] 참조).

또한, 25%의 추가는 중소사업주에게는 당분간은 적용이 유예된다(제138조). 여기서 '중소사업주'란 그 자본금의 금액 또는 출사 총액이 3억엔 및 상시 사용하는 근로자의 수가 300명 이하인 사업주를 말한다(소매업 또는 서비스업을 중요한 사업으로 하는 사업주에게는 자본금의 금액 또는 출자 총액 5,000만엔 이하 및 상시 사용하는 근로자의 수가 50명 이하, 도매업을 중요한 사업으로 하는 사업주는 각각 1억엔 이하, 100명 이하로 되어 있다).

이러한 적용유예는 개정 법을 "시행한 후 3년을 경과한 경우에 … 검토하고, 그 결과에 따라 필요한 조치를 강구한다."라고 부칙에 명기하고 있다. 이에 2013년경부터 후생노동성의 '노동정책심의회'에서 검토할 과제가 되었다. 언론 보도에 따르면, 아베 신조 정권은 근로자의 임금인상에 따른 경기 향상책의 하나로서, 이러한 중소사업주에 대한 적용유예를 폐지하는 방향으로 검토하기 시작한 것 같다(2014. 5. 10. 니혼케이자이신문(日本經濟新聞) 조간). 적용 유예가 없어지면, 제138조의 삭제 등의 노동기준법 조문을 개정할 필요가 있다. 따라서 이를 계기로 근로시간 제도개혁을 동시에 진행할 수도 있다(☞제7장 2.(제2차 아베 정권에서 재연된 개혁론) 참조).

그 밖에 오후 10시－오전 5시 시간대에 행하는 야간근로에도 25% 이상의 가산임금을 지급할 의무가 있고(노동기준법 제37조 제4항, 한국은 야간근로 22:00－06:00, 통상임금의 50%)), 야간근로와 연장근로가 중첩되면 가산율은 50% 이상이 된다(노동기준법 시행규칙 제20조 제1항). 1개월의 연장근로시간이 60시간을 초과하고 있는 경우에는 가산율은 75% 이상이 된다(노동기준법 시행규칙 제20조 제1항).

---

15 제7장 근로시간 제도개혁론은 무엇을 논의해 왔는가?

🕐 **해설: 한도 시간을 초과한 경우의 가산율**

36협정에서 정한 연장근로의 상한(한도 시간)은 '특별조항이 있는 협정'인 경우에는 초과해도 좋다. 이 경우에 한도 시간을 초과한 연장 근로는 행정통달에 따라 고용주는 가산임금을 25%보다도 인상할 노력 의무가 있다. 예를 들어 1개월의 연장근로가 45시간 이내라면 가산임금 은 25%도 좋지만, 45시간을 초과하면 25%를 초과하는 가산임금을 지 급하도록 노력하고, 여기에 60시간을 초과하면 50% 이상의 가산임금을 지급해야 한다(노력의무가 아님).

노력의무는 노동기준법상 강제하지 않고 위반해도 벌칙을 부과하지 않고, 근로자에게 25%를 초과하는 가산임금의 청구권도 없지만, 행정 지도의 형태라는 완화된 강제는 있다. 후생노동성의 「2013년도 근로시 간 등 종합실태조사」에 따르면, 실제로 가산율이 25%를 초과한 대기 업은 24.9%, 중소기업은 4.9%이었다.

(3) 가산임금의 산정기초

가산임금의 산정기초가 되는 것은 '통상임금'이다. 이것은 소정 근로 시간의 근로에 대하여 지급되는 임금을 말하고, 그 전형적인 것은 '기본 급'이다. 한편, 가족수당, 통근수당, 별거수당, 자녀교육수당, 주택수당, 임시로 지급되는 임금, 1개월을 초과하는 기간마다 지급되는 임금은 '통 상임금'에서 제외한다(노동기준법 제37조 제5항, 노동기준법 시행규칙 제21 조). 이것은 '제외임금'이라고 한다. 여기서 '1개월을 초과하는 기간마다 지급되는 임금'의 대표적인 사례는 '상여금(보너스)'을 들 수 있다.

제외임금 중에 가족수당, 통근수당 등이 포함된 것은 가산임금액이 근로와 관계없는 개인 사정으로 달라지는 것은 부적절하지 않기 때문이 다. 하지만 여기에서 열거된 제외임금 이외에는 이를테면 개인 사정으

로 금액이 결정되었더라도 가산임금의 산정기초에서 제외할 수는 없다
(한정 열거).

그러나 '부양수당'도 부양가족수에 따라 산성되는 경우 가족수당으로
제외임금에 포함한다. 수당은 그 명칭이 아니라 실질에 따라 판단한다.
반대로 주택수당이나 가족수당이 개인 사정에 따라 산정되지 않은 경우
에는 제외임금에는 포함하지 않고 산정기초에 포함한다.

또한 '1개월을 초과하는 기간마다 지급되는 임금'을 제외임금으로 보
는 것은 계산기술상 곤란하기 때문이다. 따라서 상여금이라도 이미 금
액이 확정되어 있는 경우에는 계산기술상 곤란성이 없으므로 제외임금
에 포함하지 않고 산정기초에 포함한다.

산정기초가 되는 임금은 고용주가 조작하기 쉬운 면이 있으므로, 룰
을 명확하게 할 필요가 있다. 하지만 실제로 법률상 룰은 반드시 명확
하지 않고(예를 들어 앞에 언급한 '부양수당' 또는 '상여금'의 취급), 이러한
점이 가산임금의 규제에 대한 실효성을 약화시킬 수도 있다(☞제8장 1
(가산임금은 정말로 유지해야 하는가) 참조).

4. 유연한 근로시간의 규제

(1) 탄력적 근로시간제

근로시간의 상한 규제를 표준으로 하고, 일정 기간을 평균으로 상한
을 지키면 된다는 경우도 많다. 이를 '탄력적(변형) 근로시간제'라고 한
다. 일종의 전체 범위(総枠)의 규제이다.

일본의 현행 노동기준법에서 보면, 일정한 단위기간에서의 1주의 평
균 근로시간이 1주간의 법정근로시간의 범위 이내라면, 1주 40시간 또
는 1일 8시간의 법정 근로시간을 초과하는 근로시간도 허용(연장근로로
취급하지 않아 가산임금이 발생하지 않는다)하는 제도이다. 이 제도에 따라

1주 40시간 또는 1일 8시간이라는 '법정근로시간 규제'(노동기준법 제32조)를 부분적으로 완화하게 된다.

이러한 탄력적 근로시간제의 필요성은 업무의 번망(繁忙)이 시기에 차이가 있는 경우에 대한 대응이나 사회·경제의 서비스화를 진행하면서 사업 체제나 근무 체제를 유연화할 요청에 대한 대응 등으로 이해할 수 있다.

일본 노동기준법을 제정할 당시에는 4주 단위의 탄력적 근로시간제가 있을 뿐이었다. 또한 노동기준법 제32조 중에서 제1항은 법정근로시간을, 제2항은 탄력적 근로시간을 각각 규정하는 형태로서 탄력적 근로시간제는 법정 근로시간의 규제와 일체라고 할 수 있다.

현행 노동기준법의 탄력적 근로시간제의 종류는 '1개월 단위'의 탄력적 근로시간제(제32조의 2), '1년 단위'의 탄력적 근로시간제(제32조의 4), '1주간 단위'의 비정형적인 탄력적 근로시간제(제32조의 5)로 3가지가 있다.[16] 1주 단위의 비정형적인 탄력적 근로시간제는 상시 30인 미만의 근로자를 사용하는 소매업, 여관, 요리점 및 음식점 사업에서 1주간 40시간의 범위 내라면 1일에 10시간을 근로하는 것까지 허용된다.

탄력적 근로시간제를 도입하는 요건은 1개월 단위는 '취업규칙'의 규정 또는 '노사협정'의 체결,[17] 1년 단위는 '노사협정'을 체결해 소정 사항을 정하는 것, 1주 단위는 '노사협정'의 체결이다. 특히, 1년 단위는 엄격한 절차요건을 부과해 절차가 복잡하다.

후생노동성의 「2014년 취로조건 종합조사」에 따르면, 탄력적 근로시

---

16 <역자주> 한국은 2주 단위(48시간 한도, 취업규칙) 및 3개월 단위(52시간 한도, 근로자대표와의 서면합의)의 탄력적 근로시간제가 있다(근로기준법 제51조 제1항, 제2항).

17 <역자주> 여기서 '노사협정(勞使協定)'은 한국에서는 '서면합의'라고도 한다. 다만 노사협정은 원래 노사협의회 노사위원 사이에 합의된 협정(의결된 사항 포함)을 일컫는 것이므로 '시간협정' 또는 '51협정'(제51조에서 규정된 협정의 의미)으로 부를 수 있다(임종률, 노동법, 박영사, 2017, 428면 참조).

간제의 1년 단위를 도입한 기업의 비율은 35.4%, 1개월 단위는 17.9%이었다.

(2) 선택적 근로시간제

선택적 근로시간제(플렉스타임(flextime)제)란 시업시각(시작 시각＝시기) 및 종업시각(종료 시각＝종기)을 근로자의 자유로운 결정에 맡기는 근로시간제도이다. 이 제도의 큰 특징은 근로자가 근로시간대를 스스로 결정할 수 있는 점이다. 이에 일과 생활의 조화(work－life balance)를 도모할 수 있다는 장점이 있다. 하지만 고용주는 근로자가 '반드시 근로해야 하는 시간대'인 코어 타임(core time, 핵심시간)을 설정할 수가 있다.

선택적 근로시간제를 도입하려면 취업규칙에서 시업시각 및 종업시각을 근로자의 결정에 맡긴다는 취지를 정해 둘 필요가 있다(노동기준법 제32조의 3. 시업 또는 종업의 어느 한 쪽만 근로자의 결정에 맡기는 것을 부정하고 있다). 그리고서 노사협정을 체결하여 소정의 사항에 대하여 정해 둘 필요가 있다. 정산기간(청산기간)이란 그 기간(1개월 이내)을 평균해 1주당 40시간을 초과하지 않는 범위 내에서 근로시키는 기간이다. 선택적 근로시간제를 도입해 정산기간에서 1주 평균 40시간의 범위 내라면 1주간 40시간을 초과하거나 1일 8시간을 초과해도 연장근로가 되지 않는다. 하지만, 그 범위를 초과하면 연장근로가 되어 가산임금의 지급의무가 발생한다. 다음의 정산기간에서 근로시간을 짧게 하여 조정하는 방법은 행정통달에서는 인정하고 있지 않다.

후생노동성의 「2014년 취로조건 종합조사」에 따르면, 선택적 근로시간제를 도입한 기업의 비율은 5.3%이다.

선택적 근로시간제는 원래는 4주 단위의 탄력적 근로시간제의 한 형태였다. 하지만, 1987년 노동기준법의 개정을 통하여 독립한 제도이다.

다만 규제가 엄격하기 때문에 그 정도로 보급하지 못하고 있다. 유연한 근무방식의 전통적인(orthodox) 것은 선택적 근로시간제이지만, 과잉 규제가 보급을 방해하고 있다(☞제7장 3.(노동법학의 반응은?) 참조).

🕐 보론: 사업장 밖 근로의 간주근로시간제[18]

근로자의 근무지가 사업장 밖에 있는 경우(외근 근로자 등)에는 근로시간을 산정하기 어려운 점이 있다. 이러한 경우에 노동기준법은 소정 근로시간을 근로한 것으로 본다. 즉 실근로시간을 계산하지 않아도 좋다. 또한 그 업무를 수행하기 위하여 통상 소정 근로시간을 초과해 근로하는 것이 필요한 경우에는 그 업무의 수행에 통상 필요하다고 간주(인정)하는 시간을 근로한 것으로 본다. 하지만, 이 근로시간은 과반수대표와 노사협정으로 결정할 수도 있다(제38조의 2).

휴대폰이 널리 보급된 오늘날 사업장 밖에 취업라도 고용주는 대부분은 근로자에게 구체적인 지휘명령을 할 수 있다. 이에 이러한 제도의 적용 요건인 '근로시간을 산정하기 어려운 경우'에 맞는 사례는 거의 없다고 생각된다.

최근의 판례에서는 '해외여행의 안내가이드'도 '근로시간을 산정하기 어려운' 경우에 해당되지 않으므로, 실근로시간을 계산해야 한다고 판단하였다(한큐트래블서포트[제2]사건(阪急トラベルサポート[第2]사건<最2小判2014.1.24, 最重判110>)).

후생노동성의 「2014년 취로조건 종합조사」에 따르면, 이 제도를 도입한 기업의 비율은 11.3%이다.

---

18 <역자주> 한국에서는 '외근 간주시간제'라고 한다(근로기준법 제58조 제1항).

　사업장 밖 간주근로시간제는 '근로시간을 산정하기 어려운' 경우를
전제로 한 제도이면서, 산정하기 어려운 실제의 근로시간수(그 업무의
수행에 통상 필요하다고 간주되는 근로시간수)에 가까운 구조로 된 부
분에 근본적인 모순이 있다. 적어도 노사협정에서 근로시간을 정할 수
있도록 하고(간주제), 노사협정이 없는 경우에만 그 근로자가 속한 사
업장의 소정 근로시간을 근로시간으로 간주하는 제도로 하는 등의 개
정을 검토할 필요가 있다.

(3) 재량근로제

　재량근로제(＝재량근로의 간주근로시간제)란 업무를 자신의 재량으로
수행하는 근로자가 실제의 근로시간에 관계없이 일정한 근로시간수만
일한 것으로 보는 제도이다. 간주근로시간이 1일 8시간 이내라면 고용
주에게는 가산임금을 지급할 의무는 없게 된다.

　재량근로제에는 '전문업무형'(노동기준법 제38조의 3)과 '기획업무형'
(동법 제38조의 4) 재량근로제가 있다.

　'전문업무형 재량근로제'의 도입에는 36협정과 마찬가지로, 노사협정
을 체결하는 것이 필요하다. 노사협정은 소정의 사항을 기재하여 근로
기준감독서장에게 신고해야 한다(노동기준법 제38조의 3 제2항).

　노사협정에 기재사항은 ① 전문업무형 재량근로제의 대상으로 할 수
있는 업무(업무의 성실상 그 수행방법을 대폭적으로 그 업무에 종사하는 근
로자의 재량에 맡길 필요가 있기 때문에, 그 업무의 수행수단 및 시간배분의
결정 등에 관하여 기업이 구체적인 지시를 하는 것이 어려운 상기의 업무) 중
근로자에게 종사시킬 업무(대상업무), ② 대상업무에 종사하는 근로자
(대상근로자)의 근로시간으로 산정된 시간(간주근로시간), ③ 대상업무의
수행수단 및 시간배분의 결정 등에 관하여 그 대상업무에 종사하는 근

로자에 대하여 사용자가 구체적인 지시를 하지 않는 것, ④ 대상근로자
의 근로시간의 상황에 따른 그 근로자의 건강 및 복지를 확보하기 위한
조치를 그 협정에서 규정하는 바에 따라 기업이 강구하는 것, ⑤ 대상
근로자의 고충처리 조치를 그 협정에 정하는 바에 따라 기업이 강구하
는 것, ⑥ 그 밖에 후생노동성령에서 정하는 사항(노사협정의 유효기간의
규정, 건강확보 조치와 고충처리 조치에 관한 근로자별 기록을 노사협정의 유
효기간 만료일부터 3년 보존)으로 하고 있다(노동기준법 제38조의 3 제1항,
노동기준법 시행규칙 제24조의 2의 2 제3항).[19]

전문업무형 재량근로제는 다음 항의 <표 1>에 기재되어 있는 대상
업무의 범위에서만 도입할 수 있다.[20] 향후 이른바 '프로형'의 취업형식
이 늘어나는 것을 예상하는 상황에서 이러한 열거방식(후생노동부장관에
의한 업무지정 방식)으로 어디까지 대응할 수 있을지는 의문도 든다.

한편, '기획업무형' 재량근로제는 다음의 <표 1>에서 제시한 것처럼,
기획, 입안, 조사, 분석 업무에 관하여 인정하고, 그 도입의 요건은 노사
양쪽의 대표로 구성되는 노사위원회에서 5분의 4 이상의 다수로 소정의
사항을 결의하고, 그 결의를 근로기준감독서장에게 신고해야 한다.

---

19 <역자주> 한국에서는 '재량근로 간주시간제'라고 한다(근로기준법 제58조 제3항). 서면합의의
   내용은 '1. 대상 업무, 2. 사용자가 업무의 수행 수단 및 시간 배분 등에 관하여 근로자에게 구체
   적인 지시를 허지 아니한다는 내용, 3. 근로시간의 산정은 그 서면 합의로 정하는 바에 따른다는
   내용'을 규정하고 있다.
20 <역자주> 한국에서의 재량근로의 대상업무는 "1. 신상품 또는 신기술의 연구개발이나 인문사회
   과학 또는 자연과학분야의 연구 업무, 2. 정보처리시스템의 설계 또는 분석 업무, 3. 신문, 방송
   또는 출판 사업에서의 기사의 취재, 편성 또는 편집 업무, 4. 의복·실내장식·공업제품·광고 등의
   디자인 또는 고안 업무, 5. 방송 프로그램·영화 등의 제작 사업에서의 프로듀서나 감독 업무, 6.
   그 밖에 고용노동부장관이 정하는 업무"를 규정하고 있다(시행령 제31조. <개정 2010.7.12.>)
   (재량근로의 대상 업무[시행 2011.9.23.][고용노동부고시 제2011-44호, 2011.9.23., 일부개정].

〈표 1〉 전문업무형 재량근로제의 대상업무

(노동기준법시행규칙 24조의2의 2 제2항, 1997.2.14. 노동성 고시 제7호; 2003.10.22. 후생노동성 고시 제354호)

- 신상품 · 신기술의 연구개발 업무
- 인문과학 · 자연과학의 연구 업무
- 정보처리시스템의 분석 · 설계 업무
- 신문 · 출판업에서 기사의 취재 · 편집 업무
- 방송프로그램 제작을 위한 취재 · 편집 업무
- 의복 · 실내도장 · 공업제품 · 광고 등의 새로운 디자인 고안 업무
- 방송프로그램 · 영화 등의 제작 사업에서의 프로듀서 · 디렉터 업무
- 카피라이터 업무
- 시스템 컨설턴트 업무
- 인테리어 코디네이터 업무
- 게임용 소프트웨어 창작 업무
- 증권 애널리스트 업무
- 금융공학 등의 지식을 이용하여 행하는 금융상품 개발 업무
- 대학에서의 교수연구 업무
- 공인회계사 업무
- 변호사 업무
- 건축사 업무
- 부동산감정사 업무
- 변리사 업무
- 세리사 업무
- 중소기업진단사 업무

　여기서 '노사위원회'란 '임금, 근로시간, 그 밖에 그 사업장에서 근로조건 사항을 조사 · 심의하고, 사업주에게 그 사항에 대하여 의견을 말하는 위원회'를 말한다. 구성원은 사용자 및 그 사업장의 근로자대표자로 해야 한다.

　노사위원회의 결의 사항은 ① 사업운영 사항에 대한 기획, 입안, 조사 및 분석 업무로, 그 업무의 성질상 이를 적절하게 수행하기 위해서

는 그 수행방법을 대폭적으로 근로자의 재량에 맡길 필요가 있기 때문
에 그 업무의 수행수단 및 시간배분의 결정 등에 관하여 기업이 구체적
인 지시를 하지 않기로 한 업무(대상업무), ② 대상업무를 적절하게 수
행하기 위한 지식, 경험 등을 가진 근로자로 그 대상업무에 종사시킬
때에는 그 결의로 정한 시간 근로한 것으로 보는 근로자의 범위, ③ 대
상업무에 종사하는 근로자의 근로시간으로 산정되는 시간(간주근로시
간), ④ 대상근로자가 근로시간의 상황에 따른 그 근로자의 건강 및 복
지를 확보하기 위한 조치를 그 결의로 정하는 바에 따라 기업이 강구할
것, ⑤ 대상근로자의 고충처리에 관한 조치를 그 결의로 정하는 바에
따라 기업이 강구할 것, ⑥ 제도의 적용에 대한 근로자의 동의를 얻어
야 할 것, 동의하지 않은 근로자를 해고, 그 밖에 불이익 취급을 금지할
것, ⑦ 그 밖에 후생노동부령에서 정하는 사항(노사위원회의 결의의 유효
기간의 규정과, 건강확보 조치, 고충처리 조치, 근로자의 동의에 관한 근로자
별 기록을 노사협정의 유효기간 만료일까지 3년 보존)이다(노동기준법 제38
조의 4 제1항, 노동기준법 시행규칙 제24조의 2의 3 제3항).

　또한 기획업무형 재량근로제에서는 위와 같이 '제도의 적용에 대한 근
로자의 동의를 받아야 하는 것'도 결의사항이다. 이것은 근로자의 동의
없이 기획업무형 재량근로제를 적용해서는 안 된다는 취지로 해석된다.

 기획업무형 재량근로제의 대상업무

(1999.12.27. 노동성 고시 149호, 2003.10.22. 후생노동성 고시 353호)

■ 대상업무의 사례
• 경영기획 부서의 업무 중 경영상태 · 경영환경 등을 조사 · 분석하고, 경영 계획
　을 책정하는 업무
• 경영기획 부서의 업무 중 현행 사내조직의 문제점이나 바람직한 양상 등을 조
　사 · 분석하고, 새로운 사내조직을 편성하는 업무

- 인사·노무 부서의 업무 중 현행 인사제도의 문제점이나 바람직한 양상 등을 조사·분석하고, 새로운 인사제도를 책정하는 업무
- 인사·노무 부서의 업무 중 업무내용이나 그 수행을 위하여 필요하나고 여겨지는 능력 등을 조사·분석해 사원의 교육·연수계획을 책정하는 업무
- 재무·경리 부서의 업무 중 재무상황 등을 조사·분석하고, 재무 계획을 책정하는 업무
- 홍보 부서의 업무 중 효과적인 홍보방법 등을 조사·분석하고, 홍보를 기획·입안하는 업무
- 영업기획 부서의 업무 중 영업성적이나 영업활동상 문제점 등을 조사·분석하고, 기업 전체의 영업방침이나 다루는 상품별의 전사적인 영업계획을 책정하는 업무
- 생산 기획 부서의 업무 중 생산효율이나 원재료 등에 관계되는 시장의 동향 등을 조사·분석하고, 원재료 등의 조달계획도 포함하여 전사적인 생산계획을 책정하는 업무

■ 대상업무가 아닌 사례
- 경영 회의의 서무 등의 업무
- 인사기록의 작성·보관, 급여의 계산과 지급, 각종 보험의 가입과 탈퇴, 채용·연수의 실시 등의 업무
- 금전출납, 재무제표·회계장부의 작성 및 보관, 조세의 신고·납부, 예산·결산에 관계되는 계산 등의 업무
- 홍보지의 원고 교정 등의 업무
- 개별적인 영업활동의 업무
- 개별적인 제조 등의 작업
- 물품 구매 등의 업무

후생노동성의 「2014년 취로조건 종합조사」에 따르면, 전문업무형 재량근로제를 도입한 기업의 비율은 3.1%, 기획업무형 재량근로제를 도입한 기업의 비율은 0.8%에 불과하다. 대상근로자로 보면, 전문업무형 재량근로제의 비율은 1.0%, 기획업무형 재량근로제의 비율은 불과 0.2%이다.

재량근로제는 업무의 수행방법을 근로자의 재량에 맡기는 제도이다. 이에 근로시간이 법정근로시간을 초과했더라도 그 시간 수에 따라 가산

임금을 지급하는 것은 적절하지 않기 때문에 근로시간을 간주제로 한 것이다. 이러한 의미에서 근로시간과 임금을 분리해 근로자의 성과에 따라 임금을 결정하는 근무방식에 적합한 것이다.

그런데, 이 재량근로제를 도입하는 요건은 매우 엄격하고(특히, 노사협정이나 노사위원회의 결의로 정해야 하는 사항이 많은 것은 복잡하다), 실제로 재량근로제를 도입한 실적은 앞에서 언급한 후생노동성의 조사에서도 알 수 있듯이 매우 적다. 전문업무 이외의 화이트칼라가 근로시간을 규제할 수 있는 실질적인 적용제외를 하려면 위의 기획업무형 재량근로제의 적용대상으로 보아야 한다. 그런데, 위에 열거한 대상업무는 어디까지나 지침이라고는 하나 매우 한정적이다.

이러한 상황은 현행 재량근로제를 재검토하고, 새로운 유연한 근로시간제도로 '화이트칼라 이그젬션'을 도입할 필요가 있다는 논의의 배경이 된다.

5. 관리감독자의 적용제외

(1) 근로시간 규제의 적용제외

근로시간의 규제에 관한 예외로서 근로시간과 관련된 규정(근로시간, 휴게, 휴일 규정)이 처음부터 적용되지 않는 근로자의 범주도 있다(노동기준법 제41조). 농업, 축산·수산업에 종사하는 자(같은 조 1호), '감독 혹은 관리의 지위에 있는 자'(관리감독자)[21] 및 '기밀의 사무를 다루는 자'(같은 조 2호), 감시·단속근로자로 근로기준감독서장으로부터 허가를

---

21 <역자주> 한국에서도 관리직은 공장장/부장 등 근로조건의 결정이나 그 밖에 인사노무관리에 관하여 경영자와 일체적 지위에 있으면서 출퇴근 등에 엄격한 제한을 받지 않는 자를 말한다. 다만, 일정한 직급이나 직책에 따라 일률적으로 관리자가 되는 것은 아니다.

받은 자(같은 조 3호)이다.[22] 이러한 자들은 사업이나 근로자가 종사하는 업무의 특수성에서 근로시간과 관련된 규정을 적용하는 것이 부적절하다고 본다.

적용제외의 구체적인 의미는 법정근로시간이나 휴일 규정을 적용하지 않고, 연장근로나 휴일근로라는 개념도 없어진다. 이에 가산임금의 적용도 없다. 하지만, 연차유급휴가(제39조)나 야간근로 규정(제37조 제4항 등)은 적용제외되지 않는다.

(2) 일본 맥도날드 사건

적용제외의 대상자와 관련한 핵심 문제는 '관리감독자'이다. 이는 어떠한 근로자가 관리감독자인가는 법문상 명확하지 않기 때문이다. 이에 많은 기업에서 관리직(과장, 점장 등)이 된 근로자를 관리감독자로 취급하고, 가산임금의 지급대상에서 제외해 운용하고 있다. 그런데, 재판을 하면 이러한 취급은 대부분의 사례에서 위법한 것으로 판단한다.

유명한 일본 맥도날드 사건에서 점장(店長)이 관리감독자였는데, 법원은 이러한 취급은 위법하기 때문에 기업에게 연장근로나 휴일근로에 대한 가산임금을 지급하라고 판단하였다(일본맥도날드 사건(日本マクドナルド 사건<東京地判 2008. 1. 28. 最重版 116>)).

---

22 <역자주> 한국 근로기준법 제63조(적용의 제외) 이 장과 제5장에서 정한 근로시간, 휴게와 휴일에 관한 규정은 다음 각 호의 어느 하나에 해당하는 근로자에 대하여는 적용하지 아니한다. <개정 2010.6.4.>
  1. 토지의 경작·개간, 식물의 재식(栽植)·재배·채취 사업, 그 밖의 농림 사업
  2. 동물의 사육, 수산 동식물의 채포(採捕)·양식 사업, 그 밖의 축산, 양잠, 수산 사업
  3. 감시(監視) 또는 단속적(斷續的)으로 근로에 종사하는 자로서 사용자가 고용노동부장관의 승인을 받은 자
  4. 대통령령으로 정하는 업무에 종사하는 근로자(사업의 종류에 관계없이 관리·감독 업무 또는 기밀을 취급하는 업무, 시행령 제34조).

행정해석에서는 "일반적으로는 부장, 공장장 등 근로조건의 결정, 그 밖에 노무관리에 대하여 경영자와 일체적인 입장에 있는 자의 의미로 명칭에 얽매이지 않고 실태에 기초해 판단해야 한다"고 하여, 구체적으로는 근로조건의 결정, 그 밖에 노무관리에 대하여 경영자와 일체적인 입장에 있는 자로 근로시간, 휴게, 휴일 등에 관한 규제의 틀을 넘어서 활동이 요청되는 중요한 직무와 책임을 가지고, 현실의 근무 양태도 근로시간 등의 규제에 어울리지 않는 입장에 있을 것, 구체적인 판단방법은 자격이나 직위의 명칭에 얽매이지 않고, 직무내용, 책임과 권한, 근무 양태에 착안할 필요가 있고, 나아가 임금 등의 대우 면에 대하여 그 지위에 적합한 대우를 하고 있는가 등을 고려할 필요가 있다.

법원도 일본맥도날드 사건 판결에서는 ① 직무내용, 권한 및 책임에 비추어 노무관리를 포함해 기업 전체의 사업 경영에 관한 중요한 사항에 관여하는 것, ② 그 근무 양태가 근로시간 등에 대한 규제에 어울리지 않는 것, ③ 급여(기본급, 임무수당 등) 및 일시금으로 관리감독자에게 적합한 대우를 관리감독자에 해당하는 데에 판단기준으로 삼아야 한다고 판시하였다.

🕐 보론: 스탭 관리직

'관리직'이라면 통상 지휘명령의 계통에 있는 '라인의 관리직'을 말한다. 그 밖에 '스탭관리직'이라고 불리고 지휘냉령의 계통에서 독립해 고도의 전문적인 업무에 종사하고, 대우는 라인의 관리직과 동등하게 다루는 근로자도 있다.

행정해석에서도 경영상의 중요한 사항에 관한 기획, 입안, 조사 등의 업무를 담당하는 자는 관리감독자로서 취급을 인정하고 있다. 이

것은 스탭직에 대한 적용제외제도가 없는 것에 대처하기 위한 특례의 취급이다. 하지만, 기업이 조직을 플랫화해 스탭직을 늘리는 등 '이름뿐인(名ばかり) 관리직'을 늘리는 탈법 현상을 낳는 유인을 만들기도 한다. 스탭관리직은 기획업무형 재량근로제로도 연계할 부분이 있고, 이러한 근로자는 본래 동일한 제도로 통합할 필요가 있다(☞제8장23 참조).

(3) 관리감독자의 범위는 좁다!

연장근로에 대한 가산임금을 미지급한 부분의 청구소송은 수많이 제기되고 있다. 하지만, 이 경우에 고용주 측은 그 근로자를 '관리감독자'라고 자주 주장한다. 이로 인하여 판사는 관리감독자에 해당하는지를 판단하게 된다. 그런데, 앞에서 언급한 것처럼 그 대부분의 경우에 부정하고 있다.

다만, 관리감독자의 범위가 좁은 것은 법문상 불명확하다. 이에 재판을 받지 못한 많은 사례에서 법원이 인정하는 합법적인 관리감독자의 범위보다도 넓게 관리감독자로 취급되는 근로자가 있을 수 있다. 이것이 '이름뿐인 관리직' 문제가 발생하게 된 배경이다.

 관리감독자를 둘러싼 주요한 판례 (최근의 것)

■ 부정한 사례
• 음악학교의 교무부장, 사업부장, 과장(神代学園ミューズ音楽院事

---

23 <역자주> 제8장 새로운 근로시간제도를 위한 제고.

件 · 東京高判 2005.3.30. 労判 905호, 72면)

- 플라스틱 형성 · 가공회사의 영업개발부장(岡部製作所事件 · 東京地判 2006.5.26 労判 918호, 5면)
- 음식점 매니저(アクト 事件 · 東京地判 2006.8.7 労判 924호, 50면)
- 호텔 레스토랑의 요리장(セントラル · パーク事件 · 岡山地判 2007.3.27. 労判 941호, 23면)
- 프랜차이즈 캬레점 점장(トップ事件 · 大阪地判 2007.10.25 労判 953호, 27면)
- 의료품회사의 디자이너(丸栄西野事件 · 大阪地判 2008.1.11 労判 957호, 5면)
- 햄버거숍 점장(日本マクドナルド事件<東京地判 2008.1.28. 最重判 116>)
- 신용금고 점장의 대리직(播州信用金庫事件 · 神戸地姫路支判 2008.2.8. 労判例 958호, 12면)
- 의료품회사의 과장(エイティズ事件 · 神戸地尻崎支判 2008.3.27. 労判 968호, 94면)
- 미용실 부점장 겸 톱 스타일리스트(バス事件 · 東京地判 2008.4.22. 労判 963호, 88면)
- 유학 · 해외생활 체험상품을 다루는 회사의 지사장(ゲートウェイ 21事件 · 東京地判 平成20.9.30 労判 977호, 74면)
- 복사서비스점의 점장(アイマージ事件 · 大阪地判 2008.11.14. 労経速 2036호, 14면)
- 음식점 요리장(プレゼンス事件 · 東京地判 2009.2.9. 労経速 2036호, 24면)
- 카라오케박스의 점장(シン · コーポレーション事件 · 大阪地判 2009.6.12. 労判例 988호, 28면)
- 학습학원의 교장(学樹社事件 · 横浜地判 2009.7.23. 判時 2056호,

156면)

- 편의점의 점장(ボス事件·東京地判 2009.10.21. 労判 1000호, 65면)
- 과장대리인 시스템엔지니어(東和システム事件·東京高判 2009. 12.25. 労判 998호, 5면)
- 음식점 점포의 지배인(康正産業事件·鹿児島地判 2010.2.16. 労判 1004호, 77면)
- 의료정보회사의 부동산 사업부 책임자(デンタルリサーチ社事件· 東京地判 2010.9.7. 労判 1020호, 66면)
- 부동산회사의 영업본부장(レイズ事件·東京地判 2010.10.27. 労判 1021호, 39면)
- 컴퓨터회사의 프로젝트 매니저(エス・エー・ディー情報システム ズ事件·山形地判 2011.3.9. 労判 1030호, 27면)
- 음식점 요리장(シーディーシー事件·山形地判 2011.5.25. 労判 1034호, 47면)
- 편의점 점장(九九プラス事件·東京地立川支判 2011.5.31. 労判 1030호, 5면)
- 병원의 전산과 과장 직무대행(河野臨牀医学研究所事件·東京地 判 2011.7.26 労判 1037호, 59면)
- 종업원 겸무 이사(スタジオツインク事件·東京地判 2011.10.25 労判 1041호, 62면)
- 회계사무소의 관리부장(H会計事務所事件·東京高判 2011.12.20 労判 1044호, 84면)
- 인터넷 뱅킹 담당의 부은행장(HSBCサービシーズ・ジャパン・リ ミテッド事件·東京地判 2011.12.17 労判 1044호, 5면)
- 건설자재제조회사의 영업부장(日本機電事件·大阪地判 2012.3.9. 労判 1052호, 70면)
- 컴퓨터시스템 회장의 과장(エーディーディー事件·大阪高判 2012.

7.27 労判 1062호, 63면)

- 부동산회사의 과장·반장(アクティリング事件·東京地判 2012.8.
  28 労判 1058호, 5면)

- 일용잡화 등의 판매회사의 상품부 과장(佐賀労基署長(サンクス
  ジャパン)事件·福岡地判 2012.5.16 労判 1058호, 59면)

- 광고대리점의 기획영업부 부장(ロア·アドバタイジング事件·東
  京地判 2012.7.27 労判 1059호, 26면)

- 음식점의 점장(フォロインブレンディ事件·東京地判 2013.1.11
  労判 1074호, 83면)

- 고속버스회사의 운행과장(WILLER EXPRESS西日本ほか1社事件·
  東京地判 2013.4.9 労判 1083호, 75면)

- 슬롯머신점의 어소시에이트(イーハート事件·東京地判 2013.4.24
  労判 1084호, 84면)

- 상품선물거래중개회사의 주식담당 부장(豊商事事件·東京地判
  2013.12.13 労判 1089호, 76면)

- 서비스 스테이션의 소장(乙山石油事件·大阪地判 2013.12.19 労
  判 1090호, 79면)

- 자동차 운송취급회사의 영업소장(新富士商事事件·大阪地判 2013.
  12.20 労判 1094호, 77면)

■ 인정한 사례

- 자동차수리회사의 영업부장(センチュリー·オート事件·東京地判
  2007.3.22 労判 938호, 85면)

- 택시회사의 영업부 차장(姪浜タクシー事件·福岡地判 2007.4.26.
  労判 948호, 41면)

- 건설컨설턴트회사의 종업원 겸무 이사(日本構造技術事件·東京地
  判 2008.1.25 労判 961호, 56면)

- 증권회사의 지점장(日本ファースト証券事件·大阪地判 2008.2.8 労判 959호, 168면)
- 미용실의 점장(ことぶき事件<最重判 115>)
- 스포츠클럽의 에리어 디렉터(セントラルスポーツ事件·京都地判 2012.4.17. 労判 1058호, 69면)
- 종업원 겸무 이사(ピュアルネッサンス事件·東京地判 2012.5.16. 労判 1057호, 96면)
- 부동산조사회사의 영업부문 책임자(VESTA事件·東京地判 2012. 8.30. 労判 1059호, 91면)

6. 노동기준법은 근로자의 휴식을 어떻게 보장하는가?

(1) 휴게시간

앞에서 언급한 것처럼, 헌법 제27조는 휴식 기준의 법정화도 요청하고 있다. 노동기준법은 1일의 근로 도중에 휴게, 1주 중의 휴일, 1년 중의 연차유급휴가(연휴)의 세 가지 유형의 휴식을 보장하고 있다. 연차휴가는 후술하고(☞제6장[24] 참조), 여기서는 '휴게'와 '휴일'에 관한 노동기준법의 규정을 살펴본다.

우선 '휴게'는 노동기준법에서 근로시간이 6시간을 초과하는 경우에 45분 이상, 8시간을 초과하는 경우에 1시간 이상의 휴게시간을 근로시간의 도중에 부여하는 것을 사용자에게 의무화하고 있다(제34조 제1항).[25] 1일

---

[24] <역자주> 제6장 일본인에게 바캉스는 어울리지 않는다.
[25] <역자주> 한국 근로기준법 제54조(휴게) ① 사용자는 근로시간이 4시간인 경우에는 30분 이상, 8시간인 경우에는 1시간 이상의 휴게시간을 근로시간 도중에 주어야 한다. ② 휴게시간은 근로자가 자유롭게 이용할 수 있다(위반시 2년 이하의 징역 또는 1천만원 이하의 벌금(양벌규정), 근로기준법 제110조).

의 근로시간이 정확히 8시간이면, 법률상으로는 휴게시간은 45분이면
된다. 하지만 이러한 경우에도 잔업이 조금이라도 있으면 근로시간이
8시간을 초과하므로 15분의 휴게를 추가해야 한다. 이 휴게의 규제에
대해서도 위반한 사용자는 징역 6개월 이하 또는 30만엔 이하의 벌금이
라는 벌칙이 있다(노동기준법 제119조 1호).

⏰ 해설: 행정해석

이 책자에서도 몇 차례의 행정해석(통달)을 언급한 적이 있다. 행정
해석은 행정기관(근로기준감독서 등)이 노동기준법 등의 법규를 적용
해 행정감독을 할 경우에 그 통일된 해석·적용을 위해 내린다. 행정해
석은 행정 내부의 해석에 불과하고, 법원은 다른 해석을 제시할 수 있
다(이 때에 법원의 해석이 우선한다). 하지만 실무상 고용주는 이를 무
시할 수 없게 되어 중요한 역할을 맡고 있다.

휴게시간은 일제히 부여해야 한다(제34조 2항). 개별 근로자가 각각의
휴게를 취하면, 제대로 휴식을 부여하는지 여부를 확인할 수 없기 때문
이다. 다만 업무의 내용별로는 일제히 휴게를 부여하는 것이 곤란한 경
우도 있기 때문에 과반수대표와 노사협정이 있으면 이 원칙의 예외를
인정하고 있다(제34조 제2항 단서).

근로자는 휴게시간을 자유롭게 이용할 수 있어야 한다(제34조 제3항).
이를 '휴게시간 자유이용 원칙'이라고 한다. 다만, 외출의 허가제는 사업
장 내에서 자유롭게 휴식할 수 있다면 적법하다(행정해석).

(2) 휴일

휴일은 1주 단위의 휴식이다. 휴일은 노동기준법에서 사용자에게 주

에 1일 휴일의 부여를 의무화하고 있다(제35조 제1항).26 다만, 이 규정은 4주간을 통하여 4일 이상의 휴일을 부여해도 좋다(제35조 제2항. 이를 '변형(탄력적) 휴일제'라고 한다). 주휴제는 원칙석으로 법의 원칙이지만, 법적 강제는 실제로는 '4주 4휴일'이다.

휴일 규제에 위반한 사용자에게도 징역 6개월 이하 또는 30만엔 이하의 벌금이라는 벌칙이 있다(노동기준법 제119조 1호).

노동기준법은 휴일 규제의 예외로 법정 근로시간 규제의 예외와 마찬가지로, 36협정의 체결과 그 근로기준감독서장에게 신고하면, 법정휴일에 근로시킬 수 있다고 규정하고 있다(제36조. 비상시의 휴일근로도 인정하고 있다[제33조]). 휴일근로의 사유는 법률에는 제약이 없고, 연장근로와 같이 36협정에 맡겨져 있다. 또한 36협정에 근거한 합법적인 휴일근로인지 여부에 관계없이 휴일근로를 시킨 고용주에게 가산임금을 지급하도록 의무화하였다. 이것도 연장근로와 동일하다. 가산임금의 지급의무를 위반한 경우 휴일 규제를 위반한 경우와 같이 벌칙을 적용한다.

휴일근로의 가산율은 35%(한국은 50%) 이상이다(가산임금령). 휴일근로가 연장근로와 중첩되어도 가산율은 합산되지 않는다. 연장근로와 야간근로가 중첩된 경우에 가산율을 합산하는 것은 시간의 길이에 따른 가산 원인과 시간의 위치(시간대)에 따른 가산 원인이 중복하고 있기 때문이다(荒本 1998, 244면). 휴일근로와 연장근로는 동일한 가산 원인이

---

26 <역자주> 한국 근로기준법 제55조(휴일) 사용자는 근로자에게 1주일에 평균 1회 이상의 유급휴일을 주어야 한다(유급휴일은 1주 동안의 소정 근로일을 개근한 자에게 주어야 한다. 시행령 제30조)(위반시 2년 이하의 징역 또는 1천만원 이하의 벌금(양벌규정), 근로기준법 제110조). 우리나라의 경우 주휴수당은 '유급'휴일임금이다. 이는 임금의 계산, 부여요건 등과 관련해 복잡하고 때로는 불합리한 문제를 발생시키므로 선진국의 경우처럼 '무급휴일'로 하는 법개정이 필요하다. 다만, 월급제 또는 일급제의 경우 유불리를 해결하는 방안을 강구할 필요가 있다(임종률, 노동법, 박영사, 2017, 448면). 또한 개근하지 않은 근로자에게 1주 1회의 '무급'휴일은 주어야 한다(대법원 2004. 6. 25. 선고 2002두2857 판결).

므로 합산하지 않는다.[27][28] 휴일근로와 야간근로가 중첩되어도 가산율은 합산해 60%(=35%+25%) 이상을 지급한다(노동기준법 시행규칙 제20조 제2항).

7. 일본에서 근로시간의 규제가 목표로 한 이상과 현실

이번 제2장에서 일본 근로시간의 규제는 상당한 볼륨(부피감)이 있고, 복잡하다는 것을 확인할 수 있었다. 법정 근로시간, 휴게, 법정휴일 등의 규제만을 보면, 근로자의 건강을 확보하거나 일과 생활의 조화를 위하여 충분할 수도 있다.

일본법의 문제는 원칙 부분에 대한 예외가 매우 원만하게 설정된 점이다. 하지만 법정근로시간의 예외(연장근로)든, 법정휴일의 예외(휴일근로)든, 과반수대표에 거부권이 있는 노사관리 시스템이다. 이 점은 법정근로시간 또는 법정휴일의 예외를 어디까지 엄격하게 규제할 것인지는 노사, 특히 근로자 측에게 맡겨져 있다. 이것은 노사자치를 존중한다는

---

27 <역자주> 荒木尚志, 「勞働法」, (第3版), 有斐閣, 2016, 166–167면, 1947.11.21. 基發 366호, 1958.2.13. 基發 90호, 1994.3.31. 基發 181호. 휴일근로 중에 1일 8시간을 초과하는 근로가 이루어진 경우에 대해서는 휴일에서의 근로에는 휴일근로에 관한 규제만 미치며, 시간외근로에 관한 규제는 미치지 않으므로, 8시간을 넘는 부분에 대해서는 35% 이상의 할증률이면 가능하게 된다(菅野和夫, 『勞働法』(第10版) , 弘文堂, 2012, 361면). 또한 1개월 60시간을 초과하는 시간외근로에 대하여 설정된 50% 이상의 특별할증률과의 관계에서는 1개월 시간외 근로시간수에 산입되어야 하는 시간외근로에는 법정휴일에서의 근로에는 포함되지 않지만, 법정휴일이 아닌 소정휴일에서의 시간외근로는 포함된다(菅野和夫, 『勞働法』(第10版) , 弘文堂, 2012, 359면).

28 <역자주> 이 문제는 한국에서 매우 뜨거운 쟁점이 되고 있다. 현행 근로기준법 규정은 휴일근로의 연장근로 포함 여부에 대한 명확한 규정이 없다. 이전까지 행정해석은 8시간 초과 부분에 대해서도 중복할증을 부정하는 입장(연장근로수당만 지급)이었으나, 1991년 대법원 판결에 따라 1993년 행정해석이 변경되었다(1993. 5. 31., 근기 01254–1099). 2000년 이후 일부 하급심에서 휴일근로 중복할증 인정에 대하여 ① 휴일근로 중복할증 여부, ② 1주 근로시간 한도에 관한 엇갈린 판결이 존재하고 있다. 대법원 관련 판결이 대법원 '소부'에서 '전원합의체'로 바뀌어 계류 중에 있다.

점에서는 바람직하지만, 현실(現實)에서는 이상(理想)처럼 되지 못하고 있다.

현재 관점에서 보면, 관리감독자와 관련한 예외도 법률 규정은 불충분하다. 하지만, 노동기준법의 제정시 관리직 종사자가 그리 많지 않았고, 그 범위를 상식적으로 한정할 수가 있었다. 예외를 간단하게 인정하는 취지를 내포하지 않았다. 이것은 판례에서 관리감독자성을 쉽게 인정하지 않은 점에서도 알 수 있다.

이렇게 보면, 일본의 법률은 현행 법정 근로시간의 수준(1주 40시간 및 1일 8시간)도 함께 고려하면, 근로시간의 규제를 이상적으로 만들어 냈다는 면은 있지만, 제2차 세계대전 후 즉시 법률을 제정한 때부터 70년 정도 경과하고, 또한 1987년의 노동기준법 대개정에서 4반세기 지난 현재 이 이상(理想)이 현실(現實)의 고용사회에 꼭 들어맞지 않고 제대로 기능하지 못함을 솔직하게 인정할 수 있다.

이 점은 일본의 근로시간 규제가 무엇보다도 근로자의 건강을 보장하지 못한 현실을 말하고 있다. 이 부분은 다음의 제3장에서 검토한다.

$$3$$

Chapter

일본의 근로시간 규제는
근로자의 건강보호에 도움이 되는가?

일본의 정사원(정규직)은 '24시간을 투쟁할 수 있습니까?'라는 세계에서 살아 왔다. 통계상 연간 근로시간이 감소하는 경향은 단시간(파트타임)근로자가 늘어난 덕분이다. 오늘날에는 정규직의 장시간 근로에 따른 '과로사(過勞死)'는 거의 뉴스거리가 되지 않는 것이 일반적이다.

도대체 일본의 법률은 어떻게 규정되어 있는 것인가, 근로자의 건강을 지키지 못하는 근로시간의 규제란 무엇인가라는 비판도 있다. 이러한 점에서 최근에 노동기준법상 근로시간의 규제와는 별도로 노동안전위생법(한국에서는 '산업안전보건법'에 해당)에 의한 보다 직접적인 건강 대책을 다루어 왔다.

그러면 노동기준법상 근로시간의 규제는 건강을 확보하는 사명을 포기해도 좋은 것일까? 그렇지는 않다.

1. 시간단축정책은 효과가 있었나?

일본 정부는 1987년 노동기준법의 개정, 그후 「근로시간단축촉진법」의 제정으로 연간 근로시간을 1,800시간 목표를 내세워 실현해 왔다(☞ 제1장(근로시간을 규제하는 이유는?) 참조).

📄 1인당 평균 연간 총 실근로시간 (취업자)

년	1990	1995	2000	2001	2002	2003	2004	2005
시간	2,031	1,884	1,821	1,809	1,798	1,799	1,787	1,775

년	2006	2007	2008	2009	2010	2011	2012
시간	1,784	1,785	1,771	1,714	1,733	1,728	1,745

* 独立行政法人労働政策研究・研修機構「データブック国際労働比較 2014」에서 일부 가공.

하지만, 경제학자의 분석(山本・黒田 2014, 38면)에 따르면, (ⅰ) 1980년대 말 이후, 근로자 1인당의 평균 근로시간은 감소하는 추세였다. 그 요인은 주로 단시간근로자의 비율이 상승하였기 때문이다. (ⅱ) 주휴 2일제를 보급해 연간 휴일수는 증가했지만, 정규직의 주당 평균 근로시간은 25년 전과 현재는 거의 변화가 없다. (ⅲ) 요일 간의 근로시간의 배분에서 토요일의 근로시간은 감소한 반면에, 평일의 근로시간은 증가하는 변화가 발생하였다. 이에 일본인의 수면시간이 감소하는 경향이라는 문제점도 분명하게 나타났다.

즉 이러한 분석결과에 따른 시사점은 정부의 근로시간 단축정책은 근로자의 건강을 보호하는 측면에서는 거의 효과가 없었다는 것이다.

그 밖에 이 분석에 의하면, "1990년대 후반－2000년대 초반의 불황기에 장년 남성 정규근로자를 중심으로 근로시간이 증가하였다"고 하여, "불황기에 근로시간이 증가한 배경을 엄밀하게 탐구하기는 어렵다. 하지만, 당시 장기간의 불황으로 잔업이나 상여금에 따른 조정 수단을 모두 활용했던 기업이 경기 후퇴에 대응하기 위하여 대규모의 인원정리를 하고, 남아 있는 정규직 고용자가 부득이 장시간을 근로할 가능성 등을 생각할 수 있다"는 중요한 지적도 있다.

🕐 보론: 일본인은 잔업을 왜 하는가?

오구라 가즈야(小倉一哉)씨에 따르면(島田 외 2009), 일본인이 잔업을 하는 이유는 '소정 근로시간 내에 마칠 수 없는 일'이고, '자신의 일을 제대로 완성하고 싶어서'의 순서이다. 반면에, '일하는 편이 즐겁다.' 또는 '빨리 귀가하고 싶지 않다.'는 이유는 적다. 근로자도 진심으로는 빨리 귀가하고 싶어한다. 하지만, 이것이 불가능한 이유는 업무량이 많기 때문이라는 회사 측의 요인도 있지만, 자신의 일을 제대로 완성하고 싶다는 책임감에서 나오는 근로자 측의 요인도 있다. 근로자 측에 요인이 있다면 잔업은 거의 감소하지 않을 것이다.

그렇다면, 장시간 근로의 요인은 법제도에 따른 부분이 어느 정도인지는 의문이 든다. 장시간근로의 문제는 일본인의 일에 대한 의식·태도가 변하지 않는다면 해소할 수 없을지도 모른다. 그리고 제도를 개혁하면, 이러한 일본인의 일에 대한 의식·태도를 전제로 규명할 필요가 있다. 요컨대 '강제로 쉬게 하는' 부분에서 시작할 필요가 있다. 이러한 연계에서 뒤 부분에 언급하는 '근무간 인터벌(interval)'(최소 휴식시간) 제도를 요청하고 있다.

2. 장시간 근로는 산업재해를 늘리는가?

장시간 근로가 건강에 얼마나 악영향을 미치는지는 다른 산업재해가 발생하는 정도를 보면 대체로 추측할 수 있다.

(1) 업무상 질병

근로자가 질병에 걸린 경우에 이것이 업무에 기인하는 것으로 근로기준감독서장에게 인정받으면 업무상 질병으로 산업재해보험의 대상이 된다. 산업재해보험의 대상이 되면, 업무외 질병에 적용되는 건강보험(사망 사건의 경우는 유족은 후생연금)보다도 근로자에게 유리한 보험급부를 지급할 수 있다.

업무상 질병은 노동기준법 시행규칙의 <별표 제1의 2>에 열거하고 있다. 거기에는 현재 의학으로 보아 업무상 발생할 개연성이 높은 질병을 그 원인별로 열거하고 있다. 여기에 해당하면 특별한 반증이 없으면 '업무상' 질병으로 인정해 산업재해보험을 적용하고 있다.

이러한 <별표 제1의 2>는 2010년에 개정해 새롭게 '장기간에 걸친 장시간의 업무, 그 밖의 혈관 병변 등을 현저하게 악화(增惡)시키는 업무로 인한 뇌출혈, 지주막하출혈, 뇌경색, 고혈압성뇌증, 심근경색, 협심증, 심장정지(심장성 돌연사를 포함) 혹은 해리성 대동맥류 또는 이러한 질병에 부수하는 질병'(8호)과 '사람의 생명에 관계되는 사고에 대한 조우(遭遇), 그 밖의 심리적으로 지나치게 부담주는 사상(事象)을 동반하는 업무로 인한 정신 및 행동의 장애 또는 이것에 부수하는 질병'(9호)을 추가하였다.

이것은 장시간근로에 따른 뇌·심장질환이나 지나친 심리적 부하(負荷)에 의한 정신장애는 업무와 인과관계가 있는 질병이라고 의학적으로 인정하는 것을 의미한다.

하지만, <별표 제1의 2>에 열거하지 않은 질병도 '업무에 기인한 것이 명확한 질병'으로 인정하면 업무상 질병으로 취급하고 있다. 뇌·심장질환이나 정신장애(우울증 등)는 2010년의 <별표 제1의 2>의 리스트(목록)에 오르기 전에는 '업무에 기인한 것이 명확한 질병'으로 인정해 산업재해보험의 대상으로 보아왔다.

🕐 해설: 산업재해보험제도

산업재해보험제도란 업무재해(또는 출퇴근(통근) 재해)로 근로자가 부상을 입은 경우, 질병에 걸린 경우, 장애가 남은 경우, 사망한 경우 등에서 피재근로자 또는 그 유족에게 보험급부를 지급하는 제도이다. 이것은 정부가 운영하는 강제보험으로 고용주가 보험료를 부담한다. 근로자를 1명이라도 사용하는 사업은 적용대상이다(개인 경영인 농업, 수산업에서 근로자수 5명 미만인 경우, 개인 경영인 임업에서 근로자를 상시적으로는 사용하지 않는 경우는 제외하고 있다).

노동기준법은 고용주에게 업무상재해에 대한 보상책임을 규정하고 있다(제75조 이하). 반면에 산업재해보험제도는 고용주가 자본력이 없을 위험이 있어 그 책임보험으로 마련하였다. 현재 노동기준법에는 규정이 없는 연금급부, 2차 건강진단 등 급부, 출퇴근재해에 대한 보상 등이 있고, 비(非)근로자에 대한 특별가입제도가 있는 등 노동기준법에서도 포함하는 범위를 확대하고 있다. 그 밖에 피재근로자의 사회복귀의 촉진, 유족 원호 등의 사업(사회복귀의 촉진 등 사업)도 산업재해보험제도의 범위 내에서 실시하고 있다. 산업재해 보험급부에 추가하는 특별지급금도 사회복귀의 촉진 등 사업의 범위 내에서 지급한다.

(2) 산업재해 인정기준의 개정

뇌·심장질환은 행정통달(行政通達)로 인정기준을 규정해 전국의 근로기준감독서장은 통일적인 운용 체제로 다루었다. 이 인정기준은 2001년에 개정해 이른바 '과로사'를 '업무상'으로 쉽게 인정하고 있다(2001. 12. 12. 기발(基発) 1063호).

그 이전의 인정기준을 살펴보면, 1961년의 인정기준(1961. 2. 13. 기발(基発) 116호)에서는 업무의 과중성에 대한 판단은 '발증(發症, 발병) 직전 또는 발증 당일'에 업무에 관련된 돌발적 또는 그 발생 상태를 시간적·장소적으로 명확하게 할 수 있는 사건이 있는가, 특정한 근로시간 내에 특히 과격한 업무에 취업해 정신적·육체적 부담이 있는 것이 필요하며, 단순한 피로의 축적은 제외하였다. 그후 1987년의 인정기준(1987. 10. 26. 기발(基発) 620호)에서는 과중성을 판단하는 대상기간은 '발증 전 1주간'으로 확대하였다. 하지만, 여기서도 장기간에 걸친 피로의 축적을 고려하지 못한 문제가 있었다. 1995년의 인정기준(1995. 2. 1. 기발(基発) 38호)에서는 발증 전 1주간 이내의 업무가 일상 업무를 상당한 정도로 초과하였다면 발증 전 1주간보다 전의 업무를 포함해 종합적으로 판단하였다.

그러나 2000년에 최고재판소에서는 초기의 인정기준을 근거로 산업재해를 불인정(부지급 처분)을 한 행정처분을 취소한다고 판단하였다. 이것을 계기로 앞에서 언급한 것처럼 2001년에 인정기준을 재검토해 발증 전의 장기간에 걸친 장시간 근로를 업무기인성을 판단하는데 고려할 수 있게 하였다.

구체적으로 새로운 인정기준에서는 (i) 발증 전 1개월간 내지 6개월 사이에 걸쳐서 1개월마다 대략 45시간을 초과하는 연장근로가 인정되지 않는 경우는 업무와 발증과의 관련성이 약하지만, 대략 45시간을 초과해 연장근로시간이 길어질수록 업무와 발증과의 관련성이 점차 강화된다고 평가할 수 있고, (ⅱ) 발증 전 1개월간에 대략 100시간 또는 발증 전 2개월간 내지 6개월 사이에 걸쳐서 1개월마다 대략 80시간을 초과하는 연장근로를 인정하는 경우에는 업무와 발증과의 관련성이 강하다고 평가할 수 있다고 하였다.[1]

이에 1개월 80시간의 연장근로는 '과로사 라인'이라고 한다. 이것을 초과한 연장근로는 산업재해로 인정할 가능성이 매우 높아졌다.

또한 정신장애의 경우에도 2011년에 인정기준을 재검토(2011. 12. 26. 기발(基発) 1226 제1호)하였다. 여기서 발증 직전의 1개월에 대략 160시간 이상의 연장근로를 한 경우 또는 발증 직전의 3주간에 대략 120시간 이상의 연장근로를 한 경우에는 심리적 부하가 가장 강한 '강(強)'으로 판정하였다. 이 경우에 업무상의 강한 스트레스나 본인의 취약성 등 개체 측의 요인이 없다면 업무 기인성을 인정하였다.

(3) 뇌·심장질환에 관한 산업재해보상 상황

이상과 같은 인정기준에 따라 산업재해를 인정하는 상황은 후생노동성의 2013년도 「뇌·심장질환 및 정신장애 등에 관계되는 노재(산업재해)보상 상황」에서 알 수 있다.

우선 뇌·심장질환은 2013년에 근로기준감독서장에게 산업재해 인정의 청구건수는 784건이다. 결정 건수 683건 중에서 지급결정 건수(업무상 인정 건수)는 306건(인정률 44.8%)이다. 사망의 사례만은 결정 건수 290건, 지급결정 건수 133건(인정률 45.9%)이다.

---

1 <역자주> 한국의 경우 고용노동부장관의 고시기준은 발병 전 12주간 업무시간이 1주 평균 60시간(발병 전 4주 동안 1주 평균 64시간)을 초과하면 업무와 발병과의 관련성이 크다고 본다.

📄 뇌 · 심장질환에 관계되는 산업재해청구 · 결정 건수의 추이

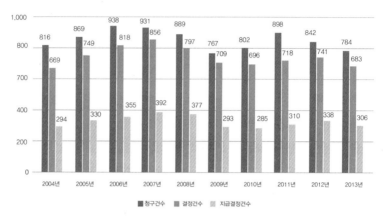

* 출처: 후생노동성 홈페이지에서 발췌 · 일부 가공.

업종별(대분류)에서는 지급결정 건수는 많은 업종부터 보면, '운수업, 우편업'은 107건, '도매업, 소매업'은 38건, '제조업'은 36건의 순서이다. 중분류에서는 지급결정 건수는 '운수업, 우편업'의 '도로화물운송업'이 94건으로 가장 많다. 직종별(대분류)에서는 지급결정 건수는 '운송 · 기계 운전종사자'는 95건, '판매종사자'는 38건, '전문적 · 기술적 직업종사자' 는 37건의 순서이다. 중분류에서는 지급결정 건수는 '운송 · 기계운전종 사자'의 '자동차운전종사자' 93건으로 가장 많다.

연령별 지급결정 건수는 '50~59세'가 108건, '40~49세'가 92건, '60 세 이상'이 50건의 순서이다.

뇌 · 심장질환의 연장 근로시간수(1개월 평균)별의 지급결정 건수는 60 시간 미만은 0이다. 가장 많은 것은 80시간 이상~100시간 미만이다. 160시간 이상도 34건을 차지하고 있다. 취업형태별로는 '정규직원 · 종 업원'이 압도적으로 많다.

최근 10년 동안 뇌 · 심장질환은 산업재해 건수는 답보(踏步) 상황에

있다. 근로시간수가 정규직에서는 감소하고 있지 않지만, 산업재해 건수가 정체된 것은 2005년의 「노동안전위생법」의 개정으로 의사의 면접지도제도 도입 등 근로자의 건강대책이 널리 영향을 주었기 때문일지도 모른다.

하지만, 산업재해가 인정된 근로자는 「2013년도 통계」에서는 1개월 평균의 연장근로시간수가 모두 60시간을 초과하고 있으며, 80시간 이상 −100시간 미만이 가장 많았다. 법정 근로시간의 예외인 연장근로시간수가 60시간을 초과하는 실태는 애당초 이상하다고 할 수 있다. 2008년 노동기준법을 개정(2010.4. 1. 시행)하면서 1개월 60시간을 초과하는 연장근로의 가산율이 50%로 인상한 것은 1개월 60시간을 초과하는 연장근로를 억제하기 위한 취지이지만, 더욱더 장시간근로에 대한 인센티브로 되었는지를 검토할 필요도 있다.

(4) 정신장애 등에 관한 산업재해보상의 상황

정신장애 등 사안에 관한 산업재해보상의 상황도 살펴보면, 2013년의 지급결정 건수는 436건(인정률 36.5%)이다. 이 중 '자살' 사례의 지급결정 건수는 63건(인정률 40.1%)이다. 과거 10년을 살펴보면, 자살의 사례도 포함하여 정신장애 등의 산업재해의 인정은 증가하는 경향에 있다.

업종별(대분류)로는 지급결정 건수는 많은 업종부터 보면, '제조업'이 78건, '도매업, 소매업'이 65건, '의료, 복지'가 54건의 순서이다. 중분류에서는 지급결정 건수는 '의료, 복지'의 '사회보험 · 사회복지 · 개호사업'이 32건으로 가장 많다.

직종별(대분류)에서는 지급결정 건수가 많은 직종부터 보면, '전문적 · 기술적 직업종사자'가 104건, '사무종사자'가 86건, '생산공정종사자'가 56건의 순서이다. 중분류에서는 지급결정 건수는 '사무종사자'의 '일반 사무종사자'가 50건으로 가장 많다.

연령별로는 지급결정 건수는 많은 연령부터 보면, '30~39세'가 161건, '40~49세'가 106건, '20~29세'가 75건의 순서이다.

📄 **정신장애에 관계된 산업재해청구 · 결정 건수의 추이**

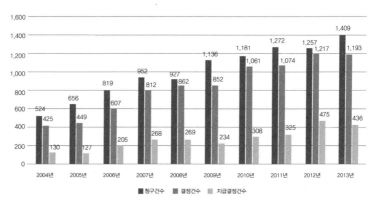

* 후생노동성 홈페이지에서 발췌 · 일부 정리.

사건별의 지급결정 건수로 가장 많은 것이 '업무 내용 · 업무량의 (큰) 변화를 발생시키는 사건이 있었다'와 '(심한) 따돌림, 괴롭힘 또는 폭행을 당하였다'로 각각 55건, 다음으로 '비참한 사고나 재해를 체험 또는 목격하였다'가 49건이다.

(5) 과로사 라인을 초과하면 손해배상

산업재해의 인정과는 달리 근로자나 유족은 산업재해의 인정으로 보전하지 못한 손해에 대하여 손해배상을 청구할 수도 있다. 고용주는 근로자의 안전 · 건강에 배려할 의무(안전배려의무)가 있고(노동계약법 제5조), 업무상 질병이나 사망의 경우에는 그 의무 위반이 있다면, 손해배상책임을 인정받을 수가 있다.

제1장에서도 소개했듯이, 최고재판소 판결(電通 事件<最2小判 2010. 3. 24. 最重判 131>)도 장시간 근로를 계속해 피로나 심리적인 부하 등이 지나치게 축적되면, 근로자의 심신에 건강을 해칠 위험이 있음은 주지한 바와 같다.

이러한 판례에 따라 손해배상청구 소송에서도 법원은 근로자가 산업재해의 인정기준에서 고려할 정도로 장시간 근로를 한 경우, 특히 과로사 라인을 초월한 경우에는 고용주의 책임을 인정하려는 경향에 있다.

산업재해의 인정과 관련된 '행정소송'이나 안전배려의무 위반과 관련된 '민사소송'에서 다투어진 사례를 보면, 과로사 라인을 초월한 연장근로의 사례가 많다. 이것이 일본에 있어 근로자의 장시간근로 실태를 어느 정도로 반영하는 것인지는 말할 수 없지만, 건강에 영향을 미치는 장시간근로가 결코 드문 현상은 아니라고 짐작해도 반드시 잘못은 아닐 것이다.

3. 정부는 장시간 근로에서 근로자의 건강을 보호하는 방법은?

산업재해보험제도나 손해배상 청구소송은 과로에 따른 건강의 피해에 대하여 사후적인 보상을 하려고 한다. 산업재해보험에서는 고용주는 보험료만을 지급하고, 정부는 보상을 위한 급부를 하지만(메리트제에 의하여 산업재해의 건수가 보험료에 영향을 미치는 경우는 있다), 손해배상 청구소송에서는 고용주가 많은 금전을 부담함으로, 고용주는 소송의 위험(리스크)을 고려해 근로시간의 관리나 근로자의 건강에 대한 배려 등으로 사전에 예방하려는 경향을 강화하고 있다.

또한 정부도 예방하기 위하여 법을 정비해 왔다.

(1) 노동안전위생법에 따른 대응의 진전

노동기준법상 근로시간을 규제하기보다도 직접적으로 근로자의 건강 보호를 도모해 온 것이 「노동안전위생법」(한국의 산업안전보건법에 해당) 이다(또한, 앞에서 언급한 것처럼 노재보험법도 2000년 개정해 뇌·심장질환 의 예방을 위한 2차 건강진단 등 급부제도를 도입하였다).

노동안전위생법에는 원래 근로자의 건강진단 규정이 있다(제66조).[2] 하지만, 이것은 장시간 근로가 초래하는 건강을 체크하기 위한 것은 아 니다. 그런데 앞에서 언급했듯이, 과중한 근로로 인한 뇌·심장질환을 업무상 질병·사망으로 인정해 산업재해보상의 대상이 되는 사건이 늘 어나면서, 예방 면에서도 이 문제에 대응할 필요가 있다고 보았다.

우선 앞에서 언급한 2001년의 산업재해의 인정기준을 재검토한 후, 2002년에는 「과중한 근로로 인한 건강장애를 방지하기 위한 종합대책 에 대하여」라는 행정통달이 내려졌다. 36협정을 신고할 때에 한도 기준 을 준수하도록 지도함과 동시에, 월 45시간을 초과하는 연장근로가 우려 되는 사업장에서는 감독지도, 집단지도 등을 실시한다고 하였다(이 통달 은 노동안전위생법의 2005년 개정과 함께 2006년에 새로운 내용으로 개정되 었다).

⏱ 해설: 과로사 등 방지대책 추진법

2014년 제186회 국회에서 「과로사 등 방지대책 추진법」을 통과시켰

---

2 <역자주> 한국의 산업안전보건법에서도 사업주는 건강진단기관에서 근로자에 대한 '건강진단' 을 실시해야 하고, 근로자대표가 요구하면 건강진단에 근로자대표를 입회시켜야 한다(제43조 제 1항, 제8항, 벌칙 제72조).

다(2014. 11. 1. 시행). 여기서 일본의 법률에 처음으로 '과로사'의 단어를 도입하였다.

정확하게는 '과로사 등'의 단어를 이용하였고, 그 정의는 "업무에서 과중한 부하로 뇌혈관질환 혹은 심장질환을 원인으로 하는 사망 혹은 업무에서 강한 심리적인 부하로 정신장애를 원인으로 하는 자살로 인한 사망 또는 이러한 뇌혈관질환 혹은 심장질환 혹은 정신장애"라고 규정하고 있다(제2조).

(2) 의사의 면접지도

또한 2005년 노동안전위생법을 개정해 장시간 근로가 있는 경우에 '의사의 면접지도'제도를 도입하였다(제66조의 8).

구체적으로 사업자는 근로자의 주 40시간을 초과한 근로를 1개월마다 100시간을 초과함과 동시에, 피로의 축적을 인정할 경우에는 근로자의 신고를 받아 의사의 면접지도를 행해야 한다(노동안전위생법 시행규칙 제52조의 2 이하 참조). 여기서 '100시간'의 기준은 앞에서 언급한 인정기준에서 발증과 업무와의 관련성이 크다고 평가되는 시간수이다.

의사가 면접지도를 할 경우 확인 사항은, ① 근로자의 근무 상황, ② 근로자의 피로가 축적된 상황, ③ 근로자의 심신 상황이다(노동안전위생법 시행규칙 제52조의 4).

사업자는 면접지도의 결과에 따라 그 근로자의 건강을 유지하기 위하여 필요한 조치에 대하여 의사의 의견을 들어야 한다(노동안전위생법 제66조의 8 제4항). 그리고 나서 그 의견을 고려해 필요하다고 인정할 경우에는 그 근로자의 실정을 고려하여 취업장소의 변경, 작업의 전환, 근로시간의 단축, 야간업의 횟수 감소 등의 조치를 강구해야 한다. 또한 의사의 의견을 위생위원회, 안전위생위원회, 근로시간 등 설정개선위원회에 보고하는 등 그 밖의 적절한 조치를 강구해야 한다(노동안전위생법 제66조의 8 제5항).

또한 사업주는 근로시간수가 위의 한도까지 이르지 못한 장시간을 근로한 근로자에게도 피로의 축적을 인정하거나 건강상 불안을 가진 근로자에게 면접지도의 실시 또는 이에 준하는 조치를 강구하도록 노력해야 한다(동법 제66조의 9, 노동안전위생법 시행규칙 제52조의 8 제1항, 제2항). 여기서 행정통달에 의하면, '장시간 근로'란 연장근로·휴일근로가 1개월마다 80시간을 초과하는 것을 말한다. 의사의 면접지도는 1개월의 연장근로·휴일근로가 80시간 이상에서 '노력의무'가 되고, 100시간 이상에서 '강제의무'가 된다.

연장근로의 1개월 한도 시간은 한도 기준에 따르면 45시간이다. 하지만, 노동안전위생법은 이러한 한도 시간을 초과하는 연장근로가 실제로 있다는 것을 전제로 직접적으로 건강의 확보를 조치한 것이다. 실제로 후생노동성의 「2013년도 근로시간 등 종합실태조사」에 따르면, 한도 시간을 초과해 연장근로를 합법화하는 특별조항인 36협정을 체결한 비율은 40.5%이고, 이러한 경우의 1개월의 평균 연장근로시간은 77.52시간이다. 또한, 특별조항인 36협정이 있는 부분에서 연장 근로시간이 80시간을 초과한 비율은 21.5%(70시간 초과는 57.7%)이다. 즉 실태에서는 합법적인 연장근로의 범위 내에서도 8.70%(40.5% × 21.5%)의 비율로 과로사 라인에 가까운 장시간 근로를 행하고 있다(물론 여기에는 이른바 '미지급 잔업'은 불포함).

이러한 상황은 일본에서 근로시간의 규제가 건강을 확보하기 조치로서 기능이 형해화(形骸化)된 것을 보여준다고 할 수 있다.

(3) 야간근로자의 건강보호

또한 야간 시간대(오후 10시 – 오전 5시, 한국은 오후 10시 – 오전 6시)에 일하는 근로자는 건강상 지장을 초래하기 쉬운 점도 고려해 특별한 조치를 두고 있다. 이것이 1999년 노동안전위생법을 개정할 당시에 도입한 '자발적인 건강진단의 결과 제출'제도이나(제66조의 2 이하).

이에 따르면, 상시 사용되고, 건강진단을 하기 전 6개월 간을 평균해 1개월마다 4회 이상 야간근로에 종사한 근로자가 정기건강을 진단하는 항목에 대하여 의사를 통하여 자신이 받은 건강진단의 결과를 증명하는 서면을 사업자에게 제출한 경우에는 취업장소의 변경, 작업의 전환, 근로시간의 단축, 야간업 횟수의 감소 등의 조치를 강구해야 한다. 이것은 통상의 건강진단이나 특수 건강진단에서 이상(異狀)의 소견이 있는 경우와 동일하다.

(4) 멘탈헬스 대책

2014년 제186회 국회에서는 「과로사 등 방지대책 추진법」을 제정하였을 뿐만 아니라 「노동안전위생법」도 개정해 앞에서 언급한 '의사의 면접지도제도'를 모델로 한 '스트레스 체크 시스템'을 도입하였다(제66조의 10. 2015. 12. 1. 시행). 이것은 장시간 근로에 따른 건강장애 문제를 직접적으로 목적하지는 않았지만, 장시간 근로는 정신 면에서 건강장애를 일으킬 수도 있다. 이에 이러한 스트레스의 체크도 근로자의 건강을 보호하는데 중요한 기능을 완수할 것으로 기대된다.

이러한 새로운 제도의 내용은 다음과 같다. 사업자는 근로자가 가진 심리적 부담의 정도를 파악하기 위한 검사를 해야 한다(같은 조 제1항). 사업자는 검사받은 근로자에게 검사한 의사 등이 그 검사의 결과를 통지하도록 해야 한다. 이러한 경우에 의사 등은 사전에 근로자의 동의가 없이 검사결과를 사업자에게 제출해서는 아니된다(제2항). 이것은 근로자의 프라이버시(사생활 보호)를 배려하기 때문이다.

또한, 사업자는 제2항에 의한 통지받은 근로자로 심리적 부담의 정도

가 일정 요건에 해당하는 자가 의사의 면접지도를 받는 것을 희망하는
취지를 신고한 경우에는 의사의 면접지도를 실시해야 한다. 이 경우에
사업자는 근로자가 그 신고한 것을 이유로 그 근로자를 불이익하게 취
급해서는 안된다(제3항).

　사업자는 면접지도의 결과에 따라 그 근로자의 건강을 유지하기 위하
여 필요한 조치에 대하여 의사의 의견을 청취해야 한다(제5항). 사업자
는 그 의사의 의견을 고려해 필요가 있다고 인정할 경우에는 그 근로자
의 실정을 고려해 취업장소의 변경, 작업의 전환, 근로시간의 단축, 야
간업 횟수의 감소 등의 조치를 강구해야 한다. 또한 사업자는 그 의사
의 의견을 위생위원회 혹은 안전위생위원회, 또는 근로시간 등 설정 개
선위원회에 보고, 그 밖에 적절한 조치를 강구해야 한다(제6항).

⏱ 보론: 근로시간이 짧은 쪽이 건강에 좋은가?

　근로시간이 짧은 쪽이 좋다면 단시간 근로로 일하는 쪽이 좋은 것이
다. 하지만, 비정규직으로 근로시간이 짧으면 수입은 적어지기 때문에
빈곤문제(워킹 푸어 문제)가 발생한다. 한 가정에서 중요한 생계를 맡
는 근로자가 이러한 상황에 빠지게 되면 정신 건강을 저해할 가능성이
높아질 것이다. 실제로 최근의 연구에서 비정규직으로 취업한 중고령
자를 살펴보면, 정규직과 비교해 남성 전체 및 여성 중 미혼층은 우울
증 등 정신장애의 발증이 2배라는 결과가 나왔다(Kachi Y, Otsuka T,
Kawada T(2014)).

　물론 법률적으로 법정 근로시간의 범위 내라면 근로시간의 장단은
원칙적으로 건강에 영향을 미치지 않는다. 「단시간(파트타임)노동법」
이 단시간근로에서 정규직으로 전환 추진조치를 강구하도록 의무화하
는 것도(파트타임노동법 제12조. 2015. 4. 제13조), 이것이 전제일 것

이다. 법률의 규제는 어디까지나 법정 근로시간을 초과한 부분만이기 때문이다.

하지만, 근로가 수입을 가져온다는 관점에서는 정규직으로 근로할 수 있고, 또한 잔업(연장근로)도 있는 정규직의 근무방식에는 장점이 있다. 법정근로시간의 기준은 건강을 즉시 저해하는 수준은 아니기 때문에 어느 정도의 연장근로는 수입을 늘릴 수 있고, 나아가 정신 건강에 플러스의 영향을 가져올 수 있다.

4. 건강보호는 노동안전위생법의 역할인가?

일본에서 근로자가 지나치게 일하는 상황은 연간 근로시간 수만을 보면 개선된 경향이지만, 정규직에 있어 과로와 관련된 문제는 결코 개선되지 않았다. 연장근로가 법률상 원칙과는 다르고, 결코 예외가 아닌 것은 일본 사회에서의 '상식'이고, 법제도적으로도 '산업재해의 인정기준'이나 '의사의 면접지도제도'에서는 법정근로시간을 초과하는 연장근로가 80시간이나 100시간이 되는 것을 상정한 것이다. 실제로 이 수준의 연장근로의 경우에 뇌·심장질환의 발증률이 높아지고 있다.

일본에서 근로시간의 규제는 현상(現狀)에서는 법정근로시간을 준수하게 함으로써, 근로자의 건강을 확보하는 기능을 완수할 수가 없다. 이에 노동안전위생법 등에 따른 산업재해예방의 관점에서 건강을 확보하려는 직접적인 대책을 중시해 왔다. 다만, 노동안전위생법의 대책은 어디까지나 근로자의 의사를 존중하는 것이다. 이것은 근로자의 건강이라는 사생활 보호에 관련한 사항이기에 부득이한 측면이 있지만, 장시간 근로에 따른 건강장애를 방지하는 데에는 한계가 있다.

이러한 의미에서는 노동기준법상 근로시간의 규제에 여전히 건강을 확보하기 위한 기능을 기대할 필요가 있다. 그러면, 이를 위하여 어디를 개선하면 좋을까? 제2장에서 일본에서 근로시간 규제의 문제점을 부각했지만, 제4장에서 외국의 근로시간법제를 살펴봄으로써 일본법의 문제점을 보다 명확하게 제시하고자 한다.

미국과 유럽의 근로시간법제는
일본과 어떻게 다를까?

일본에는 독자적인 근무방식이 있다는 국수주의자(國粹主義者)도 근로시간·휴식에 대하여 미국과 유럽을 참고할 필요가 있다고 생각할지 모르겠다. 다만, 참고해도 '미국'과 '유럽'은 크게 상이하다.

미국은 일본과 유럽에 비교해 '노동법이 없는 국가'로 자주 비난을 받지만, 근로시간은 1주 40시간을 초과하면 50%의 가산임금이라는 훌륭한 규제가 있다고 자신 있어 할지도 모른다. 그래도 유럽에서 일본을 보면, 근로시간의 상한은? 야간근로자의 보호는? 근무시간 사이에 인터벌은? 휴게시간이나 휴일은? 등 연이은 질문을 받을 것이다. 물론 일본도 그 만큼 우쭐할 상황은 아니다. 상한 규제가 완화된 것은 약점이다.

또한, 유럽에서는 노동조합이 노력하고 있다. 잔업(연장근로)으로 적립한 근로시간을 모아 장기휴가로 사용하는 것을 안다면, 독일에서 일하고 싶어하는 사람도 많아질 것이다.

1. 일본의 연간 근로시간은 상대적으로 긴 것은 아니다

📑 1인당 평균 연간 총실근로시간 (취업자)

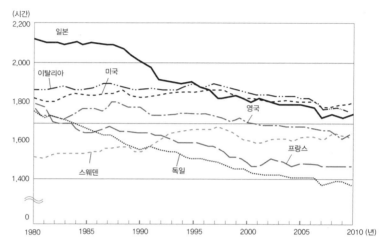

* 独立行政法人労働政策研究 · 研修機構 홈페이지, 「データブック国際労働比較 2014」에서 발췌.

OECD(국제경제협력기구)의 통계자료에 의하면, 2011년도에 '1인당 평균 연간 총 실근로시간'은 일본 1,728시간, 미국 1,787시간, 영국 1,625시간, 독일 1,413시간, 프랑스 1,476시간, 이탈리아 1,774시간이다. 그리고 근로시간이 긴 경우는 한국 2,090시간이고, 근로시간이 짧은 경우는 네덜란드 1,379시간이다.

일본의 근로시간은 선진국 중에서 긴 편이다. 하지만, 미국 · 이탈리아보다도 짧고, 캐나다(1,702시간)와도 비슷하다. 물론 네덜란드, 독일, 프랑스가 상대적으로 짧다고 할 수 있다.

유럽은 다음에서 살펴보는 'EU(유럽연합)지침'에 따라 어느 정도 규제를 평준화했기 때문에 일반적으로 국가 간에 그만큼 차이가 없다. 이탈리아에서 근로시간이 비교적 긴 이유는 단시간근로자의 비율이 상대적으로 낮은 점 등을 생각할 수 있다(네덜란드는 단시간근로자의 비율이 높다).

일본의 근로시간도 공식통계에는 포함되지 않은 이른바 '미지급(서비스) 잔업'도 추가해 생각해 볼 필요가 있고, 평균 근로시간수의 비교만으로 근로시간의 실태를 말하는 것에는 신중할 필요가 있다.

그렇지만, 외국의 근로시간 실태를 정확하게 파악하기란 매우 어려운 일이다. 그래서 본서에서는 비교적 정보를 얻기 쉬운 법제도적인 면에서 접근해 외국의 근로시간 법제도에 접근한다. 물론 평균 근로시간과 마찬가지로 법제도만을 살펴보면, 그 실태까지 알 수 없다는 점은 일본법의 사례를 드는 것만으로도 충분하다. 다만, 법제도를 살펴보면, 외국의 근로시간을 규제하는 입장을 알 수 있고, 이것은 일본 법에서 향후 근로시간의 규제를 고려하는데 유용한 정보가 될 수 있다.

그래서 다음에서는 미국과 함께 EU(유럽연합)지침과 EU의 주요국(영국, 독일, 프랑스, 이탈리아)의 근로시간의 규제를 살펴본다(이 5개국의 근로시간제도에 대해서는 정보는 오래되었지만, 단체협약의 실태도 바탕으로 한 귀중한 문헌으로서 山口 외 1998 참조).

2. 가산 임금규제 중심의 미국

(1) 간단한 규제

미국(연방법)에서 근로시간의 규제는 매우 간단하다. 현행 규제는 1938년에 제정된 「공정근로기준법」(Fair Labor Standard Act: 약칭은 FLSA)에 따르는 것이다. 그 내용은 고용주는 근로자를 임금률의 150% 이상의 비율로 임금을 지급하지 않으면 1주 40시간을 초과해 근로자를 사용할 수 없다. 즉 통상의 50% 이상의 가산임금을 지급하면, 주 40시간을 초과하는 연장근로는 법률에서는 제한없이 시킬 수 있다. 단체협약의 체결이나 행정관청에 대한 신고도 필요없다.

또한 주 40시간의 규제는 일정한 요건 아래에서 단체협약에 의한 탄력적 근로시간제(26주 단위와 52주 단위)를 인정하고 있다.

주 40시간을 규제하는 데에는 벌칙은 없다(즉 연장근로에 대한 벌칙은 없다). 하지만, 가산임금을 고의적으로 지급하지 않을 경우에는 벌칙이 있다. 그 밖에 일본의 부가금제도(노동기준법 제114조)의 모델이 된 부가배상금(liquidated damages)제도도 있다.

(2) 화이트칼라 이그젬션

FLSA는 일정한 화이트칼라에 대하여 근로시간의 규제의 적용제외(exemption)를 인정하고 있다. 상세한 내용은 연방노동부가 제정한 규칙(Regulations)에 두고 있다. 기본적으로는 임금액의 정도, 임금의 지급방법, 직무의 3가지가 판단기준이 된다(労働政策研究·研修機構 2012도 참조).

첫째, 임금액의 정도는 '봉급수준 테스트'라고 한다. 주 455달러 이상인 것이 필요하다. 연수입이 10만 달러 이상인 경우에는 이하의 직무테스트의 요건을 크게 완화해 대부분의 경우에 적용제외를 인정하고 있다.

둘째, 임금의 지급방법은 '봉급기준 테스트'라고 한다. 주 단위 이상으로 어떠한 일을 하고 있으면, 일정한 최저보장금이 있어야 한다. 근로의 질이나 양이 부족한 것을 이유로 거기에 감액이 있는 경우에는 이 테스트를 통과하지 못한다. 하지만 허용되는 감액도 있어 여기에 해당하는지 여부와 관련한 많은 분쟁이 발생하고 있다.

셋째, 직무는 '직무테스트'라고 한다. 관리적 직무, 전문적 직무, 운영적 직무의 어느 하나에 해당해야 한다.

（ⅰ）'관리적 직무'란 2인 이상의 근로자를 상시 감독하고, 중요한 직무는 관리하는 데에 있고, 다른 근로자의 처우(채용, 해고, 승진, 배치 등)에 상당한 영향력을 가진 근로자의 직무이다.

（ⅱ）'전문적 직무'란 학술적 전문직(변호사, 의사, 치과의사 등)과 창조적 전문직(예술가 등)으로 나뉜다. 그 범위는 비교적 명확하다.

（ⅲ）'운영적 직무'는 그 범위가 가장 애매하고 다툼이 많다. 그 기준은 '관리 또는 사업운영 전체에 직접 관계하고,' 아울러 '그 중요한 부분에서 중요 사항에 관한 독립된 판단과 재량이 필요한' 직무이다.

(3) 일본과의 비교

미국의 연장근로는 사유 제한과 상한 제한이 없고, 일본과 마찬가지로 연식 근로시간의 규제를 채택하고 있다. 다만, 제정할 당시에 일본의 노동기준법과 비교해 보면, 미국은 1주의 근로시간은 40시간이고, 가산율이 50% 이상이라는 점에서 일본보다 엄격한 규제를 하고 있다. 한편, 미국은 1일의 법정 근로시간이 없는 점에서는 일본보다 완화된 규제를 하고 있다.

일본과 미국의 상호 간에 최대의 차이는 법정 근로시간을 초과하는 연장근로에 대하여 미국에서는 가산임금만 규제하고 있는 것에 비교해, 일본에서는 벌칙과 36협정의 체결·신고도 엄격하게 규제하고 있는 점이다. 이 때문에 미국에 근로시간의 규제는 가산율을 높게 설정하고 있지만, 일본과 유럽의 규제와 비교해도 전체적으로 규제가 매우 완화된 국가이다. 미국법에서 화이트칼라 이그젬션은 유명하지만, 원칙적으로 규제가 엄격한 점을 고려하면, 적용제외의 영향을 정확하게 파악할 수가 없다.

3. 유럽연합의 근로시간 지침

EU(유럽연합)은 1993년 최초로 「근로시간 지침」을 제정하였다(93/104/EC). 그 후 2000년에 지침을 개정한 후(2000/34/EC), 현재의 지침이 되었다(2003/88/EC). 이하에서 특별한 언급이 없으면 '근로시간 지침'은 2003년의 지침을 말한다. 회원국은 지침의 내용을 의무적으로 국내법으로 제정할 필요가 있다.

(1) 근로시간 지침의 내용

근로시간 지침에 있는 규제의 내용은 대체로 다음과 같다.

① 1일(24시간)에 연속 11시간 이상의 휴식을 부여해야 한다.
② 6시간을 초과하는 근로일에는 휴게를 부여해야 한다(그 시간이나 부여는 단체협약이나 국내법으로 정한다).
③ 7일마다 11시간의 휴식에 함께 연속 24시간 이상의 주휴일을 부여해야 한다.
④ 1주의 근로시간은 연장근로를 포함해 48시간을 초과해서는 안 된다.
⑤ 최저 4주간의 연차유급휴가를 부여해야 한다. 고용을 종료하는 경우를 제외하고, 대체수당의 지급으로 전환해서는 안 된다.
⑥ 야간근로자(통상 근로시간 중 3시간 이상이 야간[야간 0시－오전 5시를 포함한 7시간 이상의 시간대]인 근로자)에게 통상 근로시간이 24시간 단위로, 평균 8시간을 초과해서는 안 되고, 무료 건강검진을 실시해 야간근로로 건강에 장애가 있다면 배치전환해야 한다.

또한 탄력적 근로시간제에서 ③의 주휴제는 14일 이하의 기간마다 연속 24시간 이상의 주휴일을 2차례 부여해도 좋다. ④ 1주의 근로시간

은 4개월 이하의 단위로 평균해 48시간 이내의 상한이라도 좋다 등을
규정하고 있다.

이상으로 EU의 근로시간의 규제의 골격은 ① 1일 단위의 휴식 규제,
② 휴게, ③ 주휴, ④ 1주의 근로시간의 상한, ⑤ 연차휴가, ⑥ 야간근로
자의 근로시간 규제로 구성되어 있다. 일본법과 비교해 말하면, EU는 휴
식을 중심으로 한 규제이고, 근로시간은 1주 단위(4개월 단위의 탄력적 근
로시간제를 인정하고 있지만)로 엄격하게 규제하고 있다. 반면에 가산임금
의 규제가 없는 부분이 특징이다. 야간근로도 야간을 포함한 시간대에
일하는 근로자의 건강을 보호한다는 관점이 명확한 부분이 흥미롭다.

(2) 간부근로자에 대한 적용제외

근로시간 지침에서는 회원국은 '근로자의 안전과 건강 보호'라는 일
반 원칙을 적절하게 준수한 후 업무의 특성상 근로시간의 길이를 산정
하거나 미리 결정하지 않고, 혹은 근로자가 스스로 결정한다면 ① 연속
11시간 이상의 휴식, ④ 1주의 근로시간의 상한, ⑥ 야간근로시간의 상
한 규제 등의 규제를 준수할 필요가 없다고 규정하고 있다. 이러한 근
로자에 포함되는 구체적인 사례로는 '간부관리자', 그 밖에 '독립된 결정
권한을 가진 자'를 들고 있다.

4. 옵트 아웃(opt-out)이 특징인 영국

영국에서 근로시간을 규제하는 지침은 「근로시간의 규제」(Working Time
Regulations, 1998)를 두고 있다. 동 규칙에 의하면, 영국에 근로시간의
규제의 내용은 다음과 같다.

(1) 상한 규제와 위반시 제재

근로시간의 상한은 17주의 기준기간마다 연장근로도 포함해 각 7일 평균으로 48시간으로 하고 있다. 하지만 개별 근로자가 사전에 서면으로 합의하면 적용제외로 할 수 있다. 이를 '옵트 아웃'(opt-out, 적용제외)이라고 한다.[1] 이 옵트 아웃의 존재는 근로시간 지침의 특례조항에 근거해 1993년의 지침을 제정하는 단계에서 영국에 적용하는 것을 고려해 도입하였다. 하지만, 이러한 특례조항은 다른 EU회원국으로부터 뿌리깊게 박힌 폐지론도 있다. 또한 영국도 근로시간 지침처럼 연장근로에 대한 가산임금의 규제는 없다(하지만 실제로는 계약 등에 의해 지급하는 것 같다).

고용주는 통상 근로시간의 상한 규제와 야간 근로시간의 상한 규제를 준수하기 위한 모든 합리적인 수단을 근로자의 건강 및 안전을 보호할 필요성을 유지하면서 강구해야 한다. 근로시간의 규제를 위반시의 벌칙은 이러한 의무를 주로 위반한 경우에 부과한다.

---

1 <역자주> opt-out agreement(선택적 배제합의, 제한 배제 합의)는 반드시 근로자가 서면에 서명하는 방식이어야 하며, 사용자는 서명을 강제할 수 없고, 이를 거부한 근로자를 부당해고하거나 불이익을 줄 수 없다. 1993년 유럽은 「근로시간 지침」을 통해 평균적으로 최대 근로시간을 주 48시간으로 제한하였다. 당시 영국의 보수당 정부는 EU이사회를 상대로 유럽사법재판소에 소송을 통해 결과적으로 자국내 도입을 1998년으로 늦추면서, opt-out(적용제외)조항을 지침에 포함시키고, 1997년 노동당 정부가 제정한 '근로시간 규제'(규정)에 이를 반영하였다. opt-out agreement에 따른 구체적인 초과근로의 시간이나 기간까지도 자료를 갱신해 보관하는 상세한 규정을 두었다. 그후 1999년 개정으로 48시간의 제한이 개별 근로자에게 적용되는 것을 확인하기 위하여 사용자는 합당한 조치를 취해야 하고, 근로자의 동의를 얻었다는 사실을 이유로 48시간의 제한이 적용되지 않는 업무를 수행하는 모든 근로자의 기록을 계속 갱신해 보관하도록 규정해, 이행하는 사실을 증명하면 되고, 어떤 서류를 보존해야 하는지는 사용자의 재량에 맡겼다.

(2) 연장근로

단체협약상 객관적 이유, 기술적 이유, 근로의 편성에 이유가 있으면, 기준기간을 17주에서 52주까지 연장할 수 있다(그 밖에도 일정한 예외로는 단체협약이 없어도 26주까지 연장할 수 있다). 엄밀하게 보면, 연장근로 규정은 아니지만, 실제로는 이에 가까운 기능을 가지고 있다.

(3) 휴식규제

휴식은 근로시간 지침에 기초한다. 24시간마다 연속 11시간 이상의 휴식권을 인정하고, 매주 24시간 이상의 연속휴식(주휴) 권리도 인정하고 있다. 후자는 각 14일의 범위 내에서 각각 연속 24시간 이상의 2휴식 또는 연속 48시간 이상의 1휴식을 부여해도 좋다. 또한 1일의 근로시간이 6시간을 초과하는 경우에 20분 이상의 휴게를 사용할 권리도 인정하고 있다.[2]

(4) 야간근로

'야간근로자'(근로시간 지침과 거의 같은 개념)의 통상 근로시간은 17주의 기준기간에서 24시간마다 평균 8시간을 초과할 수 없다고 보아, 무료 건강진단이나 건강에 문제가 있다면 배치전환도 규정하고 있다.

(5) 간부근로자에 대한 적용제외

근로시간의 규제가 적용제외되는 근로자의 범주는 몇 가지 있지만, 특히 '간부관리직'과 그 밖의 '독립된 결정권을 가진 자'가 있다(근로시간

---

2 <역자주> 2007년 근로시간(수정)규제를 통하여 법정유급휴가 일수를 2007년 10월부터 연 24일, 2009년 4월부터 연 28일로 확대하는 변화가 있었다.

지침과 같다).

(6) 영국법의 특징

영국에서 근로시간의 규제는 근로시간 지침과 거의 같지만, 1주의 최장 근로시간의 규제에 대하여 옵트 아웃(opt-out, 적용제외)을 인정하는 부분에 특징이 있다. 이것은 근로시간의 길이는 근로자의 자기 결정을 존중한다는 의미가 있다.

규제방법은 영국에서는 17주 평균에 주 48시간을 디폴트 룰(default rule, 기본 규칙)로 하고, 이 룰에서 특별한 합의시에만 일탈할 형태의 임의 법규를 채택하고 있다고 볼 수 있다.

5. 근로시간 단축 선진국의 독일

독일은 일본의 노동기준법과 같은 체계적인 근로자의 보호입법은 없지만, 개별 영역의 법률을 두고 있다. 근로시간에 대해서는 「근로시간법(Arbeitszeitgesetz)」이 있다(현행법은 1994년 제정, 1998년 6월 개정).3 독일에서 연차유급휴가는 근로시간법과는 별도로 법률을 두고 있다(☞제6장 3.(외국의 연차휴가제도) 참조).

근로시간법의 목적은 근로자의 안전과 건강을 보장하고, 유연한 근로시간의 구조를 개선하는데 있다.

---

3 <역자주> '대기시간(Bereitschaftsdienst)'은 유럽 법원이 2003년 9월 9일 독일의 의사들의 대기근무시간을 근로시간에 포함해야 한다고 판결을 반영해 2003년 12월 제3차 '노동시장의 현대적 서비스를 위한 법률'에 따른 근로시간법 개정을 통해 대기근로는 근로시간으로 편입되었다.
한국의 경우에도 대기시간은 근로시간에 산입되는 명문규정을 두고 있다(근로기준법 제50조 제3항). 다만, 집이나 다른 장소에서 자유로이 보내면서 연락이 오면 즉시 출근해 작업하기로 하는 '호출대기 시간'은 근로시간에 산입되지 않는다.

(1) 근로시간의 상한 규제

근로시간법에서는 1일의 근로시간은 8시간을 초과해서는 안 된다. 이 것은 일본과 동일하다. 하지만, 6개월 또는 24주 이내의 기간을 평균해 1일의 근로시간이 8시간을 초과하지 않으면 1일의 근로시간은 10시간 까지 연장할 수 있다.[4]

> ### ⏱ 보론: 폐점법
>
> 독일에는 '폐점법'(Ladenschlussgesetz, 2003)이 유명하다. 소매업 의 영업은 평일 및 토요일은 6시 - 20시로 제한하고, 일요일과 공휴일 (법정 축제일)의 영업을 금지한다.[5] 다만, 2006년 이후 규제 권한은 연 방에서 각 주에 주로 위임해 주(州)별로 폐점시간의 규제를 독자적으 로 행하고 있다.

(2) 연장근로

연장근로 등은 다음과 같이 예외적 규정을 인정하고 있다.

첫째, 긴급하거나 비상시에 일시적 근로는 근로시간의 상한 규제, 야 간근로자의 근로시간 규제, 휴식·휴일 규정을 적용하지 않을 수 있다.

둘째, (i) 비교적 소수의 근로자가 그 불이행으로 근로의 성과에 위

---

4 <역자주> 독일의 경우 단체협약(사업장협장)에 주당 근로시간 한도, 연장근로나 연장근로 가 산율 내지 가산임금을 맡기고 있다.

5 <역자주> 제빵점은 05:00 - 20:00, 12월 24일은 평일 06:00 - 14:00 영업이 가능하였다. 다만, 예외로 인정된 경우는 약국, 신문 및 잡지판매소, 주유소, 기차역의 판매점, 공항, 휴가지 등, 농 촌의 농번기, 박람회나 시장 등의 특별한 행사의 경우 등이다.

험을 미치거나 또는 부당하게 큰 손해를 미치는 결과를 초래할 수 있는 근로에 잠시 종사하는 경우, (ⅱ) 연구 및 교육의 업무, 연기(延期)할 수 없는 준비 사후 운동, 연기(延期)할 수 없는 치료·돌봄 등으로 고용주의 다른 예방조치를 기대할 수 없는 경우에 근로시간의 상한 규제, 야간근로자의 근로시간 규제, 휴식시간 및 일요일·공휴일의 휴식 규정을 적용하지 않을 수 있다.

셋째, 그 밖에 감독관청의 허가를 받은 경우에는 예외도 있다.

(3) 휴식규제

휴식은 6시간을 초과해 9시간까지 근로시간에서는 30분 이상, 9시간을 초과하는 근로시간에서는 45분 이상을 부여해야 한다. 휴게시간은 분할할 수 있지만, 15분 이상이어야 한다. 7시간을 초과하는 연속 근로는 금지한다.

1일의 근로시간을 종료한 후에 연속한 11시간 이상의 휴식시간을 부여해야 한다.

휴일은 일본과 달리, 일요일·공휴일을 휴식으로 규정하고 있다. 즉 일요일 및 법정공휴일의 0시－24시 근무를 금지하고 있다. 일요일 및 공휴일의 근로는 법 소정의 경우(긴급업무, 구급업무, 소방업무 등)로 동시에 평일에 행할 수 없는 경우에만 인정된다. 일요일의 휴일은 연간 15일 이상은 보장해야 한다. 일본법과의 비교해 보면, 휴일을 법률에 특정하고, 휴일근로의 사유를 법률에 한정한 것이 중요하다.

(4) 야간근로

야간근로의 규제도 있다. 우선, '야간'[6]이란 23시－6시(한국은 22:00－

---

6 <역자주> 야간(夜間)은 해가 져서 먼동이 틀 때까지.

06:00)를 말하고, 그 중 2시간 이상의 근로를 '야간근로'라고 한다. 그리고 야간근로자란 교대제근무에서 통상 자신의 근무시간으로 야간근로에 종사하는 자 또는 1년 동안에 48일 이상 야간근로에 종사하는 근로자를 말한다. 야간근로자는 1일의 근로시간이 8시간을 초과해서는 안 된다. 1개월 이내 또는 4주간 이내의 평균이 1일 8시간을 초과하지 않는 경우에만 1일 10시간까지 근로할 수가 있다. 통상의 근로자에 관한 규정보다도 탄력적인 기간이 짧다.

(5) 법위반에 대한 제재

최장 근로시간의 규제 등 근로시간의 규제에 고의 또는 과실로 위반한 경우에는 15,000유로달러(Eurodollar) 이하의 과료(過料, 벌금＝패널티)를 부과한다. 고의로 건강이나 노동력에 위험을 미친 경우에는 1년 이하의 자유형 또는 벌금형을 부과한다.

(6) 간부근로자에 대한 적용제외

근로시간 규제의 적용제외를 받는 근로자 중에서 '관리적 직원'(leitende Angestellte)이 있다. 이것은 독일의 종업원대표에 관한 법률인 「사업장조직법」(Betriebsverfassungsgesetz, 경영조직법) 제5조 제3항에 정의 규정을 두고 있다. 즉 관리직 직원은 다음의 어느 하나의 요건을 충족한 자를 말한다. 즉 ① 종업원의 채용 또는 해고에 관한 독립된 권한을 가지고 있을 것, ② 사용자의 대리권을 적지 않게 보유하고 있을 것, ③ 원칙적으로 기업 또는 사업이 존속해 발전하는데에 있어 중요하고, 그 이행에는 특별한 경험이나 지견(知見)이 전제되는 임무를 가지고 있으며 본질적인 부분에서 지휘받지 않고 자유롭게 결정할 수 있어 결정에 큰 영향력을 미칠 것이다.

(7) 독일법의 특징

독일에서 근로시간의 규제의 특징은 다른 국가와 달리, 1주마다 근로
시간 규제가 없고, 1일 근로시간을 8시간 상한으로 둔 부분이다. 하지만
이 8시간은 일본법의 법정 근로시간과 같은 의미가 아니고, 이른바 6개
월 단위의 탄력적 근로시간제로 그 전체의 범위 내에서는 1일 10시간까
지 허용하고 있다.

또한 독일에서는 연장근로를 원칙적으로 금지하고, 가산임금을 법정
하지 않은 부분도 특징이다(1994년 현행법 개정시 법적 의무화의 삭제).
하지만 일반적으로 단체협약에서는 소정 근로시간을 초과하는 근로시간
에 가산임금을 지급하고 있다.

그리고 독일의 단체협약이나 사업장협정(사업장 수준에서 근로자대표와
고용주와의 협정)에서는 소정 근로시간을 기준으로 소정외 근로를 적립
해 휴가 등으로 인출하고, 미리 휴가를 사용해 인출한 경우에는 나중에
근무해 적립하는 '근로시간적립계좌제도'(Arbeitszeitkonten)를 보급하고
있다.7 이것은 가산임금제도와는 달리 연장근로의 탄력적인 관리시스템
이다(藤內 2013 등).

요컨대, 독일법의 특징은 근로시간의 법적 규제는 1일 8시간(탄력적
근로시간제에서 10시간)의 기준을 엄격하게 적용하고, 그 밖에는 휴식 규

---

7 <역자주> '근로시간적립계좌제도'는 노동조합의 근로시간단축 요구와 경영의 유연화 요구가 맞
물리면서 고안해 도입된 제도이다. 이전까지 주단위로 동일하게 되었던 전통적 근로시간제도의
경직성을 완화하고, 근로자와 사용자에게 근로시간의 유연한 설계의 가능성을 제공하였다. 근로
시간계정(근로시간의 채권·부채)을 통하여 일간, 주간, 월간 근로시간을 변화시키고, 근로시간
을 선택하는 권한이 늘어났다. 법적 근거는 2008년 8월 「유연한 근로시간 규정의 보장을 위한
구조개선법」을 제정하였다.
한국에서도 보상휴가제가 적립대상 기간 및 구체적인 운영방식에 대해 달리 규정하고 있지 않아
제도 활용이 어려움이 있다. 이에 '근로시간저축제'의 도입을 검토하고 있다.

제를 중심으로 그 이상의 사항은 단체협약에 맡기고 있다.

🕐 ▣ 보론: 근로자대표의 관여

독일에서 특유한 법제도로 종업원대표인 '사업장위원회'(Betriebsrat)에 공동결정권(Mitbestimmungsrecht)을 부여한 점을 들 수 있다. 근로시간에 대하여 1일의 시업시각과 종업시각, 휴식, 주일의 각 일에 대한 근로시간의 배분과 그 사업장의 통상적인 근로시간에 일차적인 단축 또는 연장을 공동결정사항으로 하고 있다.[8]

일본에서도 취업규칙에 시업시각, 종업시각, 휴게, 휴일, 휴가 등을 필요적 기재사항으로 하고 있다(노동기준법 제89조 제1항 제1호). 하지만, 일본에서는 고용주는 근로자의 과반수대표의 의견청취만으로 좋은 반면에, 독일에서는 사업장위원회의 동의가 필요하고, 만약 동의가 없으면 '중재위원회'(Einigugsstelle)의 재정으로 결정하는 것처럼, 고용주의 일방적인 결정을 허용하지 않는 구조이다.

---

6. 주 35시간의 국가 프랑스

최근 프랑스에서는 노동개혁법('노동과 사회적 대화의 현대화 및 직업적

---

[8] <역자주> 「사업장조직법(Betriebsverfassungsgesetz, BetrVG)」에 따라 공동결정권은 사업장에서 근로자의 행태나 사업장위원회의 질서 문제(1호), 근로시간의 시업시각과 종업시각(2호), 근로시간의 연장과 단축(3호), 임금의 지불 시기, 장소 및 방법(4호), 사업장내 임금형태 및 새로운 임금계산방식의 도입 및 변경(10호) 등의 경우에 요구된다(제87조 제1항). 채용, 임금등급 분류 및 재분류, 전직을 실시하기 위해서는 사업장위원회에 정보를 제공해 동의를 얻어야 한다(제99조 제1항). 해고에 대해서는 사업장위원회의 의견청취가 요청되고, 위반시 그 해고는 무효가 된다(제102조 제1항)(김기선·박수근·강성태·김근주 편역, 「독일노동법전」, 한국노동연구원, 2013, 25면 이하 참조).

경로의 보장에 관한 법률')에서 근로시간 분야에서 근로시간 관련 법체계의 재구성과 업종별 협약에 우선하는 기업협약의 효력 인정 등은 향후 프랑스 노동시장에 큰 영향을 미칠 것으로 예상된다(2016. 7. 21. 공포). 프랑스에는 「노동법전」이 있고, 근로시간은 이 노동법전 제3부의 제1권 L.3111-1조 이하에서 규정(근로시간·휴가)을 두고 있다.

(1) 근로시간의 상한 규제

법정 근로시간(durée légale du travail)은 주 35시간이다. 이를 초과하는 연장근로(heures supplémentaires)는 연간 할당(contingent annuel)의 범위 내에서 인정한다. 연간 할당 시간수는 단체협약에 두고 있지만, 그 규정이 없는 경우 220시간이 된다.

법정 근로시간과는 별도로 최장 근로시간(durée maximale)이 있고, 이것은 1일 10시간(단체협약에 규정이 있으면 12시간), 1주 48시간으로 하고 있다. 또한 어느 연속한 12주를 평균하여 1주 44시간을 초과해서는 안 된다.[9]

최장 근로시간을 초과하는 근로는 예외적으로 행정관청의 허가를 받으면 가능하다. 하지만, 이 경우에도 주 60시간을 초과해서는 안 된다.

(2) 가산임금

법정 근로시간을 초과하는 연장근로는 최초의 8시간은 25%의 가산율, 그것보다 긴 경우에는 50%의 가산율을 지급해야 한다. 단체협약에 의해

---

9 <역자주> 프랑스의 탄력적 근로시간제는 단체협약 또는 사용자의 결정에 의한 것이 있다. 전자는 업종별 협약에서 허용하며 기업협약을 통해 최대 단위기간이 1년에서 3년으로 확대되었다. 업종별 협약이 허용하지 않는 경우에는 최대 1년이다. 후자는 근로자 50명 미만의 소기업에서 최단 단위기간이 4주에서 9주로 확대되었고, 나머지 기업에서는 최대 4주이다(박제성 외, 프랑스 노동법 개정 과정에 대한 분석과 시사점, 한국노동연구원, 2017, 61면 참조).

법정과 다른 가산율을 정할 수 있지만, 이 경우에도 10% 이상이어야 한다. 연장근로가 연간 할당을 초과하는 경우에는 대상휴식(contrepartie obligatoire en repos)을 주어야 한다.

가산된 임금의 전부 또는 일부는 단체협약상 '대체휴가'(repos compensateur de remplacement)를 부여해 처리할 수 있다. 대체휴가를 부여한 연장근로는 연간 할당에 포함되지 않는다.

(3) 정액급제

프랑스에서는 가산임금이 포함된 임금의 정액급(forfait)제도가 있다. 여기에도 일정한 근로시간과 이에 대응하는 임금을 합의하는 유형(시간정액제: forfait en heures)과, 일정한 근로일수와 이에 대응하는 임금을 합의하는 유형(일수정액제: forfait en jours)이 있다.

시간정액제는 일정한 임금을 연장근로를 포함하는 일정한 근로시간에 합의하는 것으로, 그 근로시간수는 (i) 주 단위 내지 월 단위로 정하는 유형과, (ii) 연 단위로 정하는 유형(연간 재량근로제)이 있다. 정액제의 합의는 서면으로 해야 한다.

주 단위 내지 월 단위의 시간정액제는 그 밖의 유형의 정액제와 달리 단체협약을 체결할 요건은 없고, 대상근로자의 제한도 없다. 합의된 임금액은 합의된 시간수에 대하여 그 기업 내에서 적용할 수 있는 최저임금(rémunération minimale) 이상이어야 하고, 합의된 시간수를 초과해 일한 경우에는 법정보다도 높은 가산율을 적용하여야 한다.

연 단위의 시간정액제는 적용 대상자를 한정하고, 그 직무의 성질상 집단적인 근로시간을 관리할 수 없는 '관리직(간부)직원'(cadres)[10] 또는

---

10 <역자주> '관리직(간부)직원'(cadres)은 '경영간부'(cadres dirigeants)보다 직위가 낮은 것으로 구별한다.

자신의 근로시간을 편성하는 데에 현실적(실질적)으로 독립성을 가진 근로자만이다. 이 제도를 적용할 경우에는 개별적 합의뿐만이 아니라, 단체협약의 체결을 요건으로 구체적인 적용대상자 또는 연간 근로시간수 등을 결정한다.

연 단위의 일수정액제의 요건도 개별적 동의뿐만이 아니라 '단체협약'을 체결할 필요가 있다. 이 제도의 핵심은 법정 근로시간의 규정(주 35시간), 1주의 최장 근로시간(48시간 또는 연속 12시간의 평균으로 44시간)이 적용하지 않는다는 것에 있다. 즉 이것은 후술하는 적용제외와는 또다른 화이트칼라 이그젬션이라고 할 수 있다.

연 단위의 일수정액제의 적용대상은 자신의 근로시간을 편성하는데, 독립성을 가지면서 그 직무의 성질상 집단적인 근로시간을 관리할 수 없는 관리직 직원, 또는 근로시간을 사전에 결정할 수 없고 부여된 책임을 완수하기 위하여 자신의 근로시간을 편성하는데 현실적으로 독립성을 가진 근로자이다. 연간 근로일수는 단체협약으로 결정하지만, 218일을 초과할 수는 없다.

근로자는 합의된 연간 근로일수를 초과하여 일할 수도 있다. 이 경우에는 고용주와 서면 합의로 가산임금으로 대체되는 휴일의 일부를 포기할 수 있지만, 연간 근로일수는 단체협약에서 정한 일수(규정이 없을 경우에는 235일)를 초과해서는 안 된다. 또한 휴게, 휴일, 연차유급휴가 등의 규정을 적용한다. 개별적인 합의 중에서는 소정의 연간 근로일수를 초과하는 근로시간에 대한 가산율(10% 이상)을 정하고 있다.

고용주는 매년 연 단위의 일수정액제를 적용받는 근로자와 노무의 부담, 근로시간의 편성, 직업생활과 개인·가정생활과의 조정, 임금에 관하여 상담해야 한다.[11]

---

11 <역자주> 그밖에 근로자가 '연결차단권'을 행사할 수 있는 방법 등이다.

(4) 휴식규제

일반적인 규제를 설명하는 것으로 돌아가자. 근로자는 1일의 근로시간이 6시간을 초과하면 20분 이상의 휴게시간을 사용할 수 있다. 연속 11시간 이상의 휴식도 보장한다. 주휴일은 연속 24시간 이상이어야 한다. 근로자의 이익을 위하여 일요일은 주휴일이 된다. 일요일에의 근로는 법 소정의 예외인 경우(긴급공사 등)에만 인정되고, 일부의 예외를 제외하고 법률에서는 가산임금을 의무화하지 않고 있다.

(5) 야간근로

야간근로는 원칙적으로 21시 − 6시 근로하는 것을 말한다. 그리고 원칙적으로 통상의 근로시간에서 주 2회 이상, 야간근로를 3시간 이상 행하는 근로자가 야간근로자가 된다. 야간근로자의 근로시간의 상한은 8시간이다. 또한 어느 연속하는 12주의 평균에서도 1주 40시간을 초과해서는 안 된다. 야간근로자에게는 대상휴식 또는 금전보상의 권리가 있다. 야간근로자에 대해서는 특별히 건강을 체크하는 규정이나 주간 근로로 복귀하는 규정도 두고 있다.

(6) 법위반에 대한 제재

근로시간 규제(최장 근로시간 등)에 위반한 경우에는 벌칙 중에서는 가장 가벼운 부류인 위경죄(違警罪, contravention, 경찰죄)의 제4급으로 규정된 벌금을 적용한다.

(7) 관리직직원에 대한 적용제외

관리직직원 중에서도 '경영간부(cadres dirigeants)'는 근로시간 규제[12]의 적용제외가 된다. 경영간부의 자격이 있다는 간주는 그 시간을 이용하는데 큰 독립성을 필요로 할 만큼 중대한 책임을 지고(자율성), 폭넓게 독립적인 결정권한을 가지고(독립성), 동시에 그 기업 내지 사업장에서 임금체계 중에서 최고 수준의 임금을 받는 자(고임금)이다.

(8) 프랑스법의 특징

프랑스는 독일과는 달리, 가산임금의 지급의무를 법률로 규정하고 있다. 가산임금의 지급의무가 발생하는 연장근로는 주 35시간(법정 근로시간)을 초과하는 근로로 연간 상한이 있지만 가산율은 단체협약에서 탄력적으로 결정할 수 있고, 정액불제도 법제화되어 있어 일정한 탄력성이 있다. 한편, 법정 근로시간 이외에 최장 근로시간 규제가 있고, 그것은 1일 10시간, 1주 48시간(연속 12시간의 평균으로 44시간)으로 비교적 엄격하게 규제한다.

7. 일본과 비슷한 역사를 가진 이탈리아

이탈리아에서는 1925년에 제정된 '근로시간령'에서 1일 8시간, 1주 48시간이 법정 근로시간이다. 하지만, 1997년 법을 개정해 1주의 법정 근로시간은 40시간으로 단축하였다. 이러한 흐름은 일본의 근로시간 규제의 역사와 유사한 부분이 있다.

그 후 2003년 법을 개정해 현재 EU의 근로시간 지침의 하나 앞에 있

---

12 연차유급휴가를 제외하고 근로시간 및 휴식/휴일에 관한 규정들은 적용되지 않는다.

었던 2000년의 지침을 국내법화하기 위한 법률을 제정해 지금까지 근로시간 규제를 근본적으로 재검토하였다.

(1) 근로시간의 상한 규제

근로시간의 상한 규제는 주 40시간이다. 이것은 '통상의 근로시간'을 규제하는 것으로 연장근로를 포함하지 않는다. 단체협약으로 1년 이내의 범위의 탄력적 근로시간제를 도입하는 것을 인정하고 있다.

연장근로를 포함한 최장의 주 근로시간은 단체협약에서 정한다. 하지만 4개월(단체협약으로 12개월까지 인상 가능) 이내의 기간에서 각 7일 동안 평균해 48시간을 초과할 수는 없다. 과거에는 근로자수 15명을 초과하는 사업장에서는 고용주는 주 48시간을 초과하는 연장근로를 할 경우에 행정기관에 통지해야 했었지만, 이 규제는 철폐되었다.

(2) 연장근로

연장근로의 이용은 '억제적'(contenuto)이어야 한다. 연장근로는 단체협약에서 규제하지만, 적용가능한 단체협약이 없는 경우에는 연간 250시간 이하이고, 아울러 근로자의 사전 동의가 있는 경우에만 인정된다. 연장근로는 단체협약에 특별한 규정이 없는 한, ① 예외적인 기술적·생산적인 필요성이 있는 경우로 다른 근로자를 채용함으로써 대처할 수 없는 경우, ② 불가항력인 경우 또는 연장근로를 하지 않으면 중대하고 즉시 위험을 일으킬 경우 혹은 사람이나 생산에 손해를 초래하는 경우, ③ 특별한 이벤트가 있는 경우(사전에 노동조합대표 등에 대하여 통지가 필요) 중의 어느 하나의 사항에 해당할 경우에만 인정된다.

연장근로는 별도로 계산하고, 단체협약에서 규정한 가산임금을 지급해야 한다. 휴가로 대체할 수도 있다. 법정 가산율은 없다.

(3) 휴식규제

휴식은 각 24시간에서 원칙적으로 연속해 11시간을 청구할 수 있다. 1일의 근로시간이 6시간을 초과하는 경우에는 휴게를 부여해야 한다. 휴게시간은 단체협약에 규정하고 있지만, 규정이 없는 경우에는 10분 이상이어야 한다.

주휴는 7일마다 연속하는 24시간 이상의 휴식을 청구할 수 없다. 이 휴식은 원칙적으로 일요일이어야 한다. 이 휴식시각은 14일 이하의 기간에서 평균으로 계산해 부여할 수 있다. 휴일 규제는 교대제 등의 경우에는 예외를 인정한다. 이와 함께 단체협약에 다른 룰을 정해도 좋다. 하지만, 그러한 경우에는 대체휴가를 부여하든지, 그것이 객관적인 이유로 불가능한 경우에는 적절한 보호를 제공해야 한다.

(4) 야간근로

단체협약에서 야간근로를 배제할 수 있는 근로자의 요건을 정할 수 있다. 야간근로를 도입할 경우에는 고용주는 미리 노동조합과 협의해야 한다. 야간근로자의 근로시간은 원칙적으로 24시간의 평균으로 8시간을 초과해서는 안 된다. 야간근로자의 건강상태를 평가하는 경우에 고용주가 비용을 부담한다. 건강상태가 문제가 있다고 확인되면, 주간 근무로 이동시켜야 한다.

(5) 법위반시 제재

벌칙은 야간근로자에 대한 건강체크 규정을 위반한 경우(3개월 이상 6개월 이하의 구류 또는 1,459유로 이상−4,131유로 이하의 벌금) 이외에는 행정벌의 과료이다. 예를 들어, 주 48시간이라는 상한 규제에 위반한 경우 위반에 관계되는 각 근로자와 각 기간마다 780유로 이하의 과료가 부과된다.

(6) 간부근로자에 대한 적용제외

근로시간의 상한 규제, 연장근로, 1일 단위의 휴식, 휴일, 야간근로에 관한 규정은 고위관리직, 경영상의 지휘권을 가진 근로자, 독립된 결정 권한을 가진 근로자에게는 적용제외가 된다.

(7) 이탈리아법의 특징

이탈리아법은 주의 통상 근로시간을 40시간으로 하고, 이를 초과한 연장근로를 행하는 경우 고용주에게 가산임금을 지급하도록 의무화하고 있지만, 가산율의 법정은 단체협약에 맡기고 있다. 연장근로를 포함한 주 근로시간의 상한은 48시간이지만, 단체협약을 통하여 12개월 단위의 탄력적 근로시간제도를 인정하고 있다. 하지만, 연장근로에는 연간의 상한이 있고, 근로자의 동의가 필요하다고 명문 규정을 두고 있다.

8. 비교법에서 알게 되는 일본법의 특징

선진국의 근로시간 규제를 살펴보면, 미국과 같이 상한 규제를 설정 하지 않고 주 40시간을 초과한 부분에서 가산임금의 지급만을 명령하는 유형과, 유럽과 같이 상한 규제를 마련하고 있는 유형이 있다.

유럽의 상한 규제도 절대적인 상한 규제만 정하는 유형(상한 규제형) 과, 이에 더불어 가산임금의 지급을 명령받은 근로시간의 기준도 추가 로 법정하고 있는 유형(가산임금 병용형)이 있다. 근로시간 지침은 상한 규제로서 주 48시간을 정하고 있어 전자의 유형이고, 프랑스나 이탈리 아는 후자의 유형이다.

또한 후자의 유형에서도 가산율에 대해서는 프랑스와 같이 법정화한 경우도 있다면, 이탈리아와 같이 지급만 의무화하고 가산율은 단체협약에 위임한 경우도 있다.

그 밖에 상한 규제형에서도 영국은 옵트 아웃(적용 제외)을 인정하고 있으므로 규제의 강도가 낮고, 또 독일은 1주가 아니라 1일의 절대적인 상한(10시간)을 규정하고 있는 등 변화가 있다.

한편, 야간근로자에 대한 엄격한 보호규제, 1일 단위의 연속 11시간의 휴식 확보(근무간 인터벌, 최소 휴식시간), 1일 근로시간의 도중 휴게, 주휴(2주에 2일)의 보장 등은 근로시간 지침에 관하여 거의 공통된 내용의 규제를 선진국에서 도입하고 있다.

이상과 같이 현재 유럽의 근로시간 규제는 절대적인 상한의 설정(및 연장근로의 한정), 휴식의 확보, 야간근로자의 보호가 중심인 한편, 미국이나 일본의 근로시간 규제의 특징이기도 한 가산임금의 규제는 근로시간 지침에 포함되지 않은 점에서도 알 수 있듯이 주된 규제는 아니다.

또한 유럽에서는 근로시간 규제에 대하여 주의 상한 규제를 비롯하여, 다양한 탄력적 근로시간제를 인정하고 있는 점이나, 단체협약에 의한 규제로부터 일탈(derogation)이 넓게 인정되고 있는 점 등 일정한 탄력성을 부여하고 있다.

반대의 입장에서 일본법을 살펴보면, 근로시간 규제에 대하여 1주와 1일의 양쪽의 근로시간 규제가 있고, 그 위반에 대하여 벌칙을 규정하고 있는 점, 가산임금에 대하여 지급의무와 가산율을 모두 법정하고 있는 점, 36협정이라는 노사협정의 체결과 행정관청에 대한 신고를 의무화하고 있는 점 등은 외국과의 비교에서 보아도 매우 강한 규제이다.

한편, 특히 유럽국가와 비교해 보면, 일본법의 특징은 근로시간의 절대적인 상한이 없는 점, 야간근로자에 대한 근로시간의 상한 규제가 없는 점 등을 들 수 있다.

또한 현실의 근로시간과 관련된 룰에 대하여 유럽에서는 단체협약(주로 산업별 단체협약)이 중심적인 역할을 완수하는 것이 기대되고 현실에서도 마찬가지이다. 이번 제4장의 1.(일본의 연간 근로시간은 상대적으로 긴 것은 아니다)에서 살펴보았듯이, 근로시간 지침도 각국의 근로시간의 길이에 차이가 있는 것은 단시간근로자를 활용하는 정도 등도 포함하여 근로시간의 단축을 실현하기 위하여 노사(특히 산업별 노동조합)가 대응하는 정도에 차이도 그 요인이라고 볼 수 있다.

일본의 36협정 방식은 노사에 의한 연장근로의 관리를 목표로 하는 점에서 유럽과 공통성이 있지만, 기업내 근로자대표에 불과한 과반수대표와 유럽에서 주류인 산업별 노동조합과는 실제의 '관리력'은 비교되지 않을 것이다.

마지막으로, 미국도 유럽도 일정한 간부직원에 대한 근로시간 규제의 적용제외가 인정하고 있다. 이러한 제도는 미국의 '화이트칼라 이그젬션'이 유명하지만, 유럽에서도 '경영상의 권한을 가진 근로자'나 그 직무 수행에서 독립된 결정권을 가지고 근로시간의 편성을 큰 재량으로 위임받은 '간부근로자'는 적용제외를 인정하고 있다.

일본에서는 화이트칼라에 대한 일반적인 적용제외제도는 노동기준법 제41조 2호의 관리감독자 등뿐이고, 실무적인 운용시 여하튼 본래의 적용대상자는 매우 한정적이다. 1987년의 전문업무형 재량근로제, 1998년의 기획업무형 재량근로제를 도입해 일정한 화이트칼라는 근로시간 간주제라는 방법으로 근로시간 규제를 완화하였다. 하지만, 그 적용 요건이 엄격해 그 만큼 보급하지 못하고 있다(☞제2장(일본에서 근로시간의 규제는 어떠한 것인가?) 참조). 이에 비교법적으로 적용제외에 적합하다고 생각되는 근로자에게 적절하게 적용제외가 미치고 있는지는 의문이다.

5

Chapter

일본의 근로시간 규제는
어디에 문제가 있는가?

일본의 법률에서는 주 40시간 근로이고, 가산임금의 규제도 있고, 36협정의 체결이나 신고도 의무화하고 있다. 훌륭한 입법인 것처럼 생각할 수 있다. 그래도 잘 살펴보면 문제가 있다.

① 상한 규제가 미온적이다. ② 과반수대표는 기업의 예스맨으로, 연장근로를 체크할 기능이 작용하지 않는다. ③ 큰 필요성이 없어도 연장근로를 시킬 수 있다. ④ 가산임금은 눈속임이 횡행하고 기업에 대한 벌칙의 기능을 완수하고 있지 못하다. ⑤ 근로자 쪽도 가산임금이 있으면 장시간 근로를 그만큼 싫어하지 않게 된다. ⑥ 잔업을 행하면 근로시간으로 계산할 수 있는지 여부를 모르는 업무가 많고, 가산임금을 정확하게 산정하는 것이 어렵다. ⑦ 과장이나 점장은 비교적으로 쉽게 될 수 있지만, 그렇게 되면 가산임금을 받을 수 없게 된다. ⑧ 주 1회의 휴일이라도 출근하게 만드는 경우가 많다.

이러한 상황에서는 역시 훌륭한 근로시간 규제가 있다고 말하기 어렵다.

1. 근로시간 규제의 모델

(1) 규제방법은 그 만큼 다양하지 않다!

근로시간을 법제로 규제하는 방법은 그 만큼 다양하고 풍부하지 못하다. 표준적인 규제 패턴은 근로시간의 절대적인 상한을 설정하는 유형이다. 다만, 절대적인 상한을 설정해도 일정한 예외가 있을 수밖에 없다. 예를 들어 업종이나 직종의 특수성으로 규제를 적용하는데 모든 국가가 정도의 차이가 있음을 인정하고 있다.

또한 절대적인 상한의 수준을 인상하면(상한 시간의 단축), 아무래도 상한을 초과하는 예외를 넓게 마련해야 한다. 이에 '절대적인 상한'을 '원칙적인 상한'으로 바꾸는 경우도 있다.

(2) 상한 규제의 예외 패턴

상한 규제의 예외를 어떻게 설정할 것인지도 유형이 대부분 정해져 있다. 이것은 ① 예외사유의 한정, ② 예외의 근로시간수 상한, ③ 행정관청의 허가 또는 행정관청에 대한 신고이다. 또한 이것과 가끔은 중복해 ④ 근로자대표의 관여를 정하고 있는 경우가 있다. ④의 경우는 근로자대표가 관여하는 협정에 전면적으로 맡기는 경우와, 법률로 원칙적 기준을 마련한 후 단체협약에 이와 다른 규정을 허용하는 경우(일탈(derogation) 방식) 등이 있다.

그 밖에 상한 규제의 예외의 일종인 탄력적 근로시간제를 도입해 1주 단위 혹은 1일 단위의 규제를 보다 장기간의 전체 범위(總枠)로 규제하는 방법도 있다. 이 방법에 대해서는 통상 상한 규제의 '예외'가 아닌 '탄력화'라고 표현한다.

(3) 간접적인 규제방법인 가산임금

근로시간의 상한 규제가 '직접적인 규제방법'이라면, 상한을 초과하는 근로시간에 대하여 고용주에게 가산임금을 지급하도록 의무화해 근로시간의 비용을 높임으로써 장시간 근로를 억제하는 것은 '간접적인 규제방법'이다. 이러한 간접적인 규제방법은 일본에서는 직접적인 규제방법이 제대로 기능하지 못하면서 중요성이 높아졌다. 하지만, EU의 근로시간 지침에 포함되지 않고, 일본에서도 공장법 시대에는 없었던 것은 앞에서 언급한 바와 같다.

일본의 노동기준법이 참고한 미국의 공정근로기준법에서는 근로시간 규제로는 1주 40시간을 초과하는 근로에 대한 50%의 가산임금의 규제 밖에 없기 때문에(☞제4장 2.(가산 임금규제 중심의 미국)), 일본에서는 가산임금이 근로시간 규제의 중심에 있다고 생각하기 쉽다. 하지만, 비교법을 살펴보면, 직접적인 규제방법이 없는 미국은 오히려 예외이고, 유럽과 일본은 규제방법이 근로시간의 상한 규제라는 직접적인 규제방법이 중심이 되었다.

(4) 일본에서 기능을 발휘하지 못하는 직접적인 방법

그러면 일본은 왜 이러한 직접적인 규제방법이 제대로 기능을 발휘하지 못해 온 것일까?

여기에는 고용주의 근로시간 규제에 대한 '무지' 혹은 '준수(compliance) 의식의 결여' 등의 문제가 있다. 또한 근로자도 법률에서 인정한 자신의 권리 내용을 충분히 알지 못해 고용주에게 법률의 준수를 요구하지 못한 문제도 있다. 하지만 만약 이 정도의 문제라면, 대응책은 비교적 쉬울 수 있다. 법률의 정보를 홍보하거나 법률의 준수(compliance)나 이행확보(enforcement)를 강화하면 된다.

하지만, 정말로 이것만으로 문제를 해결할 수 있을까? 일본의 근로시간 규제가 제대로 기능하지 못한 것은 법규제의 내용 자체에도 원인이 있다고 본다. 그래서 제2장[1]의 기술과도 약간 중첩되는 부분이 있지만, 다음에서 이와 관련해 상세하게 검토한다.

2. 일본의 근로시간의 상한 규제의 특이성

(1) 절대적인 상한의 결여

이미 반복해 언급한 것처럼, 일본에는 근로시간의 절대적인 상한이 없다(예외는 갱내근로 등 건강상 특히 유해한 업무에 대한 1일 2시간 상한[노동기준법 제36조 1항 단서, 노동기준법 시행규칙 제18조]). 일본법에서 일단 '절대적인 상한'에 상당한 것은 36협정에서 정할 수 있는 연장근로의 상한(한도 시간)을 정한 한도 기준이다(노동기준법 제36조 제2항). 다만, 앞에서도 언급했듯이(☞제2장 2.(법정 근로시간의 예외인 연장근로)), 한도 기준에는 사법상의 효력이 없고(노동기준법 제36조 제3항), 그 이행을 확보하려면 행정지도에 따른다(노동기준법 제36조 제4항). 또한, '특별조항이 있는' 36협정은 임시적인 경우에 한정해 체결되는 것으로 보지만, 기본적으로는 그 운용은 노사에게 맡겨져 있다. 또한 근로시간의 상한에 대해서는 '특별조항이 있는' 36협정이 있으면, 실질적으로는 제한이 없다. 즉 일본의 근로시간 규제에는 '절대적인 상한'이 없다.

(2) 일본에서 왜 절대적인 상한이 없는가?

일본에서도 노동기준법을 제정할 당시에는 '절대적인 상한' 규제를 도입하려고 논의하였다. 노다 스스무(野田進) 교수는 당시 1일의 상한을

---

1 <역자주> 제2장 일본에서 근로시간의 규제는 어떠한 것인가?

8시간으로 할 것인가, 9시간으로 할 것인가와 관련해 논의하면서, 정부는 8시간제를 지키기 위하여 연장근로의 사유를 한정하는 경식 근로시간 규제방식을 취하지 않고, 또한 연장근로의 상한을 도입하지 않고, (미국보다 낮은) 25%의 가산 수준을 수용할 필요가 있었던 것은 아닌가 라고 추측한다(野田 2000, 90면). 즉, '절대적인 상한'의 포기는 고용주에게 법정근로시간을 1일 8시간의 수준을 수용하게 하기 위한 교환조건일 수가 있다.

또한 노동기준법을 제정할 당시의 1주 48시간 수준은 당시의 국제근로기준에 거의 따른 것이었다. 하지만 이미 미국과 프랑스와 같이 1주 40시간의 국가도 있었기 때문에 1주 44시간의 도입론도 있었던 것 같다. 하지만, 정부는 당시의 일본 실정을 바탕으로 한 최저기준으로서는 48시간이 적당하다고 생각했던 것 같다(野田 2000, 91면).

아마도 1주 48시간은 엄격한 예외를 인정하면서도 '절대적인 상한'이 가능한 수준이었다. 하지만, 1일 8시간은 예외를 어느 정도 넓게 인정해야 하는 수준이었다. 이에 법정근로시간으로서 1주 48시간과 1일 8시간을 세트로 하는 이상 1주 48시간도 절대적인 상한으로 할 수 없었다고 추측된다.

여하튼 1987년 노동기준법을 개정할 때 1주의 법정근로시간은 40시간으로 인상하였다. 하지만, 이것도 더 이상 '절대적인 상한'으로 하기에 적당한 수준은 아니었다.

일본의 법정근로시간은 연식 근로시간 규제방식을 도입하는 것도 병행해 고려하면, '원칙적인 상한'에 불과하다(菅野 2012, 326면).

(3) 원칙적인 상한

유럽에서 현재 일본의 법정 근로시간과 비교적 가까운 것은 프랑스의 '법정 근로시간'과 이탈리아의 '통상의 근로시간'이다. 프랑스는 1주 35

시간, 이탈리아는 1주 40시간이다. 프랑스와 이탈리아는 이를 초과하는 연장근로에 대하여 연간의 제한을 정하고 있고(프랑스는 220시간, 이탈리아는 250시간이 원칙), 또한 가산임금의 지급을 의무화하고 있다. 그러한 의미에서 이들 국가에서는 '법정근로시간', '통상의 근로시간'은 '원칙적인 상한'이라고 할 수 있다.

다만, 이러한 국가에서는 근로시간 지침에 의한 '절대적인 상한'(원칙적으로 1주 48시간)도 규정하고 있다. 벌칙 등의 강한 규제는 '원칙적인 상한'의 수준으로는 없지만, '절대적인 상한'의 수준으로는 있다.

(4) 36협정에 의존하는 일본의 규제

현행 일본법에서는 1주 40시간 내지 1일 8시간의 법정 근로시간에 대하여 벌칙을 두어 강제하고 있다. 법정근로시간의 규제를 위반한 것(연장근로를 시키는 것)에 대한 벌칙은 36협정의 체결과 행정관청(근로기준감독서장)에 대한 신고라는 절차를 거치면 면할 수 있다. 하지만, 이것은 근로자의 과반수대표가 36협정의 체결에 응하지 않으면 연장근로는 합법화되지 않음을 의미한다. 유럽의 절대적인 상한보다도 엄격한 '1주 40시간과 1일의 8시간' 수준의 법정근로시간을 정한 후, 이를 초과하는 연장근로의 합법화를 근로자의 집단적인 동의에 관계되는 것은 매우 엄격한 근로시간 규제라고 할 수 있다.

한편, 외국에서는 연장근로의 규제에서 중요한 역할을 하는 연장근로의 사유 규제나 상한 규제(절대적인 상한 규제)도 일본에서는 '36협정'의 규정에 맡겨져 있다.

요컨대, 일본법의 접근방법은 법정근로시간을 초과하는 연장근로의 관리는 법에 의한 규제가 아니라, 노사를 통하여 실현하고자 한다. 이러한 규제 시스템이 제대로 기능하는가는 '36협정'에 의한 체크가 어디까지 기능하는가에 달려 있다.

3. 과반수대표는 기능했는가?

36협정의 체결은 고용주와 과반수대표가 행한다. 일본의 근로시간법제에서는 과반수대표에게는 36협정을 거부할 권한이 있고, 거부권을 행사하면 고용주는 대체로 합법적인 연장근로를 시킬 수 없게 된다.

(1) 대기업의 과반수노조의 역할

2013년 후생노동성(한국의 고용노동부와 보건복지부를 합친 부서)의 「2013년도 근로시간 등 종합실태조사」에 따르면, 36협정은 대기업의 94%가 체결하고 있다. 앙케이트 조사에서 질문사항에 연장근로가 있지만, 36협정의 체결을 거부한 사례는 통계에서는 나타나지 않는다. 위의 조사에서도 '과반수대표로부터 체결을 거부당하였다'는 응답은 전체 기업에서 보아도 0.0%였다.

현실에서 과반수대표는 연장근로의 필요성을 인정해 36협정을 체결할 수가 있다. 연장근로에 대하여 제대로 가산임금을 지급한다면, 근로자에게는 불만이 없고, 대기업에서 36협정을 체결한 높은 비율은 이러한 사정을 반영한 것이다. 대기업에서는 노동조합 조직률이 비교적 높아서 노동조합이 다양한 교섭사항과 균형 속에서 조합원의 소득을 상승시킬 수 있는 36협정의 체결을 비교적 쉽게 받아들일 수도 있다.

(2) 중소기업의 과반수대표자

그러나 중소기업이 되면, 대부분의 사업장에는 노동조합은 없다. 후생노동성의 「2013년 노동조합 기조조사」에 따르면, 종업원수 99명 이하의 노동조합에서는 추정 조직률은 1.0%에 불과하다. 앞의 「2013년도 근로시간 등 종합실태조사」에 따르면, 36협정을 체결한 비율은 종업원수가 30명 미만인 사업장인 경우에 52.5%로 크게 감소한다. 그 이유는

'연장근로·휴일근로가 없다'가 43.5%, 그 다음으로 '연장근로·휴일근로에 관한 노사협정의 존재를 모른다'는 응답이다(35.5%).

또한 법규제를 알았더라도 노동조합이 없으면 경영자가 주도해 과반수대표자를 선출한다. 경영자는 과반수대표가 36협정을 체결해 주지 않으면 연장근로나 휴일근로를 시킬 수 없고, 경영에 지장이 발생하기 때문이다. 이에 경영자의 상황에 맞는 과반수대표자를 지명하는 경우가 쉬워지게 된다.

물론 과반수대표자는 관리감독자(노동기준법 제41조 2호)이어서는 안 되고, 이의 선출을 명확화해 실시하는 투표, 거수 등의 방법에 의한 절차로 선출한 자이어야 하고, 또한, 과반수대표자라는 점이나 과반수대표자로서 정당한 행위를 한 것 등을 이유로 불이익취급을 금지하고 있다(노동기준법 시행규칙 제6조의 2).

판례 중에는 과반수대표자의 선출방법에 문제가 있으면, 체결된 36협정이 무효가 되고, 연장근로를 시킬 수 없다고 판시한 사례도 있다(ト―コロ事件＜最重判 111＞). 다만, 이러한 법적 룰이 있어도, 현실에서 과반수대표자의 선출방법이 적정한 것인지를 충분하게 체크하기란 어렵다.

(3) 과반수대표제의 진짜 문제는 무엇인가?

적정하게 선출된 '과반수대표자'라 해도 근로자가 연장근로를 정말로 반대하고 있다면, 36협정의 체결에 응하지 않았던 것은 아닐까? 36협정에 의한 연장근로의 체크가 충분하지 않을 수는 있다. 하지만, 이것보다도 오히려 1일 8시간의 법정 근로시간을 초과하는 정도라면, 건강에 즉시 지장이 없고 가산임금의 지급으로 소득이 늘어나는 장점이 크다고 과반수대표자가 판단해(앞의 노동조합과 마찬가지임), 굳이 연장근로에 반대하지 않을 수도 있다.

노사가 반대할 것 같지 않은 연장근로에 36협정의 체결이나 신고를 법적으로 의무화하였다. 이러한 36협정의 체결이나 신고는 연장근로의 노사에 의한 관리를 위한 수단의 성격이 적게 되어, 연장근로를 정당화하기 위한 단순한 '의식'이 되어 버렸다. 이에 이 절차가 가진 본래의 중요성이 점차 잊혀지게 되었다. 이것은 나아가 36협정의 체결이나 신고를 하지 않은 채, 연장근로를 시키는 것과 같은 위법 사례를 초래한 배경의 사정이 될 수가 있다.

특히, 36협정을 체결·신고하는 '의식'화는 법정 근로시간의 '원칙성'을 희박하게 하고, 연장근로는 한정적인 경우에 인정해 본래는 상한이 있어야 한다는 '예외성'에 대한 규범의식을 무뎌지게 만든 것은 문제이다.

이렇게 보면, 과반수대표제의 진짜 문제는 법정 근로시간이 높게(근로시간으로는 짧게) 정해져 있지만, 이를 초과하는 연장근로에 지나친 절차 규제를 한 것에 기인한 점에 있다.

🕐 보론: 36협정의 역사적 의의

테라모토 코우사쿠(寺本廣作)씨는 노동기준법 제36조의 해설에서 36협정의 의의를 다음과 같이 언급하였다(寺本 1998, 237면. 표기는 현대어로 수정함).

"소정 근로시간 내의 임금이 저열(低劣)하기 때문에 잔업으로 가산 임금을 특별한 혜택인 것처럼 오해하는 경향이 많은 일본의 노동계에서는 특히 근로자 단체에 의한 개명(開明)된 의사를 기초로 한 동의를 요건으로 하는 것이 근로시간제에 대한 근로자의 자각을 촉진하고, 8시간 근로제의 의의를 실현하기 위하여 필요하다고 생각하였다. 이러한 방식에 따른 근로시간제는 외국에서는 이러한 입법례를 볼 수 없지만, 일본의 현상에 따른 민주주의 방법으로 8시간 근로제의 의의를 실현하기 위해서는 필요한 방법이라고 생각하였다."

> 과반수대표제의 도입은 개별 근로자가 '수입(收入)의 논리'로 연장
> 근로에 따른 일이 없도록, 단체에 의한 '개명'(開明)된 의사를 개재시
> 켜서 연장근로를 관리하고자 했던 것이다. 이러한 당초의 목표는 유감
> 스럽게도 그 후에 정착하지는 못하였다.

4. 연장근로가 어떠한 사유라도 허용되는 일본

(1) 일본에서는 사유 규제가 없는 이유는?

일본에서 근로시간 규제의 또 다른 특징은 연장근로의 사유가 법률에
서 명확하게 규정하고 있지 않은 점이다. 공장법에서는 연장근로를 인
정하는 사유를 한정하는 '경식 근로시간 규제'를 채택하였다. 하지만, 노
동기준법을 제정하는 과정에서는 바로 초기의 단계에서 경식 근로시간
규제를 포기하였던 것 같다(野田 2000, 93면). 앞에서 언급한 것처럼, 최
종적으로 경식 근로시간 규제가 채택하지 않았던 것은 법정근로시간을
1일 8시간이라는 다소 높은 수준으로 정했던 것과도 관련될 수 있다.

공장법 시대에는 연장근로는 ① 천재사변, ② 불가피한 사유로 인한
임시적 필요성, ③ 단순한 임시적 필요성, ④ 계절적인 번망(繁忙), ⑤
원재료가 부패되는 손실을 방지할 필요성이 있는 경우에 각각에 대응하
여 행정이 관여하는 것으로 인정하고, 또한 ③~⑤의 경우에는 상한도
설정하고 있었다.

노동기준법은 ①과 ②의 경우에 대응하는 부분은 제33조에서 36협정
의 체결없이 연장근로를 시킬 수 있고(행정관청의 허가·신고의 절차는 있
다), ③~⑤의 경우에 대응하는 부분은 사업경영상 통상 예견되는 임시
의 필요성에 불과해 36협정에 의한 경우가 아니라면, 연장근로를 시킬

수는 없다고 한 것이다.

　그러나 36협정은 ③~⑤의 경우에 대응하는 사유만 연장근로의 사유로서 정할 수 있는 것은 아니다. 오히려 어떠한 연장근로의 사유를 정하는가는 과반수대표의 판단에 전적으로 위임하였다.

⏱ 해설: 공장법 시대의 연장근로 사유

　공장법에서 근로시간의 상한 규제(15세 미만인 자 및 여자에 대한 1일 12시간제)의 예외는 제8조에 규정하였다.

　① 천재사변 또는 사변의 우려로 필요한 경우. 주무 대신(장관)은 사업의 종류 및 지역을 한정해 공장법의 취업시간 규정의 적용을 정지할 수 있다(1항).

　② 불가피한 사유로 임시로 필요한 경우. 공업주(工業主)는 행정관청의 허가를 받아 기간을 한정해 근로시간의 상한을 연장 등을 할 수 있다(2항).

　③ 임시로 필요한 경우에는 공업주는 그 때마다 사전에 행정관청에 신고해 1개월에 7일을 초과하지 않는 기간, 취업시간을 2시간 내 연장할 수 있다(3항).

　④ 계절에 따라 번망하는 사업에 대하여 공업주는 일정한 기간에 사전에 행정관청의 허가를 받고, 그 기간중 1년에 120일을 초과하지 않는 한 취업시간을 1시간 내 연장할 수 있다. 이 경우에는 그 허가를 받은 기간 내에는 앞의 항의 규정을 적용하지 않는다(4항).

　그 후 법 개정에서 제8조 제2항의 단서로, ⑤ 급속하게 부패 또는 변질할 우려가 있는 원재료의 손실을 막기 위하여 필요한 경우에는 계속 4일 이상에 거치지 않고, 또한 1개월에 7일을 초과하지 않으면 예외적으로 행정관청의 허가는 필요없다고 규정하였다.

(2) 36협정만으로는 연장근로를 명령할 수 없다!

36협정의 신고서 양식에는 '연장근로를 시킬 필요가 있는 구체적인 사유'를 기재하는 공란이 있다. 신고서와 36협정은 우선 다른 것이지만, 실무적으로는 신고서가 36협정의 의미도 가진다.

다만, 36협정에 연장근로의 사유를 기재하고, 근로기준감독서장에게 신고했으면, 근로자에게 당연히 연장근로를 명할 수 있다는 것은 아니다. 실무적으로 36협정만 있으면, 연장근로 명령을 적법하게 명령할 수 있다고 일반적으로 이해한다. 하지만, 이것은 법적으로는 잘못이다.

고용주는 36협정을 체결해 근로기준감독서장에게 신고하는 것은 1일 8시간 또는 1주 40시간 법정근로시간의 상한을 초과하는 근로를 시켜도 벌칙이 부과되지 않는다는 효과만이 있다(면벌적 효과). 36협정의 체결·신고는 연장근로를 시키는 전제조건을 설정할 뿐이다.

개별 근로자가 고용주가 내린 연장근로 명령에 따를 의무가 있는지는 근로계약에 따라 결정된다. 예를 들어 36협정의 체결·신고가 있어도 연장근로는 하지 않는다는 특약을 맺고 채용된 근로자는 본인이 동의하지 않으면 연장근로를 할 의무는 없다.

(3) 취업규칙의 잔업규정의 효력

그런데, 대부분의 취업규칙에서는 '업무상의 필요성이 있다면 소정 근로시간을 초과해 근무를 명령할 수가 있다.'고 잔업 규정을 두고 있다. 이러한 규정은 엄밀하게 말하면, 소정 근로시간을 초과하는 근로(소정의 연장근로)를 명령하기 위한 것이다. 앞에서 언급한 것처럼 소성의 연장근로가 반드시 연장근로가 된다고는 할 수 없지만(잔업≠연장근로), 소정의 연장근로를 명령하는 규정이 있으면, 그것이 연장근로를 명령하는 규정도 된다. 큰 것은 작은 것을 겸하는 것이다.

다만, 취업규칙을 작성하는 과정에서 과반수대표의 의견을 청취한다고 하나(노동기준법 제90조), 기본적으로는 고용주가 일방적으로 제정할 수 있다. 이에 취업규칙의 규정이 있어도 근로자가 연장근로에 동의하였다고는 단언할 수는 없는 것이다.

그러나 노동계약법 제7조에서는 다음과 같이 규정을 두고 있다.

"근로자 및 사용자가 근로계약을 체결한 경우에 사용자가 합리적인 근로조건을 정하고 있는 취업규칙을 근로자에게 주지시킨 경우 근로계약의 내용은 그 취업규칙에서 정한 근로조건에 따른다."

따라서, 취업규칙의 잔업 규정에 합리성이 있으면, 그 적용 대상자는 근로계약의 내용으로 취업규칙 규정에 따른 연장근로에 종사할 의무가 있다. 즉, 많은 근로자는 고용주 간에 개별 근로계약을 체결하지는 않는다. 근로자는 근로계약의 권리나 의무는 거의 모두 취업규칙의 규정에 따르고 있다. 고용주가 일방적으로 제정하는 취업규칙의 규정에 따르는 법적 근거는 위의 노동계약법 제7조에 있다(과거에는 판례에서 비슷한 룰을 두고 있었다).

최고재판소 판결에도 취업규칙의 규정을 근거로 하는 연장근로 명령의 유효성을 인정한 사례가 있다(日立製作所武蔵工場 事件 判決＜最1小判 1991. 11. 28., 最重判 112＞). 그 판결은 다음과 같이 언급하고 있다.

"노동기준법 … 제32조의 근로시간을 연장해 근로시키는 것에 대하여 사용자가 그 사업장에 근로자의 과반수로 조직되는 노동조합 등과 서면에 의한 협정(이른바 36협정)을 체결하고, 이를 소관 근로기준감독서장에게 신고한 경우에 사용자가 그 사업장에 적용되는 취업규칙에 그 36협정의 범위 내에서 일정한 업무상의 사유가 있으면 근로계약에서 정한 근로시간을 연장해 근로자를 근로시킬 수 있다는 취지를 정하고 있는 경우에는 그 취업규칙의 규정 내용이 합리적인 것인 한, 그것이 구체적인 근로계약의 내용을 이루기 때문에 위의 취업규칙의 규정 적용을 받는 근로자는 그 규정이 정하는 바에 따라 근로계약을 정한 근로시간을 초과해 근로할 의무를 가지는 것으로 해석함이 상당하다."

이 판결은 근로자는 36협정의 범위 내에서 명령받은 연장근로 명령에 따라야 한다고 언급한 것처럼도 읽힌다. 하지만 잘 읽어 보면, 취업규칙에서 36협정의 범위 내에 연장근로를 시킬 수 있는 취지를 규정하고 있고, 이것이 합리적인 내용이라면, 근로계약의 내용이 된다고 언급하고 있다. 고용주의 연장근로 명령의 근거는 어디까지나 근로계약의 내용이 된 취업규칙의 합리적인 규정인 것이다.

(4) 합리성이 있는 잔업규정이란?

앞에서 언급한 것처럼, 법률에서는 연장근로를 시키는 사유에 대한 규제는 없었다. 하지만 취업규칙의 연장근로 규정에서 합리성이 필요하다고 보는 점에서 이 합리성의 판단을 통하여 연장근로를 시키는 사유를 한정할 수도 있었다. 여기서 실제로는 법원이 합리성을 어떻게 판단할 것인지가 문제된다.

앞에서 언급한 최고재판소 판결에서 문제된 취업규칙은 다음과 같은 내용이었다.

"업무상의 상황에 따라 부득이한 경우에는 노동조합과의 협정으로 1일 8시간, 1주 48시간의 실근로시간을 연장(조출, 잔업 또는 호출)하는 경우가 있다."

여기서 '노동조합과의 협정'이 36협정이다. 이 회사가 과반수 노동조합과 체결한 36협정은 다음과 같다.

회사는 다음의 경우에 실동시간(實動時間)을 연장할 수가 있다.
① 납기에 완납하지 못하면 중대한 지장을 일으킬 우려가 있는 경우
② 임금 마감이 절박함에 따른 임금계산 또는 재고 조사, 검수, 지급 등에 관한 업무 및 이것에 관한 업무
③ 배관, 배선공사 등을 위하여 소정 근로시간 내의 작업이 어려운 경우
④ 설비기계류의 이동, 설치, 수리 등을 위한 작업을 서두르는 경우
⑤ 생산목표를 달성하기 위하여 필요한 경우
⑥ 업무 내용에 따른 부득이한 경우
⑦ 그 밖에 앞의 각호에 준하는 이유가 있는 경우

이 회사와 같이 취업규칙에 구체적인 규정을 두지 않고, 36협정에 맡기고 있는 경우에는 '취업규칙의 합리성'이란 '36협정의 내용의 합리성'을 의미한다.

최고재판소는 앞의 36협정의 내용에 대하여 연장근로의 시간을 한정하고, 동시에 ①~② 소정의 사유를 필요로 하는 점에서 합리성이 있다고 판단하였다. 최고재판소는 ⑤~⑦ 소정의 사유는 약간 개괄적이고 포괄적인 점은 부정할 수 없지만, 회사가 수급관계에 따른 생산계획을 적정하고 원활하게 실시할 필요성은 노동기준법 제36조가 예정하는 바라고 해석한 후, 회사의 사업 내용이나 근로자가 담당하는 업무, 구체적인 작업의 절차 내지 경과 등에 비추어 보면, ⑤~⑦ 소정의 사유가 상당성이 결여된다고는 할 수 없다고 언급하고 있다.

일반적으로 보면, ⑤와 ⑥은 연장근로의 사유를 한정한다고 할 수 없고, ⑦은 일반조항이므로 한정한다기보다는 오히려 연장근로의 사유를 확대한 부분도 있다. 하지만, 최고재판소는 이러한 규정 방법도 합리성이 있다고 판단한 것이다.

(5) 실질적으로는 완화된 상한 규제

어떠한 경우에 잔업이 필요한가는 사례별로 다르다. 하지만, 연장근로의 사유를 구체적으로 한정하도록 엄격하게 요구하는 것은 경영자에게는 지나친 것일 수도 있다. 하지만, 본래 연장근로는 예외로(만일 그렇지 않으면, 법정근로시간의 의미가 없다), 그 명령이 근로자에게 초래하는 불이익의 크기를 고려하면, 근로자에게 어떠한 경우에 연장근로를 명령할 수 있는지 예측가능성을 높이는 것에 대한 배려도 필요하다.

실제로는 연장근로에 한정하지 않고, 지금까지 판례에서 취업규칙의 합리성을 부정한 사례는 전무한 것과 같다. 근로자는 취업규칙의 규정 내용을 이해한 후에 채택하기에 법원도 상당한 불이익한 내용이 아니라면 합리성을 부정할 이유는 없다고 생각한다(또한 취업규칙의 불이익 변경시에도 합리성이 요건이지만(노동계약법 제10조), 이 합리성에 대하여 법원은 엄격하게 심사하고 있으며, 부정한 판례도 다수가 있다).

이상의 사항에서 일본에서 연장근로의 사유 제한은 실제로 없는 것과 같다.

연장근로에 대한 중요한 규제인 상한 규제와 사유 규제도 없게 되면, 일본의 근로시간 규제는 매우 완화되었다고 할 수가 있다.

🕐 보론: 권리남용에 따른 규제

취업규칙에서 연장근로에 관한 합리적인 규정이 있고, 36협정의 체결·신고가 있어도 연장근로의 명령이 여전히 무효가 될 수 있다. 이것은 그 명령이 권리남용이 되는 경우이다.

노동계약법 제3조 제5항은 "근로자 및 사용자는 근로계약에 근거로 하는 권리행사에서는 이를 남용해서는 아니된다"고 규정하고 있다. 고

용주에게 연장근로를 명령할 권리가 인정되더라도 그 권리행사를 남용
한 것이라면 무효로 판단한 사례가 있다.

예를 들어 맞벌이 근로자로 아픈 자녀를 간호해야 할 경우에 연장근
로를 시키는 업무상의 필요성이 적음에도 불구하고, 고용주가 연장근
로를 명령하면, 권리남용으로서 무효라고 판단할 수가 있다. 특히, 일
과 생활의 조화에 대한 배려가 요구되는 오늘날에는 고용주는 다양한
인사권을 행사할 경우에 근로자의 생활상 이익도 배려해야 한다(노동
계약법 제3조 제3항).

법적으로는 연장근로 명령이 권리남용인 경우에는 이에 따를 필요
는 없고, 따르지 않은 것을 이유로 징계처분을 받아도 그러한 징계처
분은 무효이다(노동계약법 제15조 등). 또한 앞의 히타치제작소 무사
시공장 사건(日立製作所武蔵工場事件)에서는 연장근로 명령이 유효
하다고 보았기 때문에 징계해고도 유효하다고 판단하였다.

근로자는 그 자신에게 내려진 연장근로 명령이 권리남용에 해당하
는지 여부를 판단하는 것은 매우 어렵다. 권리남용인지 여부는 법원의
종합적인 판단에 맡겨지고 있으므로 사전에 예측할 가능성이 적기 때
문이다. 이에 근로자는 현실에서는 징계해고의 위험을 피하기 위하여
연장근로 명령에 따라야 한다.

이렇게 보면, 권리남용법리는 확실히 연장근로를 제약하는 요소가
될 수 있지만, 어떠한 경우에 권리남용으로 볼 것인지는 사전에 명확
하지 않으면 근로자의 권익 보호로 연계하는 것은 어렵다.

5. 가산임금을 제대로 받는 것은 어렵다!

36협정을 체결·신고한 합리적인 연장근로에 대해서도 고용주는 가산
임금을 지급해야 한다. 노동기준법은 가산임금의 지급을 의무화해 연장
근로를 억제한다. 가산임금에는 연장근로에 대하여 고용주에게 벌칙을

부여하는 기능이 있다. 이것이 36협정과 함께 일본의 근로시간 규제의 핵심이다.

그러나 실제로 이 벌칙이 어디까지 기능하고 있는지를 평가하는 것은 어렵다

(1) 가산임금의 산정기초는 축소 가능!?

제2장 3.(가산임급이란?)에서 언급했듯이, 가산임금의 산정기초에 관한 룰은 법률에 법정화해 함부로 그 범위를 축소할 수가 없다. 하지만, 예를 들어 산정기초에 포함되는 임금을 인하한다고 하면, 가산임금의 합계액을 억제할 수 있다. 물론 갑작스런 임금의 일방적인 인하를 허용하지 않지만, 취업규칙을 합리적으로 변경하면, 일방적으로 인하할 수 있다(노동계약법 제10조). 임금의 불이익한 변경을 위해서는 고도의 필요성이 있어야 하지만(판례), 기본급 이외의 부가 수당이라면 어느 정도의 경영상 필요성이 있으면 불이익 변경의 합리성을 인정하는 것이 쉬울 수 있다.

또한 월급을 단순히 감소한다고 하면 근로자는 이해할 수 없지만, 그만큼 상여금에 대한 배분을 인상한다면 근로자도 이해할 수 있다. 상여금은 가산임금의 산정기초에 포함하지 않기 때문에 가산임금은 감소하게 된다(다만, 단순히 계산상 기본급 부분을 상여금으로 돌려서 지급한다면, 상여금 명목으로 지급해도 산정기초에 포함한다).

(2) 가산임금의 상한 설정은 정말로는 허용되지 않는다!

고용주 가운데에는 가산임금을 억제하기 위한 룰을 함부로 결정하여 근로자에게 강제하는 자도 있다. 예를 들어, 1개월의 연장근로의 상한(예, 20시간)을 정하고, 이를 초과하는 연장근로는 가산임금을 지급하지 않는다는 것이다. 하지만, 이것은 완전하게 위법이다. 가산임금은 실제

로 연장근로의 시간수에 따라 지급해야 하고, 함부로 상한을 정할 수는 없다. 그렇게 않으면, 가산임금의 벌칙 기능은 작동하지 않게 된다. 법적으로 근로자는 고용주가 함부로 실정한 상한을 무시하고, 실제로 연장근로의 시간수에 따른 가산임금을 청구할 수 있다.

여기까지 명확하게 위법한 사례는 없어도 가산임금을 정액으로 다루는 기업도 많다. 예를 들어 기본급을 월 30만엔으로 설정한 후 연장근무수당(가산임금)을 월 10만엔으로 설정하는 사례이다. 이러한 정액제(定額制)도 실질적으로는 연장근로의 상한을 정한 것과 동일한 효과가 있다. 실제로 연장근로의 시간수에 따른 가산임금이 10만엔을 초과하고 있는 경우 법적으로는 근로자는 역시 차액분의 가산임금을 청구할 수 있다.

이 정도는 실제로는 노동법을 배웠으면 금방 알 수 있는 간단한 법률문제이다. 하지만, 대부분의 근로자는 지식이 없을 뿐만 아니라, 고용주도 이러한 처리를 합법이라고 생각할 수 있다. 그렇게 되면 거의 가산임금에 관한 위법적인 결정은 근절할 수가 없게 된다.

(3) 가산임금이 포함된 급여의 올바른 지급방법

가산임금의 지급방법에 관하여 법률문제에서도 간단하지 않은 것은 가산임금의 전부 또는 일부를 기본급에 포함하는 경우이다. 예를 들어 기본급은 40만엔 그 중에서 가산임금도 포함한 합의가 허용되는지가 문제된다. 이것은 가산임금의 정액불과 닮아 있는 면이 있지만, 이것과 다른 점은 40만엔 중 어느 부분이 가산임금 부분인지 모르는 것이다.

가산임금을 포함한다는 사실만 알고 있으면 문제가 없는 것인가라는 주장도 있다. 하지만 노동기준법은 기본급 등의 산정 기초임금에 소정의 가산율을 곱하여 여기에 연장근로의 시간수를 곱한 금액을 가산임금으로 지급하는 것을 의무화하고 있다. 단순히 가산임금이 포함된 기본급을 지급하고 있다는 것만으로는 노동기준법에서 의무화한 가산임금을 적법하게 지급했는지를 확인할 수가 없다.

이에 판례에서는 이러한 지급방법은 기본급 중 가산임금 부분과 통상의 근로에 대한 임금 부분으로 판별할 수 없다면 적법한 것이라고 할 수 없다고 판단한다. 즉, 앞에서 언급한 사례에서 40만엔 중 얼마나 가산임금의 부분인지 판별할 필요가 있다.

만약 가산임금의 부분을 판별할 수 없으면, 40만엔 전체가 산정기초임금이 된다. 실제로 소송에서 이러한 다툼이 있는데, 큰 가산임금을 지급하게 된 고용주는 적지 않다.

고용주는 근로자와 가산임금을 기본급에 편성한다고 합의하였는데, 그 합의가 무효라는 것은 이해하기 어려울지도 모른다. 하지만 노동기준법은 고용주와 근로자가 대등한 입장에서 근로계약을 체결할 수 없는 것을 전제로 근로조건의 최저기준을 설정한 것이다. 이에 그 최저기준을 하회하는 근로자의 동의를 유효한 것이라고 인정해 버리면, 최저기준의 의미가 없어진다.

실제로 연장근로의 시간수에 따른 가산임금의 지급은 노동기준법 제37조가 정하는 최저기준이다. 이것보다도 근로자에게 불리한 내용이라면 근로자가 동의를 하더라도 유효하다고 인정할 수는 없다.

경영자는 강행법규인 노동기준법이 규제하는 범위에서는 계약의 자유는 없다는 것을 알아 둘 필요가 있다.

🕐 보론: 테크재팬 사건 · 최고재판소 판결(テックジャパン事件 · 最高裁判決)

최근 판례에서는 다음과 같은 결정이 적법성의 유무 여부가 다투어졌다. 어떤 인재파견회사에서 파견근로자의 기본급을 월급 41만엔으로 결정한 후, 월 총근로시간이 180시간을 초과한 경우 1시간당 2,560엔을 지급하지만, 월 총근로시간이 140시간 미만인 경우 1시간당 2,920엔을 공제하기로 하였다. 소정 근로시간은 160시간인데, 160~180시간은 가산임금을 지급하지 않지만, 160시간 미만에도 140시간 이상이라면서 임금을 공제하지 않았다.

이러한 결정에 대하여 최고재판소는 월액 41만엔의 기본급에 대하여 통상 근로시간의 임금에 해당하는 부분과 같은 항이 규정하는 연장가산임금에 해당하는 부분을 판별할 수 없으므로, 근로자가 연장근로할 경우에 월액 41만 엔의 기본급을 지급받았더라도 그 지급으로 월 180시간 이내의 근로시간 중 연장근로에 대하여 가산임금을 지급하였다고는 할 수 없다고 판단하였다(最1小判 2012. 3. 8 <最重判 113>).

6. 가산임금이 있으면, 더욱 일하고 싶어진다!?

(1) 벌칙과 인센티브

가산임금의 벌칙 기능이 작동하지 않는 실태에 대해서는 노사에게 법률상 룰을 제대로 준수하게 해서 대응할 수도 있을 것이다. 하지만, 이것으로 연장근로를 억제할 수 있는지 여부는 또 다른 문제이다.

가산임금은 고용주에게는 벌칙 기능이 있더라도 근로자에게는 임금을 가산하는 기능이 있다. 수입이 늘어나길 바라는 근로자의 입장에서 보면, 가산임금은 장시간 근로에 따른 인센티브이다.

경제학에서는 가산율이 상승하면, 근로자의 '인원수'와 '근로시간' 중 어느 쪽의 단가도 상승하지만, 장시간근로에 따라 근로자의 생산성이 떨어지기 쉽기 때문에 고용주는 일정한 생산량을 최소한 비용으로 생산하기 위하여 연장근로시간을 감소하고, 그 대신에 근로자를 신규로 고용하는 행동을 선택한다고 한다(佐々木 2008). 하지만, 실제로 이러한 일이 발생하기 위해서는 현재 1명이 행하는 일을 여러 명으로 분담하는 것이 간단한 것을 필요로 하고, 또한 근로자를 신규로 고용하게 되면 근로시간에 비례하지 않는 고정비용이 발생하기 때문에(大內·川口 2014, 166면), '근로시간'에서 '인원수'로 대체하는 것이 그리 간단하게 발생하지 않을 수도 있다.

한편, 근로자의 입장에서 보면, 가산율의 상승은 여가의 기회비용을 높이기보다 더 일하는 것을 희망할 것이지만(대체효과[여가에서 소비로]), 소득이 늘어나면 고역(苦役)인 근로시간을 줄일 수도 있다(소득효과). 결과적으로 어느 쪽의 효과가 큰 것인지를 판단하는 것이 어렵다. 하지만 대체효과가 크면, 가산율이 상승하는 만큼 연장근로의 시간수는 늘어나게 된다.

어느 경우이든 현행법에서는 법정내 근로시간보다도 연장근로 쪽이 가산임금만큼, 같은 시간의 임금이 높아지고, 또한 밤 10시 이후의 야간근로가 되면 더욱 더 높아지고, 1개월의 연장근로 시간수가 60시간을 초과하면 거기에서 가산율이 2배로 증가한다. 이러한 법적 시스템이 근로자 자신의 근로시간 길이를 결정하는 데에 전혀 영향이 없다고는 단언할 수 없다.

(2) 노사문제의 결정은 근로자 또는 고용주?

이렇게 보면, '근로시간을 사용자가 결정하는가, 근로자가 결정하는가에 따라 … 가산임금률의 상승에 따른 근로시간의 변화는 다르게' 될 것 같다(小畑·佐々木 2008, 94면).

여기에서 중요한 것은 근로자가 행동을 바꿀 수 있는 것은 근로시간의 길이를 스스로 결정할 수 있는 것을 전제하는 점이다. 하지만, 뒷 부분에 있는 이번 제5장 7.(근로시간을 정확하게 계산할 수 있는가?)에서 살펴보는 것처럼, 근로시간이란 고용주의 지휘명령 아래에 있는 시간이

고, 특히 잔업은 소정 근로시간 내의 근로와는 달리 원칙적으로 고용주
의 명령으로만 일하기 때문에 근로자의 선택으로 연장근로의 길이를 결
정할 여지는 적다.

현행 노동기준법에서도 재량근로제를 적용받는 근로자는 스스로 근
로시간을 결정할 수 있다. 하지만, 이러한 근로자에게는 근로시간은 간
주제이고 가산임금은 제로 또는 정액이므로 실근로시간은 가산임금의
영향을 받지 않는다. 관리감독자 등 근로시간의 규제를 적용받지 않는
근로자에게도 비슷한 상황이다.

만약 그 밖의 근로자에게 가산임금이 가지는 대체효과로 장시간 근로
를 선택한다면, 이것은 근로자가 엄밀한 의미에서 지휘명령 아래에 없
고, 일의 진행을 직접 조정할 수 있는 것에 따른다. 화이트칼라의 경우
에는 일반적으로 공장 등에서 일하는 블루칼라보다도 지휘명령이 약한
경우가 많을 것이기 때문에 이러한 일이 일어날 가능성이 있다(☞제1장
4(근로시간의 규제는 이론상 어떻게 정당화되는가?) 참조).

7. 근로시간을 정확하게 계산할 수 있는가?

(1) 소정 근로시간과 실근로시간

근로시간의 길이를 규제하는 것은 이를 계산할 수 있는 것을 전제한
다. 즉, 어디부터 어디까지를 근로시간인지 측정할 수 없다면, 근로시간
을 규제하는 의미는 없게 된다. 특히, 가산임금은 산정기초의 임금에 연
장근로의 시간수를 곱하여 산정한다. 이에 근로시간의 길이를 계산할 수
없으면 장시간 근로를 억제하기 위한 벌칙으로 기능할 수 없게 된다.

노동기준법에서 규제하는 근로시간이란 '실근로시간'이다. 이에 취업
규칙에서 설정한 소정 근로시간(시업시각에서 종업시각 사이에서 휴게시간
을 제외한 시간)을 반드시 근로시간이라고는 한정할 수 없다(☞'잔업'과

'연장근로'가 다른 점은 제2장2의 설명도 참조).

이를테면, 취업규칙상 소정 근로시간이 8시간이었더라도 소정 근로시간 이외에 어떻게 활동하도록 하게 하고, 이것을 근로시간으로 계산한다면, 그 근로자의 근로시간은 8시간을 초과하게 되고, 그렇게 되면 고용주는 36협정의 체결·신고나 가산임금의 지급 등이 의무화된다.

예를 들어 '시업시간 전에 업무를 준비한 경우'나 '종업시각 후에 정리한 경우'는 소정 근로시간 이외라도 근로시간으로 계산될 가능성이 있다. 일을 마친 후의 '소집단 활동'은 근로자의 자주적인 활동의 형태를 취하더라도 업무와의 관련성이 밀접하기 때문에 근로시간으로 계산될 가능성이 높다. 일을 시작하기 전에 '라디오 체조'에 참가한 경우나 회사가 주관한 '간담회'에 참가한 경우와 같이 업무성이 명확하지 않고 근로시간으로 계산할 수 있는지 여부가 불분명한 경우도 있다(☞제2장 2.(법정 근로시간의 예외인 연장근로) 참조).

(2) 근로시간의 정의

그러면, 이 점에 대하여 법률은 어떠한 규정을 두고 있는 것일까? 실제로 노동기준법에는 '근로시간'이란 무엇인가를 정의한 규정은 없다. 학설은 다양하게 논의해왔지만(荒木 2010이 이해하기 쉽다),[3] 현재의 판례는 근로시간이란 '사용자의 지휘명령 아래에 놓여 있는 시간'으로 정의하고 있다(三菱重工業長崎造船所 事件<最1小判 2000. 3. 9., 最重判 107>).

문제는 어떠한 경우에 '지휘명령 아래에 놓여 있다'고 할 수 있는지가 문제된다. 최고재판소는 위의 사건에서는 '취업명령을 받은 업무의 준비

---

2 <역자주> 제2장 일본에서 근로시간의 규제는 어떠한 것인가?
3 <역자주> 한국에서도 근로자의 개념에 대하여 '지휘감독설'의 입장에서 근로자가 그의 노동력을 사용자의 지휘감독 아래 두고 있는 시간이라고 정의한다(임종률, 노동법, 박영사, 2017, 439면). 대법원 1992.10.9. 선고 91다14406 판결 참조.

행위 등을 사업장 내에서 행하는 것을 사용자로부터 의무화하거나 또는 이를 부득이하게 하는 경우'에는 근로시간에 해당하고, 구체적으로는 작업하는데 필요한 보호구를 장착하기 위하여 필요한 시간은 근로시간으로 판단하였다.

또한, 최고재판소는 24시간 근무하는 빌딩경비회사의 종업원이 가진 '가면(仮眠)시간'이 근로시간인지 여부가 문제된 다른 사건에서는 '근로계약상 역무(노무) 제공이 의무화되었다고 평가할 경우에는 근로로부터 해방이 보장되어 있다고는 할 수 없고, 근로자는 사용자의 지휘명령 아래에 놓여 있다'고 판시하였다(大星ビル管理事件<最1小判 2002. 2. 28., 最重判例 108>). 잠자고 있는 시간도 근로시간인 것은 상식상 이해하기 어렵지만, 경보벨이 울리면 거기에 대응해야 하는 것처럼 근로로부터 해방을 보장하고 있지 않다면 지휘명령 아래에 놓여 있다고 하여 근로시간에 해당한다는 것이 판례의 입장이다.

(3) 근로시간의 판단기준은 애매!?

그러나 최고재판소의 판단은 다툼이 있을 것 같은 경우를 모두 제시하고 있지 않다. 이에 구체적인 개별 사례에서 지휘명령 아래에 있는지를 판단하는 것이 어려운 경우도 많다. 앞에서 언급한 '라디오 체조'에 참가한 시간이나 회사가 주관한 '간담회'에 참가한 시간 등은 당연히 근로시간이라고 생각하는 사람도 있고, 참가하지 않았을 때에 불이익이 있는 등의 강제가 작용하지 않으면 근로시간이 아니라는 사람도 있다. 이에 어느 경우에도 그 나름대로의 설득력이 있다.

자신의 일을 마무리하지 못해 잔업한 경우에 "자네는 일하는 것이 느리니깐 시간이 걸리는 거다. 그 만큼은 근로시간으로 계산해서는 안 되네."라고 들었을 경우에 제대로 법적 반론을 할 수 있는 사람은 얼마나 있을까? 법률을 보아도 판례를 아무리 공부해도 그 대답은 분명하지 않을 것이다.

요컨대, 실제로 일하는 시간대 중에서 어디부터 어디까지가 근로시간인지를 한번에 결정하지 못하는 경우는 많다. 이 점이 실근로를 객관적으로 보아 지휘명령 아래에 있는지 여부라는 기준에서 근로시간성을 판단하는 일본법에서의 문제점이다. 그렇다고 해서 당사자 간에 자유롭게 근로시간인지 여부를 결정해도 좋다고 하면, 실제로는 고용주가 일방적으로 근로시간의 범위를 결정해 버릴 것이다. 이렇게 되면, 근로시간을 규제하는 것이 어려워질 것이다.

그래서 누가 보아도 근로시간을 명확하게 본래 업무에 종사한 시간과 그러하지 않은 부수 활동에 종사한 시간으로 구분한다. 후자는 당사자 간의 합의로 근로시간인지를 결정해도 좋다고 하는 접근 방법이다. 이것을 '2분설'이라고 한다. 미국의 '포털법(Portal-to-Portal Act)'은 이러한 방식을 도입하고 있다(☞ 포털법은 荒木 1991를 참조). 확실히 2분법에 의하면, 명확성이 높아지는 것같이 생각된다. 하지만, 본래 업무와 부수 활동을 구별하는 것이 반드시 명확하지 않은 경우도 있기 때문에 근로시간 개념의 불명확성을 해결하는 특효약은 아닌 것 같다.

어느 경우이든 근로자에게 자신이 현재의 활동이 근로시간인지가 불확실한 경우가 있다는 상황에서는 근로시간의 규제에 그 실효성을 저해할 가능성이 높다.

(4) 근로시간의 입증도 어렵다!

이상의 점과 관련해 또 다른 실무상 큰 문제가 있다. 가산임금의 지급과 관련해 다툼이 발생할 경우에 근로자가 어떻게 자신의 연장근로 시간수를 입증할 수 있는지 문제이다. 연장근로 시간수의 입증책임은 '근로자'에게 있다. 아무리 근로시간이라고 주장해도 그 입증에 성공해야 의미가 있다.

근로시간의 관리가 타임카드 등으로 엄격한 경우 타임카드에 타각된 시간을 우선 기준으로 할 것이다. 하지만, 모든 고용주가 엄격하게 근로시간을 관리하지 않기에 근로자가 자신이 주장하는 시간수를 정말로 연장근로로 했는지를 입증하는 것이 어려운 경우도 많다.

고용주에게 근로시간을 관리할 책임이 있다면 근로자의 입증부담은 어느 정도 경감하고, 근로자가 우선 입증해 두면, 후에는 그 시간이 근로시간에 해당하지 않는 것(근로자가 지휘명령 아래에 없었다)을 고용주가 반증해야 한다는 룰이 본래 바람직하다(梶川 2009도 참조). 이러한 룰을 적용하는 판례도 많다.

어느 경우이든지 다툼이 있을 경우에는 가산임금을 확실하게 쟁취하는 것은 근로시간의 개념이 애매한 것과도 겹쳐져서 근로자에게는 그만큼 어려운 일이다.

8. 관리감독자제는 탈법의 길?

일본에서 근로시간제도의 실효성을 저해하는 의혹이 있는 또 다른 제도는 '관리감독자제'(管理監督者制)이다(노동기준법 제41조 2호).[4] 관리감독자이면, 근로시간과 관련된 규정을 적용하지 않는다. 이에 그 근로자는 몇 시간이나 일했어도 36협정의 체결·신고는 필요없고, 가산임금의 지급의무도 발생하지 않는다.

제2장 5.(관리감독자의 적용제외)에서 살펴본 것처럼, 관리감독자의 개념은 법률상 정의하고 있지 않다. 그래서, 과장이나 점장 등의 관리직이 되면, 관리감독자로서 잔업 비용을 지급받지 않는다고 넓게 보는 것 같다. 하지만, 이미 판례에서 확인했듯이, 관리감독자의 범위는 매우 좁

---

4 <역자주> 한국의 근로기준법 제63조의 4, 시행령 제34조 참조.

다. 문제는 이 점에 대하여 고용주 및 근로자에게도 충분히 알려져 있지 않다는 것이다.

노동기준법 제41조에서는 관리감독자 이외에 '감시적 근로자'나 '단속적 근로자'에 대하여 근로시간과 관련된 규정의 적용제외를 규정하고 있다. 하지만, 이에 대해서는 근로기준감독서장의 사전 허가를 받는 것이 필요하다(3호). 이 때문에 그 범위와 관련된 논쟁을 회피해 왔다.

또한 적용제외는 아니지만, 근로시간을 실근로시간으로 계산하지 않고, '간주'(看做)를 인정한 '재량근로제'에 있어 노사협정(전문업무형)이나 노사위원회의 결의(決議)(기획업무형)를 하고, 근로기준감독서장에게 신고라는 사전 절차를 밟아야 하므로, 제도를 적용하는 대상자의 범위와 관계된 논쟁은 역시 사전에 회피하고 있다.

그러나 관리감독자에게는 이러한 사전절차를 의무화하지 않고, 고용주에게 맡겨버리고 있다. 세상에는 '이름뿐인 관리직' 문제를 비판하는 의견도 있다. 하지만, 이러한 문제가 발생하는 배경에는 법률로 규제하는 데에 틈이 있다고 하는 법제도에 원인이 있는 점에도 유의해야 한다.

또 '이름뿐인 관리직' 문제는 화이트칼라에 대한 적용제외 제도로서 노동기준법 제41조 제2호의 관리감독자 등밖에 없다는 일본법이 가진 상황의 특수성에 기인했을 가능성도 있다. 제4장[5]에서 살펴본 것처럼, 여러 선진국에서도 '일정한 간부근로자'에게는 근로시간 규제의 적용제외를 인정하고 있다. 일본은 그 적용제외의 범위가 매우 좁기 때문에 적용제외에 적당하지 않은 근로자에게도 근로시간을 규제하였을 가능성이 있다. 여기에 대처하기 위한 재량근로제는 그 적용 요건이 엄격함으로 그 만큼 보급되지 않고(제2장 4(유연한 근로시간의 규제)), 그렇기 때

---

5 <역자주> 제4장 미국과 유럽의 근로시간법제는 일본과 어떻게 다를까?

문에 적용범위가 불명확한 관리감독자제에 적용제외에 적합하지 않은 근로자가 한꺼번에 밀어닥쳤을 가능성도 있다. 화이트칼라 이그젬션을 도입할 필요가 있다고 주장하는 배경에는 이러한 사정도 있다.

관리감독자제를 그대로 남긴다고 해도, 또한 새로운 화이트칼라 이그젬션을 구상한다고 해도 '적용대상의 명확성 문제'는 해결할 필요가 있다. 현행 재량근로제와 같이 법령에서 적용대상자의 범위를 정한 후(전문업무형 재량근로제에 대해서는 노동기준법 시행규칙에 열거하고 있다), 노사협정이나 노사위원회을 통하여 사전에 적용대상자의 범위를 결정하는 구조를 참고로 법을 정비하고, '이름뿐인 관리직'과 같은 탈법적인 사태가 발생하지 않도록 충분하게 배려할 필요가 있다.

9. 휴일은 법상 보장받고 있는가?

여기까지는 일본에서 근로시간 규제의 문제점을 지적해 왔다. 하지만, 휴식 규정은 어떠한가? 제2장 6.(노동기준법은 근로자의 휴식을 어떻게 보장하는가?)에서 살펴본 것처럼, 일본에서는 1일 단위의 휴식인 '휴게', 1주 단위의 휴식인 '휴일'(주휴가=주휴), 1년 단위의 휴식인 '연휴(연차휴가)'가 있다(☞연휴는 제6장6에서 다룬다). 여기서는 휴일 규제의 문제점을 지적하고자 한다.

유럽의 근로시간 지침에서는 1주 1일의 휴일이 의무이고, 탄력적 근로시간제에서도 2주 단위의 것만 인정하고 있다. 그런데 일본의 노동기준법 제35조는 주휴의 원칙을 정해 두면서, 4주에 4일의 휴일이라는 '변형(탄력적)휴일'을 인정하고 있다. 법률적으로는 변형휴일제를 도입하는 데에 특별한 요건을 정하지 않은 점에서 주휴의 '원칙'성은 약하다.

---

6 <역자주> 제6장 일본인에게 바캉스는 어울리지 않는다?

게다가 이러한 휴일근로는 연장근로와 같은 절차, 즉 36협정의 체결과 근로기준감독서장에게 신고하면 인정하고 있다. 여기서도 연장근로의 경우와 마찬가지로 휴일근로의 사유에 법률상 규제는 없고, 36협정에 전면적으로 맡겨져 있다. 35%(한국은 50%) 이상의 가산임금을 지급하도록 의무화되어 있지만, 대휴(대체휴가)를 부여할 의무도 없다. 즉 고용주는 근로자가 연휴를 사용하지 않으면 365일 연속해 일을 시킬 수 있는 법제도이다. 이러한 일본에서의 휴일제도는 건강을 확보하는 관점에서는 충분하지 못하다.

그 밖에도 어느 날을 휴일로 특정하는 것을 의무화하지 않은 점, 이와 관련해 취업규칙 등에 규정만 있으면 휴일 대체(예를 들어 휴일이 일요일인 경우 어떤 요일을 근로일로 바꾸고, 다른 근로일에 휴일을 부여하는 것)가 1주 1일 내지 4주 4일의 휴일을 부여하는 범위 내라면 가능하다는 점도 문제점으로 지적한다.

10. 총괄

■ 언뜻 보면, 엄격한 법제도이지만

일본에서 근로시간 규제는 1주 40시간, 1일 8시간의 법정근로시간을 설정하고, 이에 반하는 경우 벌칙을 부과하고, 예외적으로 법정근로시간을 초과하는 연장근로를 시키는 경우에는 과반수대표와의 '36협정'을 체결해 근로기준감독서장에게 신고한다는 절차를 거쳐야 한다. 또한, 25% 이상의 가산임금을 지급하도록 고용주에게 의무화하고 연장근로에 대한 벌칙을 부과함으로 장시간 근로를 억제해 왔다.

이러한 일본에서 근로시간의 규제는 미국과 같은 가산임금 규정만 있는 국가와 비교해 보면, 법정 근로시간이라는 근로시간의 상한 규제가 있는 점에서 보다 엄격하다고 할 수 있다. 한편으로 유럽의 근로시간 지침의 내용과 비교해 보면, 가산임금의 규제가 있는 점에서 보다 엄격하다고 할 수 있다. 유럽의 각국 수준에서는 예를 들어 프랑스나 이탈리아에서는 가산임금의 규제는 있지만, 단체협약으로 가산율을 정할 수 있어 법 규제로는 완화된 것이었다.

일본은 이렇게 언뜻 보면, 근로시간을 엄격하게 규제하는 것처럼 보이지만, 현실에서는 제대로 기능하지 못하고 있다. 이것은 근로시간법제도 부분에서 몇 가지 문제와 관계되어 있다.

① 철저하지 못한 상한 규제

먼저, '법정근로시간의 예외 설정'은 36협정의 체결과 근로기준감독서장에 대한 신고라는 절차적 요건만이 있었다. 법률에서 연장근로를 인정하는 사유를 제한하지 않고, 또한 연장근로의 상한도 정해져 있지 않았다. 물론 과반수대표가 36협정을 체결하는 것을 거부하면, 고용주는 비상 사유에 해당하는 경우(노동기준법 제33조)를 제외하고 연장근로를 시킬 수 없지만, 이러한 행동을 과반수대표가 선택하는 일은 없다. 법률에서 연장근로가 가능한 사유를 제시하고, 이를 36협정으로 구체화하지 않고, 36협정에 이른바 재하청을 해버렸기 때문에 연장근로에 제동을 거는 것이 없어져 버린 것이다.

이에 더불어, 연장근로에 대한 한도 기준의 효력은 약하고, 또한 특별조항이 있는 36협정이 있으면, 한도 기준을 실질상 제한없이 초과할 수 있다. 이것은 일본에 있어 근로시간의 규제에는 '절대적인 상한'이 없다는 것이다. 벌칙을 부과하는 법정근로시간이 넓은 예외를 허용하는 '원칙적인 상한'에 불과한 부분에 일본에 근로시간 규제의 근본적인 문제점이 있다.

② 벌칙 기능이 약한 가산임금의 규제

또한, 가산임금의 벌칙 기능도 반드시 충분히 기대할 수는 없다. 예를 들어, 가산임금의 산정기초에 포함되는 기본급이나 수당을 낮게 억제할 수 있으면, 가산임금의 상승을 회피할 수 있다. 그리고 현실의 고용사회에서 보급된 연장근로의 상한제, 가산임금의 정액제, 기본급에 대한 편성 등 가산임금의 지급방법은 법적으로 근로자의 가산임금을 감소시키는 효과는 없다(객관적으로 정하는 가산임금 청구권은 당사자 간의 합의를 통해 감소시킬 수는 없다). 그래도, 가산임금의 지급방법은 실제로는 가산임금액을 억제하는 효과를 가진다. 또한, 가산임금의 금액을 결정하려면 전제가 되는 근로시간의 길이도 소정 근로시간을 초과하는 부분이 근로시간인지 여부를 판단하는 것이 곤란한 경우가 많다. 또한, 판단하더라도 입증하는 것이 곤란해 실제로 근로자가 가산임금의 지급청구에서 승소할 수 있는지 여부를 예측할 가능성이 낮다는 문제도 있다. 이것도 가산임금의 벌칙 기능을 약화시키는 효과이다.

그 밖에도 가산임금은 근로자의 수입을 늘려서 근로자에게 장시간 근로에 따른 인센티브가 될 수 있다.

③ '관리감독자'의 범위의 불명확함

이상과 달리, 실무상 문제는 관리감독자의 취급이다. 관리감독자는 근로시간과 관련한 규정을 적용하지 않기 때문에 연장근로나 휴일근로에 대한 가산임금을 청구할 권리도 없다. 하지만 관리감독자의 정의에 대하여 법률상 규정이 없기 때문에 실무상 관리감독자를 폭넓게 해석해 왔다. 재판을 하면, 고용주가 대부분 패소한 점에서도 알 수 있듯이, 법원에서는 관리감독자의 개념을 매우 좁게 판단하고 있다. 하지만 이러한 룰이 반드시 충분히 알려져 있지 않고, 알려져 있다고 해도 지켜지고 있지 않다. 이러한 상황은 가산임금제도를 비롯한 근로시간제도 자체의 실효성을 크게 저해하는 효과가 있다.

④ 불충분한 휴일의 규제

한편, 휴식 부분에 대하여 주휴제의 원칙은 노동기준법을 제정할 당시부터 변형(탄력적) 주휴제를 도입해 4주 4휴일로 탄력적으로 운용하고 있다. 또한, 휴일근로는 36협정의 체결·신고가 있으면, 사유의 제한 없이 행할 수 있다. 이 때문에 근로자의 휴일을 확보하기 위한 법규제를 충분히 하고 있지 않다.

일본인에게 **바캉스**는
어울리지 않는다?

일하지 않아도 급여를 받을 수 있다. 이와 같은 꿈과 같은 제도가 '연차휴가(연휴)'이다. 게다가 좋은 시기에 사용해도 좋다. 사용하는 목적도 자유롭다. 사용하는 것에 대하여 불이익하게 취급하는 것도 금지하고 있다. 제도적으로는 나무랄데 없는 것처럼 생각된다. 그래도 일본인은 연차휴가를 다 사용하지 않는다. 쉬고 나면 그 후의 일이 힘들어진다. 주변에도 폐를 끼친다. 상사가 좋은 얼굴을 하지 않는다. 보너스나 장래의 출세에 영향을 미칠지도 모른다. 이러한 부정적인 사고에 빠지게 되면, 꿈과 같은 제도가 오히려 연차휴가를 사용하는 것을 어렵게 만든다.

원래 유럽에서도 연차휴가를 좋은 때에 사용할 수 없었다. 일본은 여기에서도 이상(理想)이 성급하게 앞지른 것이다. 연차휴가는 고용주나 주변의 근로자에게 폐를 끼칠 가능성이 있다는 것을 전제로 그 사용방법을 정하는 편이 좋을 것이다.

1. 쉬지 않는 일본인

(1) 절반 미만의 사용률

본 장에서는 휴식 중에서도 특별히 중요성이 높은 '연차유급휴가(연휴)'를 다룬다. 일본인의 '많이 일하는' 중요한 원인의 하나로 '연차휴가의 미소화(未消化)'를 지적하는 목소리가 많다.

휴일은 실제로 어디까지 완전히 사용할 수 있는지는 그렇다 치더라도, '주휴제'는 일본의 고용사회에서 완전히 정착되어 있다. 주휴2일제도 매우 폭넓게 정착되어 있다. 후생노동성(역자주: 한국의 고용노동부와 보건복지부가 합쳐진 정부부처)의 「2014년 취로조건 종합조사」에 따르면, '어떠한 형태의 주휴2일제'를 채택한 기업 비율은 84.3%(전년 85.3%)이다. 하지만, 연차휴가의 단어를 모두가 알고 있어도 권리로 정착해 있다고 할 수는 없다.

연차휴가는 문자 그대로 1년 단위의 휴식으로 일정한 요건만 충족되면 매년 발생한다. 유럽과 미국에서는 바캉스(Vacance, Vacation, 휴가)의 습관도 있어 연차휴가는 근로자의 가장 중요한 권리의 하나이다. 이탈리아에서는 연차휴가는 헌법에서 포기할 수 없는 권리로 규정할 정도이다(제36조 제3항). 조금은 과장이 아닌가도 생각할 수 있지만, 그 만큼 근로자가 쟁취한 권리로서 소중히 여겨지고 있다(또한 1936년 ILO협약 제52호에서도 연차휴가를 얻을 권리를 포기하는 협정은 무효라고 한다). 실제로 유럽과 미국에서는 부여된 연차휴가는 모두 사용하고 있다. 부득이한 사정이 없다면, 연차휴가를 남기는 경우는 없다.

그런데, 일본에서는 법률상 연차휴가의 권리가 부여되었지만(노동기준법 제39조), 일본의 근로자들은 연차휴가를 절반 미만만 사용하고 있을 뿐이다. 앞에서 언급한 「2014년 취로조건 종합조사」에 따르면, 2013년(또는 2012회계연도) 1년 동안에 기업이 부여한 연차유급휴가일수(이월 일수는 제외)는 근로자 1인 평균 18.5일(전년 18.3일), 그 중 근로자가 사용한 일수는 9.0일(전년 8.6일)로 사용률은 48.8%(전년 47.1%)이다. 즉, 연차휴가의 절반 이상은 사용하지 못하고 '버려지고 있다'. 연차휴가는 법정일수는 2년의 시효에 걸리므로(노동기준법 제115조),[1] 연차휴가가 발생한 연도의 다음 연도까지만 행사할 수 있다.

(2) 연차휴가는 조건이 있는 권리

그렇다고 해도, 일본인은 연차휴가를 왜 사용하지 않는 것일까? 연차휴가에는 '휴게' 또는 '휴일'이라는 다른 휴식 형태와 비교해 보면, 마찬가지로 근로자의 권리로서 보장하지만 크게 다른 부분이 있다. 연차휴가는 근로자가 사용을 희망하지 않으면(즉 권리를 행사하지 않으면) 사용할 수 없는 것에 반해, 휴게나 휴일은 고용주 측에서 부여하지 않으면 법률을 위반하는 것이 된다. 즉, 연차휴가는 조건이 있는 권리라는 특징이 있다.

그렇지만 이 조건은 결코 엄격하지는 않다. 즉 근로자가 권리(시기지정권(時季指定權))를 행사하기만 하면 되기 때문이다. 오히려 이 조건은 근로자가 사용하려는 시기에 연차휴가를 사용할 수 있어 근로자에게 유리하다. 유럽과 미국에는 시기지정권은 없다.

이러한 시기지정권의 사례로는 연차휴가 이외에 출산 전·후의 휴업(노동기준법 제65조 1항), 육아휴업(육아개호휴업법 제5조),[2] 자녀의 간호를 위한 휴가(동법 제16조의 2, 자녀간호휴가),[3] 개호휴업(동법 제11조), 개

---

1 <역자주> 한국에서는 근로자가 연차휴가를 사용하지 아니하고 1년의 기간이 경과한 때에는 근로자의 유급휴가는 소멸한다(근로기준법 제60조 제7항). 또한, 사용자의 금전보상의무를 면제하는 연차휴급휴가의 '사용촉진제도'를 두고 있다(제61조).

2 <역자주> 한국에서는 '육아휴직'에 대하여 영유아가 만 8세 이하 또는 초등학교 2학년 이하의 자녀(입양한 자녀 포함), 1년 이내 최대 2회로 분할사용, 무급(다만, 일부 생계비 지원)(기간제/파견근로자 포함)이다(남녀고용평등법 제19조).

3 <필자주> 한국에서는 가족(부모, 배우자, 자녀 또는 배우자의 부모)의 질병, 사고, 노령으로 인

호휴가(동법 제16조의 5) 등이 있다. 이러한 휴업이나 휴가도 근로자가 권리를 행사해야만 사용할 수 있다. 하지만 연차휴가 이외는 휴식이 아니라, 휴업·휴가의 목적이 특정해 있다. 이와 비교하면, 연차휴가는 판례상 그 목적은 자유이며(이에 고용주는 연차휴가를 사용하는 용도의 목적을 묻는 것은 원칙적으로 허용하지 않는다), 시기도 자유롭게 결정할 수 있어 근로자가 사용하기 매우 좋은 권리이다.

그러면 일본인은 연차휴가를 왜 절반 이하로 사용하는 것일까?(이하는 小倉 2003, 238면도 참조).

첫째 이유는 근로자가 연차휴가를 아플 때 등에 대비해 거의 사용하지 않는다는 것이다. 유럽에서는 병가가 법률이나 단체협약에 유급으로 보장된 경우가 많고, 그렇다면 일부러 연차휴가를 사용할 필요가 없다.

둘째 이유는 업무량이 많아서 연차휴가의 사용이 어렵다는 것이다. 여기서는 직무 범위가 한정되지 않은 일본의 정규직이 가진 특유한 사정도 관련이 있다. 자신이 맡는 업무범위가 불명확하고, 업무를 집단적으로 수행하고 있는 일본의 정규직은 자신이 결근하게 되면 다른 사람의 업무량이 늘어나 버리기 때문에 아무래도 휴가의 사용을 주저하게 된다(이것은 잔업을 연장하는 원인도 된다).

이러한 상황에서 다른 사람의 업무량을 늘리지 않고 계속 일하는 근로자가 높게 평가받는 경향도 있다. 이렇게 되면 연차휴가의 사용은 더욱 어렵게 된다.

실제로 연차휴가는 정규직보다도 비정규직 쪽이 사용하기 쉽다는 이야기도 있다. 정규직은 직무범위가 한정되지 않고 장기간의 근로관계가 있어 연차휴가를 사용해 상사나 다른 동료에게 폐를 끼치는 것을 피하

하여 그 가족을 돌보기 위한 휴직, '가족돌봄휴직'제도가 있다(최장 90일, 1회 30일 이상)(남녀고용평등법 제22조의2 제1항, 제3항).

려고 한다. 반면에 비정규직은 장기간의 근로관계가 아니기 때문에 자신의 권리는 제대로 행사하려는 의식을 쉽게 가진다. 이렇게 일반적으로는 약한 입장에 있다는 비정규직이 연차휴가를 쉽게 사용한다는 아이러니한 현상이 발생한다.

　이상과 같이, 일본에서 확실하게 연차휴가를 적게 사용한 상황을 대체로 설명할 수 있다. 하지만, 그 밖에 법제도적인 요인도 충분히 관계할 수도 있다. 다음에서는 이 점에 대하여 살펴본다.

연간 휴일일수의 국제비교

(일)

	주휴일	주휴일 이외의 휴일	연차유급휴가	연간휴일수 (합계)
일본	104	15	18.3	137.3
영국	104	9	24.7	137.7
독일	104	10	30.0	144.0
프랑스	104	9	30.0	143.0
이탈리아	104	11	28.0	143.0

＊ 주: 独立行政法人労働政策研究·研修機構홈페이지, 「データブック国際労働比較 2014」에서 발췌.

2. 일본의 연차휴가제도

우선 일본의 연차휴가법제를 확인해 보자.

(1) 연차휴가권은 어떠한 경우에 발생하는가?

　연차휴가의 발생 요건은 고용일부터 기산해 6개월간 계속근무하고, 전체 근로일의 80% 이상 출근해야 한다. 이 요건을 충족하면 그 고용일로부터 6개월 경과한 시점에서 그로부터 1년 중에 10일(근로일, 한국은

15일)의 유급휴가를 사용할 수 있다(노동기준법 제39조 제1항).[4] 예를 들어 2015년 4월 1일에 고용된 근로자는 그 후 반년 간에 전체 근로일의 80% 이상을 출근하면 2015년 10월 1일에 그 후 1년간(2016년 9월 30일까지 동안에) 10일의 연차휴가를 사용할 수 있다.

게다가 1년 6개월 이상 계속근무한 근로자는 고용일부터 기산하여 6개월을 초과하여 1년마다, 전체 근로일의 80% 이상 출근하면 그후 1년간에 다음과 같은 유급휴가일수를 사용할 수 있다.

계속근무기간이 1년 6개월인 자는 11일, 2년 6개월인 자는 12일, 3년 6개월인 자는 14일, 4년 6개월인 자는 16일, 5년 6개월인 자는 18일, 6년 6개월인 자는 20일이다(이상 제39조 2항). 즉, 근속기간이 길어짐에 따라 최대 20일까지 사용가능한 연차휴가일수는 늘어난다.[5]

'단시간근로자'와 같이 소정의 근로일수가 짧은 자도 연차휴가권이 있다. 1주간의 소정 근로시간이 30시간 이상인 근로자에게는 통상의 근로자와 동일하게 연차휴가를 사용할 수 있다.[6] 그 밖의 근로자도 소정의 근로일수에 비례한 연차휴가일수를 사용할 수 있다(제39조 3항, 노동기준법 시행규칙 제24조의 3).

(2) 연차휴가를 바라면서 쉬어서는 안 된다!

80%의 출근률 요건이 있어 20%를 초과해 결근하면, 그후 1년간은

---

4 <역자주> 한국에서는 근로자가 1년간 전체 근로일을 80% 이상 출근한 경우에는 15일의 연차 유급휴가권이 발생한다(근로기준법 제60조 제1항). 다만, 한국은 계속근로기간이 1년 미만인 근로자 또는 1년간 80% 미만 출근한 근로자에 대해서도 1개월 개근시 다음 달 첫날에 1일의 연차 휴가가 발생한다(제60조 제2항).

5 <역자주> 한국에서는 사용자는 3년 이상 계속 근로한 근로자에 대하여는 최초 1년을 초과하는 계속 근로연수 매 2년에 대하여 1일을 가산한 유급휴가를 주어야 한다. 이 경우 가산휴가를 포함한 총휴가일수는 25일을 한도로 한다(근로기준법 제60조 제4항).

6 <역자주> 한국에서는 '초단시간근로자'(1주의 소정 근로시간이 15시간 미만인 근로자, 근로기준법 제18조 제3항)에 대해서는 연차휴가와 주휴일이 적용되지 않는다.

연차휴가를 전혀 사용할 수 없다. 하지만 결근에는 다양한 유형이 있다. 근로자가 자신의 사정으로 쉰 경우에 결근은 당연하지만, 결근에 어떠한 정당성이 있으면 이야기는 달라진다.

　이 점에 법률의 규정은 업무상 부상 또는 질병요양을 위하여 휴업한 기간, 「육아개호휴업법」(育兒介護休業法)에 따른 육아휴업 내지 개호휴업의 기간, 출산 전후의 휴업기간을 출근으로 본다(노동기준법 제39조 8항).7 또한, 행정해석은 연차휴가를 사용하고 쉰 일수도 출근한 것으로 인정한다.

　또한, 법원의 판결에 따라 해고가 무효로 확정된 경우에 해고된 후부터 복귀까지의 기간도 출근한 것이다. 한편, 불가항력으로 휴업일, 사용자 측에 기인하는 경영·관리의 장애로 휴업일, 정당한 쟁의행위로 노무를 제공하지 않았던 날 등은 '근로일'에 포함하지 않는다(즉 출근율의 산정에서 분모에도 분자에도 불포함).

(3) 근로자가 연차휴가를 지정한다

　연차휴가는 앞에서 살펴본 것처럼, 근로자가 시기(時季)를 지정해 사용한다(노동기준법 제39조 제5항 본문). 이를 시기지정권(時季指定權, 한국에서는 '시기지정권')이라고 한다.8 '시기'로 되어 있기 때문에 사용하고 싶은 계절을 지정하는 것도 되지만, 통상적으로는 특정한 날을 지정한다.

　연차휴가를 사용할 때 고용주의 승인이 필요한 경우도 있지만, 법상 고용주의 승인이 없어도 연차휴가를 사용할 수 있다. 시기지정권은 근로자가 일방적으로 행사할 수 있는 권리이기 때문이다.

---

7 <역자주> 한국에서는 근로자가 업무상 부상 또는 질병으로 휴업한 기간과 임신 중의 여성(90일, 사산의 경우 포함)이 휴가로 휴업한 기간은 출근한 것으로 본다(근로기준법 제60조 제6항).

8 <역자주> 한국에서도 연차휴가시기는 근로자가 청구한 시기에 주어야 한다(근로기준법 제60조 제5항 본문 전단).

이에 고용주는 근로자가 지정한 시기에 연차휴가를 사용하게 하여 근로의무를 면제할 의무를 가진다. 하지만, 예외로서 근로자의 "청구된 시기에 유급휴가를 부여하는 것이 사업의 정상적인 운영을 방해하는 경우에는 다른 시기에 이것을 부여할 수 있다'(동항 단서). 이를 '시기변경권(時季変更権, 한국에서는 '시기변경권')'이라고 한다.9

시기변경권은 근로자가 지정한 시기에 연차휴가의 사용을 저지하는 권리에 불과하고, 고용주가 다른 시기의 연차휴가를 지정할 수는 없다. 어디까지나 연차휴가의 시기지정은 근로자가 행한다. 앞에서 살펴본 고용주에 의한 연차휴가의 승인은 법상 고용주가 시기변경권을 행사하지 않는다는 의사의 표명으로 해석해야 할 것이다.

시기변경권의 행사가 인정되는 것은 연차휴가를 사용받으면, '사업의 정상적인 운영을 방해하는 경우'이지만, 단순히 '사업의 정상적인 운영을 방해하는 것'만으로 시기변경권이 인정되지는 않는다. 최고재판소의 판례는 고용주에게는 '가능한 한 근로자가 지정한 시기에 휴가를 사용할 수 있도록 상황에 따라 배려할 것'을 요청하고 있다. 예를 들어 고용주가 통상 배려하면 대체근무자를 배치할 수 있는 상황에 있는데, 그러한 배려를 하지 않고 대체근무자를 배치하지 않는 경우에는 이를테면 객관적으로 보면, 사업의 정상적인 운영을 방해하는 경우라도 시기변경권의 행사가 유효하다고 인정하지 않는다(電電公社弘前電報電話局 사건 <最2小判 1987. 7. 10., 最重判 119>).

(4) 어떠한 목적으로 사용해도 상관없다

법률의 조문에는 명기하지 않았지만, 판례에서는 연차휴가의 자유이

---

9 <역자주> 한국에서는 구체적인 시기지정에 대한 사용자의 변경권의 행사는 의사표시로서 행해지고, '사업운영에 막대한 지장이 있음'을 이유로 하는 것이 충분하며, 이때 사용자는 대체가능한 날을 제시할 필요는 없다(근로기준법 제60조 제5항 단서).

용의 원칙을 인정하고 있다. 앞에서 살펴본 것처럼, 연차휴가의 시기지정은 근로자가 일방적으로 할 수 있는 것으로, 거기에는 어떠한 목적에서의 사용도 허용한다는 의미도 포함하고 있다. 상사가 호기심으로 부하의 연차휴가를 사용하는 목적을 묻는 것은 연차휴가제도의 취지에 반하는 행동이다(근로자의 프라이버시 침해이기도 하다).

하지만, 근로자의 연차휴가사용에 대하여 '사업의 정상적인 운영을 방해'하기 때문에 시기변경권을 행사하는 경우 고용주가 근로자의 연차휴가의 사용 목적(예, 친척 결혼식의 참가)에 따라 시기변경권을 행사하지 않으려면 목적을 묻는 것은 적법하다고 해석한다.

(5) 분할해 사용해도 된다

연차휴가는 계속해 사용하거나 분할해 사용할 수도 있다(노동기준법 제39조 제1항). 당초에는 연차휴가는 1일 단위로 이해되었지만, 고용주가 승인하면 '반일(半日) 연차휴가'도 가능하다고 보았다. 그 후에 2008년 노동기준법을 개정해 5일 분을 한도가 있지만, 고용주와 과반수대표와 노사협정을 체결하면 시간 단위로 연차휴가를 사용할 수도 있게 하였다(제39조 제4항).[10]

법문상 규정이 없지만, 연차휴가는 분할해 사용하기보다도 계속해 사용하는 편이 바람직한 것은 입법 제정시부터 의식하고 있었다. 예를 들어 테라모토 코우사쿠(寺本廣作)씨는 기초일수(당초는 6일)의 분할을 인정했던 것은 "일정 기간 계속적으로 심신의 휴양을 도모한다는 연차유급휴가제도 본래의 취지를 현저하게 몰각한다"고 언급하였다. 다만, "일본의 현장에서는 근로자에게 연차유급휴가를 유효하게 이용하기 위한

---

10 <필자주> 한국에서는 연차의 반일휴가제도는 법상 규정이 없다. 다만, 실무상 단체협약이나 취업규칙에 의한 '반일휴가제도'를 운용하는 사례는 있다.

시설도 적고, 근로자는 생활의 물자를 획득하기 위하여 주휴 이외에 휴일을 필요로 하는 상황에 있다"라고(寺本 1998, 250면. 표기는 현대어로 수정) 분할 사용을 인정한 경위를 설명하고 있다.

앞에서 살펴본 것처럼, 병가 제도가 법정되지 않은 일본에서는 아프게 되었을 때에 연차휴가로 충당하는 것이 일반적이다. 현재에는 '자녀간호휴가제도'가 「육아개호휴업법」(2004년 개정시 의무화)에서 규정하고 있지만, 그 이전에는 자신 이외에 자녀의 병에도 충당할 휴가를 남겨둘 필요가 있었다. 현재에도 연차휴가 이외의 휴가는 기본적으로는 무급이므로(육아휴업이나 개호휴업처럼 고용보험에서 일정한 소득보전이 있는 경우도 있지만), 역시 유급인 연차휴가의 의미는 크다.

시간단위 연차휴가의 도입도 일상생활상 니즈(욕구)에 연차휴가를 충당하는 니즈가 높은 점(동시에 미사용한 연차휴가의 사용촉진)에 대응한 것이다.

특히, 병으로 연차휴가를 남겨두면, 자신이나 가족이 언제 아프게 될지 예상하는 것이 어렵기 때문에 연차휴가를 연속 사용해 일시적으로 사용하는 것을 억제하는 요인이 된다. 이것이 일본에서 장기 연속휴가를 사용하기 어렵고, 그 때문에 연차휴가 사용도 촉진하지 못하는 이유 중 하나가 되었다.

(6) 모아서 사용은 어렵다

그 밖에 법적으로도 장기 연속휴가를 사용하는 것이 어려운 사정이 있다. 장기 연속휴가를 사용하려면, '사업의 정상적인 운영을 방해'하게 되어 시기변경권을 행사하는 것이 쉽게 되기 때문이다.

실제로 판례에 의하면, 장기 연속휴가 시에 고용주는 가능하면 근로자가 지정한 시기에 휴가를 사용할 수 있도록 상황에 따라 배려할 필요가 있지만, 근로자가 고용주와 사전에 조정할 필요가 있다. 이렇게 조정하지 않을 경우 고용주가 시기변경권을 행사하는 것이 유효하다고 인정하기 쉬워진다(時事通信社 사건<最重判 121>). 장기 연속휴가는 근로자의 휴식인 점에서는 바람직하지만, 업무에 지장을 초래할 우려가 있기 때문에 법적으로도 시기변경권의 벽에 가로막힐 가능성이 많다. 이것으로는 유럽과 미국 수준의 바캉스를 즐기는 것은 어렵다.

(7) 계획연차휴가제도

연차휴가의 사용을 촉진하기 위하여 1987년 노동기준법을 개정해 '계획 연차휴가제도'를 도입하였다.[11] 이것은 고용주와 과반수대표 사이에 노사협정을 체결해 연차휴가일을 특정하는 것이다. 계획 연차휴가협정에서 규정된 일수분에 대해서는 근로자는 시기지정권을 잃게 되고, 이 연차휴가일에 대하여 고용주도 시기변경권을 행사할 수 없다. 다만, 계획 연차휴가제도에서 연차휴가가 인정되어도 근로자는 최저 5일분의 연차휴가(직접 시기지정할 수 있는 자유연차휴가)를 유지할 수 있다(노동기준법 제39조 제6항).[12]

계획연차휴가는 근로자 개인이 시기지정을 통하여 연차휴가를 사용하는 것이 어려워 도입하였지만, 아쉽게도 연차휴가의 사용이 크게 늘어났다는 이야기는 듣지 못한다.

(8) 연차휴가의 사용에 대한 불이익 취급

연차휴가를 사용한 날은 다음 연도의 연차휴가 사용과의 관계에서는 출근으로 보는 것은 앞에서 살펴본 것과 같다. 하지만, 그 밖의 부문에서 연차휴가사용으로 결근을 어떻게 취급해야 할 것인지는 반드시 명확

---

11 <필자주> 한국에서는 연차유급휴가제도를 개선하고 휴가사용을 활성화할 필요성으로 '사용촉진제도'를 두고 있다(근로기준법 제61조).
12 <필자주> 한국에서는 '자유휴가제도'를 도입하고 있지 않다.

하지 않다. 연차휴가를 사용하면 고용주가 싫어하고 자신의 평가에 영향을 미치게 되면 근로자는 연차휴가를 사용하는 것이 어렵게 된다.

이러한 점에서 1987년 법을 개정해 노동기준법의 부칙 제136조에서 연차휴가를 사용한 근로자에 대하여 "임금의 감액, 그 밖의 불이익 취급을 하지 않도록 해야 한다"고 규정을 두었다.

판례에서 이 규정은 그 문언에서 노력의무 규정에 불과하고, 이 규정을 근거로 하여 고용주가 행한 불이익 취급이 무효라고 해석하고 있지 않다(沼津交通 사건<最重判例 123>).

그러면 이러한 불이익 취급이 당연히 유효한가 하면. 그렇지는 않다. 이 사건에서 쟁점은 '개근수당'을 지급하는데, 연차휴가의 사용일을 결근으로 보았던 사안(결근이 1일인 경우 반액, 결근이 2일 이상인 경우 부지급으로 되어 있었다)이었다. 최고재판소는 이렇게 취급하는 것의 효력은 "그 취지, 목적, 근로자가 잃은 경제적 이익의 정도, 연차유급휴가의 사용에 대한 사실상의 억지력의 강약 등 제반 사정을 종합하여 연차유급휴가를 사용할 권리의 행사를 억제하고, 나아가 같은 법이 근로자에게 위의 권리를 보장하는 취지를 실질적으로 잃게 하는 것으로 인정"되는지 여부에 따라 결정된다고 언급하였다.

이 사례에서는 '개근수당'을 두는 것에 대하여 업무상 필요성이 있고, 또한 개근수당의 금액이 크지 않다는 사정을 고려해 고용주의 취급은 유효하다고 판단하였다. 다만 연차휴가를 사용함으로써 잃은 금전적인 이익이 다액(多額)이고, 이 점에서 업무상의 필요성이 인정되지 않는 것과 같은 사례라면, 연차 휴가사용에 대한 실질적인 억지력이 크다고 판단해 이러한 조치를 무효로 판단할 가능성은 충분하게 있다.

그렇지만, 이러한 룰은 미묘한 법적 판단을 필요로 한다. 게다가 연차휴가에 대한 직접적인 불이익을 허용하지 않는다고 해도, 연차휴가의 사용을 부정적으로 평가하는 것이 어느 정도까지 허용하지 않을 것인지는 불확실하다. 이러한 상황도 연차휴가사용에 대한 부정적인 요인이다.

(9) 연차휴가의 매수는 허용되는가?

연차휴가를 실제로 사용하지 않고, 그 만큼을 고용주에게 매수(買上げ)하게 하는 것은 인정되는가? 어차피 연차휴가를 사용하는 것이 어렵다면 그 대신에 금전을 받는 편이 좋다고 생각하는 근로자가 일본이라면 많을지도 모른다.

이 점에 대한 법률 규정은 없지만, 행정해석은 "연차유급휴가를 매수하는 예약을 하고, 이를 근거로 법 제39조의 규정에 따라 청구할 수 있는 연차유급휴가의 일수를 줄이지 않고 청구된 일수를 부여하지 않는 것은 법 제39조 위반이다."라고 하고 있다. 예를 들어 고용주가 근로자 간에 연차휴가권을 수당지급으로 대체시킨다는 합의를 해도 법적 효력이 없고, 여전히 고용주는 본래의 연차휴가일수를 부여할 의무를 계속해 가지게 된다.

그러나 연차휴가권이 시효나 퇴직을 이유로 사용하지 못한 채로 소멸한 경우에 그 만큼에 대한 금전지급은 적법하다고 해석하고 있다.[13]

3. 외국의 연차휴가제도

이상에서 살펴본 것이 일본에 있어 현행 연차휴가제도의 주된 내용이다. 근로자가 지정한 시기에 연차휴가를 사용할 수 있다는 점은 근로자에게 유리한 것처럼 생각되지만, 고용주는 인원배치의 문제 등도 있어 불리한 제도라고 볼 수 있을지도 모르겠다. 실제로 연차휴가의 사용률

---

13 <필자주> 한국의 경우 연차휴가임금, 연차유급휴가미사용수당, 연차휴가근로수당은 3년의 시효로 소멸한다(대법원 1995.6.29. 선고 94다18533 판결).

이 절반 이하이기 때문에 고용주에게 연차휴가제도의 문제는 심각한 형태로는 분명하게 드러나지 않을지도 모른다. 하지만, 연차휴가제도의 본래 모습을 생각하면, 일본 제도의 내용은 개선할 점이 많다고 본다. 원래 사용률이 낮은 것 그 자체가 문제이다.

다음에서는 외국의 연차휴가제도를 소개하고, 일본법과 어떻게 다른 내용이 있는지, 그리고 참고할 점은 없는지를 검토해 보고자 한다.

(1) 미국

미국은 근로시간을 앞서 본 것처럼, 1주 40시간을 초과하는 경우 50% 이상의 가산임금으로 규제할 뿐이다. 연차휴가도 법률로 보장하고 있지 않다. 하지만 단체협약의 수준에서는 연차휴가를 폭넓게 보급하고 있다.

(2) 유럽연합의 근로시간 지침

EU(유럽연합)의 「근로시간 지침」(2003/88/EC)에는 앞에서 언급한 것처럼, 연차휴가 규정이 있다. 즉, 최저 4주간의 연차유급휴가를 부여하고, 고용이 종료할 때를 제외하고 대체수당을 지급하는 것으로 전환을 금지하고 있다.

(3) 영국

「근로시간 규제」(Working Time Regulations, 1998)에 따르면, 근로자는 연 4주 간의 연차휴가를 사용할 권리를 가진다. 다만, 사용하려면 13주간 이상의 근속기간이 필요하다.

연차휴가는 분할해 사용할 수 있지만, 그 권리가 발생한 연차휴가 내에서만 사용할 수 있다. 고용을 종료한 경우 이외에는 수당을 지급하는 것으로 대체해서는 안 된다.

근로자는 연차휴가를 사용할 경우 사용하려는 휴가기간의 2배 기간에 사전 통지할 필요가 있다. 한편, 고용주는 특정일에 휴가의 사용을 요구하거나 금지할 수 있다. 이 때에 사용을 요구할 경우에는 요구하는 일수의 2배 분의 일수의 사전 통지가 필요하고, 사용을 금지할 경우에는 금지하는 일수와 같은 일수 분에 사전에 통지할 필요가 있다.

(4) 독일

연차휴가는 근로시간을 규제하는 법률(근로시간법)과는 다른 「연방휴가법」에서 보장하고 있다.

먼저, 근로관계의 연속이 6개월 이상인 근로자는 1역년(曆年, 책력상의 1년)에 대하여 24일 이상의 유급휴가를 사용할 권리를 가진다.

유급휴가의 시기를 확정할 경우에는 근로자의 희망을 고려한다. 다만, 긴급한 경영상 이유가 있는 경우 또는 사회적 관점에서 우선되는 다른 근로자가 휴가를 희망하는 일자와 중첩되는 경우에는 이에 해당하지 않는다.

유급휴가는 연속해 사용할 수 있다. 하지만 긴급한 경영상의 이유 또는 근로자 개인적 이유에 의해 필요하다면 분할해 사용할 수 있다. 근로자가 12일을 초과하는 유급휴가권의 경우 분할된 유급휴가도 적어도 12일은 연속해야 한다.

(5) 프랑스

근로시간 규제와 마찬가지로 연차유급휴가는 「노동법전」에 규정을 두고 있다.

먼저, 1년 간(6. 1-다음 해 5. 31.)에 10일 이상 연속 근무한 근로자에게는 매년 유급휴가를 사용할 권리가 있다.

연차휴가의 부여일수는 1개월 간의 실근로에 대하여 2.5근로일로, 상한은 30일이다. 1개월간의 실근로란 4주간 또는 24일의 근로를 말한다. 연차휴가의 사용기간은 단체협약에 규정하고 있다. 하지만, 반드시 매년 5월 1일－10월 31일의 기간을 포함하고 있다. 연차휴가의 사용방법도 단체협약에 규정하지만, 단체협약이 없다면 고용주가 관행을 참조하면서 근로자대표와 기업위원회가 협의한 후에 결정한다. 그 때에는 휴가의 순서는 가족 상황이나 근무연수 등을 고려한다. 부부나 PACS(동성혼 등)의 파트너가 동일한 사용자 아래에서 근무하는 경우에는 동시에 사용할 권리가 있다. 우선 결정된 휴가 순위나 사용일은 사용 예정일의 1개월 전 이후에는 예외적인 경우를 제외하고 변경할 수가 없다.

1회에서 사용 휴가기간은 24일을 초과할 수는 없다. 12일(근로일) 이하의 휴가는 연속해 부여해야 한다. 즉 연차휴가일수가 12일 이상인 경우 근로자는 최저 12일(최고 24일)은 연속해 사용해야 한다.

또한 프랑스에서는 '시간적립계좌(Compte Epargne－Temps)'제도가 있다. 연차휴가 그 밖의 휴가 등을 적립하고 사후에 사용하는 제도도 있다.[14] 명칭은 닮아 있지만 독일의 '근로시간적립계좌'와는 다른 것이다.

(6) 이탈리아

헌법에서 근로자는 연차유급휴가를 요구할 권리가 있고, (앞에서 언급한 것처럼) 이를 포기할 수 없다고 규정하고 있다.

이에 「민법전」에는 기본 규정을 두고 있다. 즉 근로자는 계속근무 1년 후에 연차휴가를 사용할 권리가 있다. 휴가사용은 가능하면 연속해야 한다. 휴가기간은 기업이 기업의 필요성과 근로자의 이익을 고려해

---

14 <역자주> 프랑스의 '개인훈련계좌제'(Compte Personnel de Formation)는 16세 이상의 모든 취업자 또는 구직자가 직업훈련에 참여할 수 있는 제도인데, 전일제 근로자의 경우 1년에 24시간 한도 내에서 5년간 총 120시간까지 적립할 수 있고, 그 다음에는 150시간이 될 때까지 1년에 12시간을 적립할 수 있다.

결정한다. 그 기간은 사전에 근로자에게 통지해야 한다.

또한 2003년에 「EC지침」을 국내법화하기 위하여 제정된 법률에는 연차휴가를 다음과 같이 규정하고 있다.

근로자는 4주간 이상의 유급휴가(有休)인 연차휴가를 청구할 권리를 가진다. 근로자가 이 기간을 청구해 분할사용할 수 있다. 하지만, 이 경우에도 2주간 이상은 연속하고, 동시에 그 휴가가 발생한 해에 사용해야 한다. 남은 2주간은 늦어도 그 해의 종료일로부터 18개월 이내에 사용해야 한다.

4주간의 기간에 대해서는 미사용한 휴가를 수당으로 대체할 수 없다. 하지만 고용관계가 종료된 경우에는 다르다.

4. 일본과 유럽 및 미국의 연차휴가제도의 차이는 어디에 있는가?

유럽의 연차휴가제도를 보면, 특히 독일, 프랑스, 이탈리아의 경우는 공통된 몇 가지의 룰이 있다.

먼저, 연차휴가는 원칙적으로 연속해 사용한다. 12일 이상의 연차휴가일수가 있다면, 적어도 12일간은 연속 사용을 요구하고 있다. 쪼개어 분할사용을 인정하지 않는다. 1일 단위, 나아가 시간 단위로도 사용할 수 있는 일본의 연차휴가제도는 유럽의 감각에서는 더 이상 연차휴가에 해당되지 않는다고도 할 수 있다.

연차휴가의 사용은 독일이나 이탈리아의 경우 법률에서는 고용주가 주도해 결정하고 있다. 근로자의 이익을 고려하는 것은 필요하지만, 연차휴가의 사용일을 확정하는 권한은 고용주에게 있다. 영국에서도 고용주는 연차휴가의 시기를 결정하는데에는 강력한 권리가 있다. 어느 경우이든 근로자가 시기지정권을 가진다는 일본 시스템은 근로자에게 바람직한 것이지만 너무 이상적이고 비현실적이다. 시기지정권과 시기변경권을 주고 받게 해 연차휴가일을 특정하는 방법은 유럽과 미국에도 없는 방법이고, 하물며 일본의 고용사회의 풍토에는 어울리지 않는 것이다. 일본의 연차휴가의 사용률이 낮은 가장 중요한 원인은 이 연차휴가의 사용방법에 있다고 해도 지나친 말이 아닌 것이다.

또한 전체 근로일의 80% 출근을 요건으로 하거나 근속연수에 따라 연차휴가일수가 늘어나는 일본의 연차휴가제도가 채택하고 있는 룰을 채택한 국가는 없었다. 하지만 후자의 근속연수에 따른 연차휴가일수의 증가는 ILO 제52호 협약에서도 이미 규정되어 있었던 것으로 유럽에서는 연차휴가일수가 늘어났기 때문에 필요가 없었다고 추측할 수 있다. 한편, 전체 근로일의 80% 이상의 출근 요건은 제2차 세계대전 후 근로자의 근로 의욕이 감퇴하고 있던 상황을 고려해 출근률이 나쁜 근로자에게 연차휴가를 부여하지 않기 위하여 마련한 것이다. 하지만, 연차휴가의 법적 성질에 대하여 근로자의 공로보상의 요소를 가지게 되어, 일하는 근로자의 보양(保養)이라는 취지를 약화시킨 것이 아닌가 생각한다(전년도의 출근률이 나빠도 그 해의 근로에 대한 휴식은 필요하다).

한편, 연차휴가의 사전 매수(연차휴가를 금전적인 수당으로 대체)는 유럽과 일본 모두 금지하고 있다. 하지만, 일본에서는 오히려 연차휴가를 굳이 남겨 두려는 (이로 인해 미사용으로 끝난다) 경우가 많아 사전 매수 문제는 심각한 것이 되기 어렵다는 부분에서 차이가 있다.

근로시간 제도개혁론은
무엇을 논의해 왔는가?

기획업무형 재량근로제를 도입한 후 15년여가 지났다. 그 동안 일본의 화이트칼라와 관련된 근로시간제도개혁은 거의 진전되지 않았다. 급속하게 변화하는 시대에서 15년은 너무 길다. 그 동안 화이트칼라 이그젬션을 둘러싼 논의는 있었고, 그 제도의 도입을 실현하기까지 매우 근접한 적도 있었다. 하지만, 이것은 2009년의 민주당 정권의 탄생으로 멀어진 감이 있었다. 2013년 화이트칼라 이그젬션은 한 사람 총리의 차질(蹉跌)과 복권이라는 명운(命運)에 질질 끌린 것같이 재차 논의의 정식무대로 복귀하였다. 이제 무대에서 포기하는 일은 없을 것이다.

1. 근로시간 제도개혁론은 언제 시작되었는가?

지금까지 살펴본 것처럼, 일본의 근로시간 규제는 변천하면서 발전하였다. 하지만, 그 주된 내용은 실제로는 1947년 시점과 크게 달라지지 않았다. 이른바 기초 부분은 그대로이고, 그 후에 생겨난 니즈에 대응해 증축해 온 것과 같다. 하지만 이러한 미봉책으로 계속 대처하는 것은 한계에 이르렀다.

이러한 가운데 근본적인 개혁을 하려는 동향이 있었다. 이것은 다른 두 방향을 지향하였다. (ⅰ) 건강을 확보하기 위하여 근로시간의 규제를 '강화'하는 것이다. (ⅱ) 화이트칼라 근로에 적합한 근로시간법제를 만들기 위하여 규제를 '탄력화'(彈力化)하는 것이다. 후자는 보호의 규제를 후퇴시켜서 반발도 강하고, 정치적인 쟁점도 되었다.

(1) 기획업무형 재량근로제의 도입

일본은 1987년 노동기준법을 개정할 당시에 근로시간의 규제를 크게 수정하였다. 그 당시에 국가정책으로서 '근로시간 단축정책'의 중요성은 점차 약해졌다. 그 후에 '근로시간 규제의 탄력화'는 보다 중요한 과제가 되었다. 1998년 노동기준법을 개정할 당시에는 '기획업무형 재량근로제'를 도입한 것은 이러한 규제의 탄력화를 이끌어낸 하나의 정점이었다. 하지만, 이와 병행해 화이트칼라에 대한 근로시간 문제를 직시하여 '새로운 적용제외제도'(화이트칼라 이그젬션)를 본격적으로 검토하기 위하여 서장(序章)을 여는 것이었다.

기획업무형 재량근로제에 대하여 하마구치 게이이치로(濱口桂一郎)씨는 "화이트칼라와 관련된 근로시간제도의 양상에 대하여 그 생산성의 향상이라는 문제의식에서 유럽 및 미국의 적용제외제도를 도입하려는 발상과, 서비스잔업을 문제시하는 관점에서 그 근로시간 관리를 적정화

해야 한다는 견해의 틈에서 발생한 것이라는 부분이 있다."고 언급하고
있다(濱口 2003).

그런데 이러한 법 개정에서 실제로 만들어진 제도는 규제에 얽혀 있
어서 매우 사용하기 어려웠다. 이 점은 기획업무형 재량근로제도에 대
한 낮은 이용률(2014년에 도입기업 0.8%)에서도 알 수 있다. 이러한 어중
간한 제도의 도입이 화이트칼라 이그젬션의 도입론을 촉발시킨 계기가
되었다.

(2) 「종합규제 개혁회의」에서의 문제제기

현재까지 계속되는 근로시간제도의 개혁론에 대하여 계기가 되었던
것은 「종합규제개혁회의」의 「규제개혁의 추진에 관한 제1차 답신」
(2001. 12. 11.)이라고 생각한다. 이 답신에서는 장기적인 경제·사회의
구조변화(고령화, 글로벌화로 대표되는 국제경쟁 환경의 변화, 소비자 선택
의 다양화로 대표되는 국내 경쟁환경의 격화, IT(정보기술)화로 대표되는 기
술구조의 급속한 변화 등)를 바탕으로 재량근로제의 확대를 제안하는 한
편, 다음과 같이 제언하였다.

> "현행 재량근로제는 간주근로시간제를 채택하고 있으며, 근로시
> 간 규제의 적용제외를 인정한 것은 아니다. 하지만, 그 본질은 "업
> 무수행의 수단 및 시간배분의 결정 등에 관하여 그 업무에 종사하는
> 근로자에게 구체적인 지시를 하지 않는 것"에 있다는 점을 기초로,
> 관리감독자 등과 마찬가지로 근로시간 규제의 적용제외를 인정하는
> 것이 본래의 모습이라고 생각한다. 따라서 중장기적으로는 미국의
> 화이트칼라 이그젬션 제도를 참고하면서, 재량성이 높은 업무에 대
> 해서는 적용제외방식을 채택하는 것을 검토할 필요가 있다. 또한 그
> 때 현행 관리감독자 등에 대한 적용제외제도의 바람직한 양상에 대

해서도 야간업에 관한 규제의 적용제외가 적법한 것인지 여부를 포
함해 함께 검토할 필요가 있다."

여기서는 '미국의 화이트칼라 이그젬션'이라는 단어를 사용해 미국의
제도를 참고하면서 재량근로제나 관리감독자제의 재검토를 바탕으로 한
적용제외제도의 검토를 제안하였다.

2001년은 바로 '일본노동법학회'(日本労働法学会)가 총력을 결집해 완
성시킨 「강좌 21세기의 노동법」(講座21世紀の労働法, 有斐閣, 2000)을 발
행한지 1년 정도 지난 시기였다. 제5권 '임금과 근로시간'의 '제9장 근로
시간 규제의 목적과 수단'이라는 논문에서 호세이(法政)대학의 하마무라
아키라(浜村彰) 교수는 다음과 같이 말하였다.

"경제의 서비스화·인터넷화, 산업구조의 고도화·소프트화와 기
술혁신이 한층 더 진전됨으로써 텔레워크를 비롯한 취업형태의 다
양화와 지적·창조적 근로의 확대를 초래한다. 그리고 이것은 종래
의 일률적·획일적인 시간규제 영역의 비중을 상대적으로 적어지게
하면서, 시간규제의 탄력화와 개별화를 진행시켜 재량근로제 등 근
로자의 자기관리적 시간제도나 경우에 따라서는 적용제외 영역을
확대시킬 가능성이 있다."(180면)

이것은 정확한 예언이었다. 하지만 하마무라 교수는 이 논문에서는
구체적인 정책 제언을 하지 않고, 단기의 과제로서 탄력적 근로시간제
나 재량근로제 규제에 대한 엄격화만을 검토하였다(한편, 근로자대표제도
의 내실화에 대한 제언도 있었다).

이것과 비교해 보면, 「종합규제개혁회의」에서는 규제완화를 하기 위
한 심도있는 제언은 노동법학에 많은 충격을 주었다. 다만, 그 문제의식

이나 개혁의 방향성은 노동법학에서도 어느 정도 상정(想定, 가정)한 것이었다.[1]

(3) '새로운 자율적인 근로시간제도'의 제안으로

「종합규제개혁회의」는 그 후 유사한 내용으로 제2차 답신을 하였다. 그리고 2004년 3월 19일 「규제개혁·민간개방 추진 3개년 계획」에 대하여 각의(閣議)에서 결정으로 이어졌다.

그 전년도인 2003년 7월 4일에 실현된 노동기준법 개정에서 재량근로제의 재검토(전문업무형 재량근로제를 도입할 경우에 노사협정의 결의사항으로, 건강·복지의 확보 조치 및 고충처리 조치를 추가, 기획업무형 재량근로제의 도입·운용의 요건·절차를 완화)가 이루어진 바 있지만, 제2차 답신에서는 이것에는 충분하지 못하였다.

또한 화이트칼라 이그젬션에 대하여는 「종합규제개혁회의」의 제1차 답신을 거의 그대로 계승하고 있다. 하지만, 미국의 제도에 대한 개혁의 동향을 보는 점이나, "근로자의 건강을 배려하는 등의 조치를 강구하는 중 적용제외 방식의 채택을 검토한다."와 같이 건강도 확보하도록 언급한 점이 제1차 답신에서 수정한 점이었다.

이 적용제외 제도의 재검토를 중심으로 근로시간 제도개혁은 각의에서 결정하였기 때문에 정부의 중요한 정책과제가 되었다. 그러한 중에

---

1 <역자주> 일본에서 최근 몇 년 간에 출판된 고용사회의 변화와 노동법(학)의 과제를 다룬 저서, 코야마 후미토·시마다 요우이치·가토 모유키·키쿠치 요시미 편의 "사회법의 재구축"(小宮文人·島田陽一·加藤智章·菊池馨実編, 『社会法の再構築』(旬報社, 2011년)), 이와나미 강좌의 "현대법의 동태3 사회변화와 법"(岩波講座, 『現代法の動態3社会変化と法』(岩波書店, 2014년)), 무라나카 다카시·미즈시마 이쿠코·다카하타 준코·이나모리 키미요시편의 "근로자상의 다양화와 노동법·사회보장법"(村中孝史·水島郁子·高畠淳子·稲森公嘉編, 『労働者像の多様化と労働法·社会保障法』(有斐閣, 2015년)), 노가와 시노부·야마카와 류이치·아라키 다카시·와타나베 키누코편의 "변모하는 고용·취업모델과 노동법의 과제"(野川忍·山川隆一·荒木尚志·渡邊絹子編, 『変貌する雇用·就労モデルと労働法の課題』(商事法務, 2015년))에서도 그러하다.

후생노동성에 2005년 4월에 설치한 「향후의 근로시간제도에 관한 연구회」는 2006년 1월 27일에 발표한 보고서는 매우 과감한 내용을 담고 있었다.

그 중에서 주목할만한 내용이 "자율적으로 일하고 또한 근로시간의 장단이 아니라 그 성과나 능력 등에 따라 평가받는 것이 적합한 근로자의 증가"라는 현상을 인식한 후에, "고부가 가치이고 창조적인 업무에 종사하는 근로자를 중심으로 자율적으로 일하고 또한 근로시간의 장단이 아니라 성과나 능력 등에 따라 평가받는 것이 적합한 근로자도 늘어나고 있다. 이러한 근로자에 대해서는 그러한 평가가 이루어짐으로써, 근로의욕을 향상시키고 더욱더 능력을 발휘하도록 기대하면서, 근로자 자신에게도 보다 자율적이고 만족도가 높은 근무방식이 가능할 것으로 생각한다"고 하고, "현행 제도에서는 이러한 그룹에 속하는 근로자의 근무방식에 반드시 대응하지 못하고 있다고 생각"하기 때문에, "이러한 근로자가 보다 한층 더 능력을 발휘할 수 있고, 자율적이고 만족도가 높은 근무방식을 가능하도록 한다는 관점에서 종래의 실근로시간을 파악하는 것을 기본으로 한 근로시간 관리와는 다른 새로운 근로시간 관리의 방법을 검토하여, 이에 대응한 근로시간제도를 재검토할 필요가 있다고 생각한다."고 언급한 부분이다. 결국 구체적으로 '새로운 자율적인 근로시간제도'를 제안하였다.

이 보고서에서는 "근로시간에 대한 가산임금의 적용제외 제도로서 미국의 화이트칼라 이그젬션이 있다. 하지만, 미국은 근로시간 자체의 상한을 설정하지 않는 제도 구조로 되어 있는 점이나, 노동 사정, 특히 일본과 비교한 경우에 전직(轉職)이 쉽기 때문에 과잉의 장시간 근로를 강요받는 것을 스스로 방지할 수 있는 상황에 있다는 점이 일본과 크게 다르기 때문에 동 제도를 그대로 일본에 도입하는 것은 적당하지 않다"고 하였다. 이에 미국 제도와는 구별하기로 했기 때문에 '새로운 자율적

인 근로시간제도'는 이른바 '일본식으로 조정된 화이트칼라 이그젬션'이
라고 힐 수 있다.

  그 후에 '새로운 자율적인 근로시간제도'는 2006년 12월 27일 후생노
동성의 「노동정책심의회 근로조건분과회의」에 제출된 답신 중에서도
'자유도(自由度)가 높은 근무방식에 적합한 제도의 창설'이라는 형태로
포함하였다. 2007년 1월 25일에는 '자기관리형 근로제'로 명칭을 바꾸
어 「노동기준법의 일부를 개정하는 법률안 요강」(이하 '개정 요강')을
작성하였다. 2007년 2월 2일에 「근로조건분과회」는 여기에 대하여 '대
체로 타당하다'는 의견을 내었다. 하지만, 근로자대표위원은 "이미 유연
한 근무방식이 가능한 다른 제도가 있는 점, 장시간근로가 될 우려가
있는 점 등에서 새로운 제도의 도입은 인정할 수 없다."고 주장하였다.

 자기관리형 근로제(2007. 1. 25. 개정 요강)

1. 노사위원회가 설치된 사업장에서 노사위원회가 위원의 5분의 4 이
   상의 다수에 의하여 4.에서 열거한 사항을 결의한다. 아울러 사용
   자가 그 결의를 행정관청에 신고한 경우에 3.의 각호에 해당하는
   근로자를 근로시킨 경우에는 그 근로자에게는 휴일 규정은 2.와 같
   이 적용하고, 근로시간, 휴게, 연장 및 휴일근로와 연장, 휴일 및
   야간의 가산임금 규정은 적용하지 않는다.
2. 사용자는 1.에 의해 근로하는 근로자(이하 '대상근로자'라고 함)에
   게 4주 동안 4일 이상 또는 1년 동안 주휴 2일분의 일수(104일)
   이상의 휴일을 확실하게 확보해야 하고, 미확보한 경우에는 벌칙을
   부과한다.
3. 대상근로자는 다음의 각호에 해당하는 근로자이다.
   (1) 근로시간으로는 성과를 적절하게 평가할 수 없는 업무에 종사

하는 자

(2) 업무상 중요한 권한과 책임을 상당한 정도 가진 지위에 있는 자

(3) 업무수행의 수단과 시간배분의 결정 등에 관하여 사용자가 구체적으로 지시하지 않기로 한 자

(4) 연수입이 상당한 정도로 높은 자

<주> 대상근로자는 관리감독자의 일보 직전에 위치하는 자를 상정하기 때문에 연수입 요건도 이에 적합하고, 일반 관리감독자의 평균 연수입 수준을 고려하면서, 또한 사회적으로 그 근로자의 보호에 부족하지 않도록 적절한 수준을 검토한 후 후생노동성령으로 정한다.

4. 노사위원회는 다음에 열거한 사항을 결의한다.

(1) 대상근로자의 범위

(2) 임금의 결정, 계산 및 지급방법

(3) 주휴 2일 이상의 휴일의 확보 및 사전에 휴일을 특정할 것

(4) 근로시간의 상황 파악 및 이에 따른 건강·복지 확보 조치의 실시

<주> "주당 40시간을 초과하는 재사(在社)시간 등이 대략 월 80시간 정도를 초과한 대상근로자가 답신하는 경우에는 의사가 면접지도할 것"을 반드시 결의해 실시하는 것을 지침으로 정한다.

(5) 고충처리 조치의 실시

(6) 대상근로자의 동의를 얻고, 부동의시 불이익한 취급 금지

(7) 위의 (1)–(6)에서 열거사항 이외에 후생노동성령으로 정한 사항

(4) 화이트칼라 이그젬션에서 일과 생활의 조화로

결국 화이트칼라 이그젬션 제도의 도입을 실현하지는 못하였다. 일본판 화이트칼라 이그젬션은 '잔업비 제로'를 초래한다는 비판이 워낙 컸기 때문이다.

그래서 2007년 4월 6일에 발표한 「경제재정자문회의」의 「노동시장개혁전문조사회 제1차 보고」에서는 '근로시간'이 하나의 주제였다. 하지

만, 거기에는 '근로시간 단축'이나 '일과 생활의 조화'에 관한 기술이 중심이고, '화이트칼라 이그젬션'에 관한 기술은 찾을 수 없었다. 하지만 일과 생활의 조화를 실현하기 위한 정책을 다음과 같이 기술하였다.

> "둘째로, 시간당 생산성의 향상이다. 이를 위해서는 개별 근로자의 업무상 권한과 책임이 명확한 개인 단위로 한 근무방식을 확대해야 한다. 또한 지금까지의 만성적인 장시간근로를 전제한 근무방식을 재검토하고, 시간당 생산성을 높이기 위한 인센티브가 필요하다. 이 때문에 근로자의 건강관리를 위하여 일정한 휴일수를 확보하는 것 등을 의무화한 후, 노사 합의에 따라 근로시간과 보수가 연계되지 않는 새로운 근로시간제도를 구축해야 한다는 의견도 있다."

따라서 근로시간에 관한 정책과제는 표면적으로는 '근로시간의 단축'과 '일과 생활의 조화'가 중심이어서(이른바 '규제의 강화'), 규제를 완화하는 방향의 논의는 공식 무대에서 사라진 감이 있었다.

게다가 2007년 11월 28일에 제정한 「노동계약법」(2008. 3. 1. 시행)에서는 '일과 생활의 조화(work life balance)의 배려'에 관한 규정을 도입하였다(제3조 제3항). 같은 해 12월 18일에는 '일과 생활의 조화(work life balance) 헌장' 및 '일과 생활의 조화추진을 위한 행동지침'을 제정하였다. 후자의 행동지침에서는 '건강하고 풍족한 생활을 위한 시간의 확보'로서, '연장근로의 한도에 관한 기준을 포함하여 근로시간법령의 준수를 철저하게 한다', '노사가 장시간근로의 억제, 연차유급휴가의 사용촉진 등 근로시간 등의 설정을 개선하기 위한 업무를 재검토하거나 필요한 인원의 확보에 노력한다' 등의 내용을 포함하고 있다.

2008년 12월 12일 노동기준법의 개정에서는 결국 2007년 1월 25일 개정 요강 중에서 '장시간근로에 대한 가산임금률의 인상'과 '연차유급휴가제도의 재검토'의 부분만을 채택하였다. 전자는 규제를 강화하는 것이고, 후자는 2006년 1월의 연구회보고서에서 언급하였던 연차휴가제도의 재검토론 중에서 가장 핵심 내용에서 먼 부분을 거론한 느낌이 있었다. 당초의 근로시간 제도개혁의 흐름은 그 후 고용분야에서는 규제강화를 중시하는 「민주당 정권」이 2009년 9월에 탄생했기에 우선 단절된 것처럼도 생각되었다.

따라서 2007년 이후에 화이트칼라의 근로시간문제 등과 관련한 근로시간제도의 개혁론은 거의 논의되지 않았다.

2. 제2차 아베 정권에서 재연된 개혁론

(1) 삼위일체 개혁의 제언

그런데 2012년 말에 제2차 아베 내각이 탄생하여 재차 근로시간 제도개혁에 관한 논의가 부활하였다. 부활된 '규제개혁회의'의 '고용워킹그룹'에서 2010년에 간행된 "근로시간개혁 – 일본의 근무방식을 어떻게 바꾸는가(労働時間改革—日本の働き方をいかに変えるか)"(日本評論社)의 편자였던 츠루 코타로(鶴光太郎) 교수가 위원장(座長)이 되어 이 논의를 재연(再燃)시킨 것이다.

2013년 6월 5일의 규제개혁회의인 '규제개혁에 관한 답신~경제재생으로의 돌파구~'에서는 근로시간에 대하여 '다양하고 유연한 근무방식을 추진하는 관점에서 근로시간법제에 대하여 기획업무형 재량근로제의 탄력화나 선택적 근로시간제의 재검토를 추진하는 것 이외에 연장근로의 보상방법(금전보상에서 휴일대체로, 근로시간저축제도의 정비), 관리감독자 등의 근로시간 규제에 관한 적용제외제도와 재량근로제도와의 연속성·일관성이 있는 제도로서 정비 통합 등도 포함해 검토해야 한다'고 제언하였다. 2013년 6월 14일에 각의에서 결정한 '규제개혁 실시기획'

에서도 '기획업무형 재량근로제나 탄력적 근로시간제를 비롯하여 근로시간법제에 대하여 일과 생활의 조화나 노동생산성의 향상이라는 관점에서 노동정책심의회에서 종합적으로 검토한다'는 한 문장을 포함시켰다.

또한 2013년 12월 5일의 '근로시간 규제의 재검토에 관한 의견'에서는 ① '건강의 확보를 위한 철저한 노력', ② '일과 생활의 조화의 촉진', ③ '일률적인 근로시간관리에 어울리지 않는 근로자에게 적절한 근로시간제도의 창설'이라는 세 가지의 개혁의 중요 내용을 정립하였다. 이와 관련해, ①에 대해서는 '근로시간의 양적 상한 규제의 도입이 필요'하다. ②에 대해서는 '연차유급휴가의 사용률, 장기 연속휴가의 사용률이 국제적으로 보아도 낮은' 점에서 '휴일·휴가사용의 촉진을 위한 강제적 노력이나 근로시간 저축제도(연장근로에 대하여 가산임금이 아니라 휴가를 부여하는 제도)의 본격적인 도입 등이 필요'하다. ③에 대해서는 "근로자 중에는 그 성과를 근로시간의 길이로 측정할 수 없고, 실근로시간으로 관리하는 것이 적절하지 않는 층이 다양하게 존재한다. 이러한 근로자의 생산성을 높이고, 장시간근로를 해소하기 위하여 근로시간의 길이와 임금의 연계를 분리해, 그 근무방식에 알맞은 근로시간제도가 필요하다.". 그래서 ①~③을 '삼위일체 개혁'이라고 한다. 하지만, 개혁의 중심은 ③이고, ①과 ②는 이른바 그 전제라고 할 수 있다.

(2) 근로시간의 상한 요건형과 고수입·고성과형의 적용제외제도

한편, 규제개혁회의와는 별도로 2013년 12월 26일에 「산업경쟁력회의」에서도 「산업경쟁력회의 '고용·인재분과회' 중간정리(안) ~ '세계에서 최고 수준의 고용환경·근무방식'의 실현을 목표로 하여~」를 발표하였다. 산업경쟁력회의에서도 규제개혁회의와 마찬가지로 삼위일체형의 개혁을 발표하였다. 2014년 4월 22일에 「개인과 기업의 성장을 위한 새

로운 근무방식~다양하고 유연한 근로시간제도·투명한 고용관계의 실
현을 위하여~」를 발표하였다. 여기서 '새로운 근로시간제도의 창설'로
서 구체적인 제도개혁안을 포함하고 있었기 때문에 매스콤에서도 크게
화제가 되었다.

먼저, 여기에서는 '기본적인 근무방식'을 다음과 같이 언급하였다.

"ㅇ 다양하고 유연한 근무방식이 가능하도록 하기 위하여 새로운
근로시간제도를 창설한다.

ㅇ '새로운 근로시간제도'란 업무수행·건강관리를 자율적으로
행하는 개인을 대상으로 법령상 일정한 요건을 전제로 근로
시간 베이스가 아니라 성과 베이스의 근로관리를 기본(근로
시간과 보수의 연계를 분리)으로 하는 시간이나 장소를 자유
롭게 선택할 수 있는 근무방식이다.

ㅇ 또한, 직무내용(job description)의 명확화가 전제 요건이다.
목표관리제도 등의 활용으로 직무의 내용·달성도, 보수 등
을 명확화해 노사간 계약으로 하고, 업무수행 등에 대해서는
개인의 자유도를 가능하면 확대하고, 생산성의 향상과 과도
한 근무의 방지와 일과 가정의 통합(work life integration)
을 실현한다.

ㅇ 그리고 성과 베이스에서 일률적인 근로시간관리와 관계없이
유연한 근무방식을 정착시켜서 높은 전문성 등을 가진 고성
과(high performance) 인재뿐만 아니라, 자녀양육·새로운
돌봄세대(특히 그 중요한 담당자가 되는 많은 여성)나 정년
퇴직 후의 고령자, 청년 등의 활용도 기대된다."

그리고 '제도의 이미지'로서 두 가지 유형을 제안한다. 이것이 A유형(근로시간 상한 요건형)과 B유형(고수입·고성과형)이다.

먼저, <A유형(근로시간 상한 요건형)>의 내용은 다음과 같다.

[대상자]
- 국가가 제시하는 대상자의 범위의 목표를 바탕으로 노사 합의가 필요하다(직무경험이 적고, 수주 대응 등 자율적 관리가 어려운 업무 종사자는 대상 제외)
- 본인의 희망선택에 의한 결정

[근로조건·보수 등]
- 전체 근로조건의 범위 결정은 법률에 의하여 노사합의로 결정(국가는 연간 근로시간의 양적 상한 등의 일정한 기준을 제시한다)
- 초기에 직무내용을 명시하고, 업무계획이나 근무계획을 책정. 부적합한 경우 통상의 근로관리로 되돌아가는 등의 조치
- 보수는 근로시간과 준별하고, 직무내용과 성과 등을 반영(기본은 성과급(pay for performance))
- 노동기준법과 동등한 법률이 있는 경우 현행 근로시간 규제 등과는 다른 선택지를 제시하고, 노사협정에 의한 유연한 대응이 가능

[건강의 확보]
- 건강관리시간을 엄격하게 파악하고, 건강을 확보하는 조치

[도입한 기업]
- 당초에는 과반수 노동조합이 있는 기업으로 한정
- 도입한 기업은 근로기준감독서에 노사협정 등을 신고(벌칙 등의 이행을 확보하는 조치를 법률에 규정)

한편, <B유형(고수입·고성과형)>의 내용은 다음과 같다.

[대상자]
• 고도의 직업능력을 가지고, 자율적·창조적으로 근무하는 사원(대상
  자의 연수입 하한 요건(예, 대략 1,000만엔 이상으로 정함)
• 본인의 희망선택에 의한 결정

[근로조건·보수 등]
• 초기에 직무내용이나 달성도·보수 등의 명확화
• 직무수행 방법이나 근로시간 배분은 개인의 재량에 위임
• 일의 성과·달성도에 따라 보수에 반영(완전 성과급(pay for perfor-
  mance))
• (성과미달 등으로) 연수입 요건에 부적합한 경우 통상 근로관리로
  되돌아 가는 등의 조치

[건강의 확보]
• 취업상황을 파악해 건강관리에 활용

[도입한 기업]
• 당초는 과반수 노동조합이 있는 기업으로 한정
• 도입한 기업은 근로기준감독서에 신고(벌칙 등의 이행확보 조치를
  법률에 규정)

---

(3) 일본재흥전략

그 후 정부는 2014년 6월 24일 「일본재흥전략」을 각의 결정하고, 이
것이 현재의 가장 새로운 정부의 정책요강이다(☞프롤로그 참조).

여기에서는 '시간이 아니라 성과로 평가하는 제도로의 개혁'으로서

"시간이 아니라 성과로 평가하는 근무방식을 희망하는 일꾼의 니즈에 응하기 위하여 일정한 연수입 요건(예, 적어도 연수입 1,000만엔 이상)을 충족시키고, 직무범위가 명확하며 고도의 직업능력을 가진 근로자를 대상으로 건강의 확보나 일과 생활의 조화를 도모하면서 근로시간의 길이와 임금의 연계를 분리한 '새로운 근로시간제도'를 창설하기로 하고, 노동정책심의회에서 검토하여 결론을 내린 후 차기 통상국회를 목표로 필요한 법적 조치를 강구한다."고 하였다.

이 '새로운 근로시간제도'는 실제로는 화이트칼라 이그젬션을 상정하고 있다.

또한 후생노동성의 노동정책심의회에서는 근로시간법제의 향후 검토 과제로서 다음과 같은 사항을 제시하였다.

---

1. 장시간근로 억제책 · 연차유급휴가의 사용촉진책에 대하여

(1) 장시간근로의 억제책
- 중소기업에서의 월 60시간 초과의 연장근로에 대한 가산임금의 방법(2008년 노동기준법 개정 부칙 제3조)
- 연장근로의 한도의 방법 등

(2) 연차유급휴가의 사용촉진책

(3) 기타
- 근로시간 등 설정 개선법의 활용 등

2. 선택적 근로시간제에 대하여
- 정산기간의 연장
- 정산시의 사후적인 연차휴가사용
- 완전 주휴2일제의 경우 월 법정근로시간의 특례

3. 재량근로제의 새로운 구조에 대하여
- 대상업무

- 건강확보 등을 위한 조치
- 절차의 재검토

4. 새로운 근로시간제도에 대하여
  - 법적 효과
  - 절차
  - 대상업무(시간이 아니라 성과로 평가받는 근무방식)
  - 대상근로자(일정한 연수입 요건(예, 적어도 연수입 1000만엔 이상), 직무의 범위가 명확하고 고도의 직업능력을 가진 근로자)
  - 건강확보 등을 위한 조치

위의 1.('장시간근로 억제책·연차유급휴가의 사용촉진책에 대하여')은 종래형의 근로시간 규제의 연장선상에 있지만, (1)의 중소기업에 있어 1개월 60시간 이상을 초과하는 연장근로에 대한 가산임금의 인상 유예의 철폐는 가산임금으로 연장근로를 억제하는 효과에 의문이 있는 본서의 입장에서는 문제가 있다고 평가한다. 한편, 연차휴가의 사용촉진은 원래 그 방향성에는 이론(異論)은 없지만, 중요한 것은 그 방법이다. 2.('선택적 근로시간제에 대하여') 및 3.('재량근로제의 새로운 구조에 대하여')은 탄력적인 근로시간제도인 선택적 근로시간제나 재량근로제의 채택을 보다 확대하는 것이 목적이다. 어떠한 규제도 법적 규제가 강하기 때문에 사용하기 곤란한 상황에 있어 이것을 개선하려는 방향성에 대해서는 다른 의견이 없다.

주목할만한 것은 2.와 3.에 더불어 4.의 '새로운 근로시간제도'가 노동정책심의회에서 검토 대상이라는 것이다. 이것은 「일본재흥전략」에 따른 것이다. 구체적으로 어떠한 제도를 제안할 것인지는 아직 예상할 수 없다. 하지만, 화이트칼라 이그젬션이 드디어 입법화하기 위하여 본격적으로 시작한 것은 분명하다.

하지만 정부가 화이트칼라 이그젬션을 재량근로제와 다른 제도로 검토할 것인지는 의문도 있다. 근로시간 규제의 핵심 부분인 가산임금의 규제를 적용제외로 한다는 점에서는 재량근로제도 '새로운 근로시간제도'도, 나아가 관리감독자도 하나로 통합할 수 있다. 이러한 이상 이러한 제도는 모두 같은 적용제외제도로 통합하는 편이 알기 쉽고, 또 그렇게 할 필요가 있다고 생각한다.

'새로운 근로시간제도'는 그것이 적용된 때의 효과로서 야간가산임금이나 휴일가산임금도 적용제외로 하는 완전한 이그젬션으로 하는 점에서 재량근로제와는 다르다. 다만, 이 점은 재량근로제에 야간가산임금이나 휴일가산임금을 인정하고 있는 부분에 문제가 있다고도 할 수 있다. 재량근로제의 적용대상자는 자신의 판단으로 노무를 수행할 수 있는 근로자이고, 이러한 자가 야간이나 휴일 근무를 선택하였다고 해서 가산임금을 청구할 수 있는 것은 적절하다고 생각할 수 없다. 동일한 문제점은 야간가산임금이 적용된다고 해석되는 관리감독자도 동일하다. 재량근로제의 적용대상자도 관리감독자도 가산임금을 완전하게 적용제외로 하는 것은 오히려 바람직하다고 할 수 있다.

또한 '새로운 근로시간제도'는 '시간이 아니라 성과로 평가받는 근무방식'의 수용처가 되는 것으로 관리감독자와는 제도의 취지가 다르다는 견해도 있을 것이다. 하지만 관리감독자든 재량근로제의 적용대상근로자든 시간과 분리된 처우에 적합하며, 그렇게 하면 가장 이에 적합한 임금제도는 성과형 임금이 되고, 그 근무방식은 '시간이 아니라 성과로 평가받는 근무방식'이 되는 것이다. 반대로 '새로운 근로시간제도'는 성과형 임금의 도입을 필수 요건으로 하는 것은 아닐 것이다.

이렇게 '시간이 아니라 성과로 평가받는 근무방식'에 적합한 근로시간제도는 관리감독자제나 재량근로제로, 다만 현행 제도로는 불충분함으로 이를 발전 해소하는 형태에서 '새로운 근로시간제도'가 필요하다고

보여진다. 따라서 '새로운 근로시간제도'와는 별도로 재량근로제를 존속
할 필요는 없다.

3. 노동법학의 반응은?

규제개혁회의가 제안하고 「일본재흥전략」에도 채택한 삼위일체 개혁
은 적어도 ① '건강을 확보하기 위한 철저한 노력'과 ② '일과 생활의
조화의 촉진'은 노동법학에서도 긍정적이라고 평가할 수 있다. 삼위일체
로 할 것인지는 차치하고 건강을 확보하는데에 대하여 배려하는 제도
설계를 고려하는 것은 당연한 전제로 「산업경쟁력회의」의 A유형과 B유
형 모두 그렇게 되어 있다.

결국 대상을 한정해도 근로시간의 적용제외제도를 도입하는 것을 어
떻게 평가할 것인지가 문제된다. 이 점에 대하여 노동법학의 대표적인
입장을 제시한 와다 하지메(和田肇) 교수의 견해를 따르면, 그 주장의
핵심은 다음의 3가지 사항이라고 할 수 있다(和田 2014).

첫째, 현행 법의 관리감독자제도나 재량근로제로도 충분히 대응할 수
있다(근로조건분과회에서도 근로자위원이 같은 취지를 주장함).

둘째, 개혁을 한다면 선택적 근로시간제를 개혁해 대응하면 된다.

셋째, 노사자치를 중시하는 제도에 대한 비판이다. 그 이유는 일본의
전체 사업장의 약 90%에 노동조합이 없는 중에서 노사자치를 언급하는
것은 비현실적이라는 점, 일본의 과반수대표자는 노사자치를 담당할 만
한 제도적인 담보를 결여한 점을 들 수 있다.

이상의 사항 중 첫째 주장에 대해서는 나는 관리감독자제에는 적용대
상의 불명확성 등의 문제가 있고, 재량근로제는 제도를 도입하는 절차
의 복잡함 등의 문제가 있다는 입장이다(☞제5장(일본의 근로시간 규제는
어디에 문제가 있는가?) 참조). 원래 관리감독자제도 재량근로제도 넓은

의미에서 적용제외제도로 통합할 수 있는 것으로, 현재 제도의 문제점을 해결하기 위하여 발전적으로 철폐하고 새롭게 통일된 제도를 신설하려는 시도에는 충분히 의미가 있다.

둘째의 주장에 대해서는 나도 다른 의견은 없고, 선택적근로시간제에 대한 규제완화는 바람직하다고 생각한다. 특히 정산기간이 1개월 이하로 되어 있으며 근로시간의 과부족에 대한 조정이 쉽지 않은 점에 대해서는 개선할 필요가 있고, 도입의 요건을 완화하는 것도 필요하다(☞현행 선택적근로시간제에 대해서는 제2장2 참조). 선택적 근로시간제를 개선하면 자유로운 근무방식의 수용처로서 한층 더 중요한 역할을 이행할 것이다. 다만, 선택적 근로시간제도 실근로시간을 규제하는 전통적인 규제방법의 구조 내라는 점에는 변함은 없고, 시간과 분리된 창조적인 근무방식을 하는 근로자에게 반드시 적합한 것이라고 할 수 없다.

셋째의 비판에 대해서는 향후 노동법의 바람직한 모습을 생각할 때에 기본과 관계되는 부분이다. 자립적이고 분권적인 근로조건의 결정시스템은 앞의 저서(☞大內 2013b)에서도 이를 중시하는 입법을 구상하는 것을 주장하였다. 하지만, 이러한 노사 자치를 전제로 한 노동법제의 구상에는 일본 노동법학회에서는 강한 저항이 있는 것 같다. 이 점은 뒤의 제8장3에서 언급한다.

4. 삼위일체개혁에 대한 약간의 의문

나 자신은 「규제개혁회의」나 「일본재흥전략」에서 제시된 '새로운 근로시간제도'를 구축하려는 방향성에는 찬성하는 입장이다(본서에서 이미

---

2 <역자주> 제2장 일본에서 근로시간의 규제는 어떠한 것인가?
3 <역자주> 제8장 새로운 근로시간제도를 위한 제언.

언급해온 것에서도 알 수 있듯이). 다만, 삼위일체의 개혁을 그대로 찬성할 수 있는가 하면, 반드시 그러한 것은 아니다.

2000년대 초기에 근로시간 제도개혁론은 오로지 재량근로제를 재검토하거나 이와 관련된 적용제외제도를 창설하는 것을 둘러싼 논의였다. 이에 비하여, 제2차 아베 정권에서는 '건강의 확보'와 '일과 생활의 조화'라는 근로시간에 있어 두 가지의 중요한 규제 목적을 내세워 그러한 관점에서 규제의 강화도 동시에 주장하고 있는 점에 특징이 있다.

이 두 기둥에 대하여 규제의 강화에 반대하는 논자는 거의 없다. 하지만 그 후의 「산업경쟁력회의」에서 제출한 2014년 4월 22일의 제안(A안, B안)도 함께 살펴보면, 이 삼위일체의 개혁에 대해서는 약간의 의문을 갖게 된다.

(1) '일체'일 필연성은?

첫째, '건강의 확보'를 위한 규제의 강화에 대해서는 적용제외의 대상 근로자뿐만 아니라, 일반 근로자에게도 영향을 미쳐야 하기 때문에 반대론이 나오는 것이 불가피한 적용제외의 문제와 분리해 개혁을 추진해야 한다.

물론 세 가지를 동시에 개혁할 수 있다면, 그것으로도 좋다. 하지만, 적용제외론으로 개혁하는 것이 난항을 겪게 되면 건강의 확보를 위한 규제의 강화도 이에 질질 끌려가며 난항을 겪게 될 우려가 있다.

그러나 규제개혁회의 입장에서 보면, 적용제외론에 파고들 필요성이 있기 때문에 많은 지지를 얻기 쉬운 '건강의 확보'나 '일과 생활의 조화'를 위한 규제의 강화도 동시에 내세울 수도 있다. 전략으로는 충분히 이해할 수 있지만, 노동법학자의 대부분은 '일체'(一體)로 개혁할 필요가 없다고 주장할 것이다.

나 자신은 규제의 강화와 적용제외는 다른 주장의 논의라는 점에서 보면, '일체'로 고집할 필요성은 없고, 실현할 우선순위로는 규제의 강화에 있다고 생각한다.

(2) 자기결정의 존중을

둘째로 이론적으로 고려하면, 적용제외의 대상근로자에게 어디까지 건강의 확보나 일과 생활의 조화를 위하여 규제해야 하는가는 아직도 검토할 여지가 있다고 생각한다.

여기에서 되돌아보고 싶은 것은 제1장에서 문제제기한 '근로시간의 규제는 왜 필요한가'라는 논점이다. 근로시간 규정의 적용제외에 적합한 근로자란 근로시간에 관한 자기결정을 법적으로도 존중하는 것으로 적합한 근로자이다. 그렇다면, 건강 확보나 일과 생활의 조화를 위한 근로시간의 규제는 지나치게 개입할 위험성이 있다.

또한 「산업경쟁력회의」가 제시한 A유형(근로시간의 상한 요건형)에서는 건강을 확보하기 위하여 근로시간관리와 연간의 상한 설정을 포함하고 있다. A유형의 대상자에게 성격을 부여하는 것은 반드시 명확하지 않다. 하지만, 적용제외제도의 대상으로 하는 것을 정당화할 수 있는 근로자라면, 건강의 확보 등을 위한 근로시간 규제는 필요없다고 해야 하지 않을까 생각한다.

5. 화이트칼라 이그젬션의 도입에 대한 장애는 더 이상 없다?

(1) 개혁론이 부활한 배경에 있는 것

이상과 같이 일본의 근로시간 제도개혁과 관련한 지금까지의 논의를 되돌아보면, 일과 생활의 조화론을 강화해 온 점이 근로시간 규제의 취지에 현대적인 의의를 포함해 정체해 온 논의에서 난관을 돌파할 가능성이 있다고 지적할 수가 있다.

　장시간 근로의 억제는 약자인 근로자의 건강을 확보하는 데에 그치지 않고, 근로자의 생산성 향상으로도 이어져 고용주와 근로자 간에 상생 (win-win)을 가져온다. 이것은 미래의 일본 경제에 있어 플러스가 되어 성장전략으로도 이어지기 쉽다. 일과 생활의 조화를 향상시키는 것은 여성과 근로자의 등용으로도 이어지기 쉽다. 이러한 점이 제2차 아베 정권이 내세운 정책에 꼭 들어맞은 것이 근로시간 제도개혁을 급속하게 진행하기 시작한 배경이다.

　어느 쪽인가 하면 경제학자가 주장하는 이러한 동향에 대하여 노동법학은 경계심을 가지고 있는 것 같다. 다만 이를테면 동상이몽(同床異夢)인 면이 있어도 노동법학은 무엇보다 건강의 확보를 강화하기 위하여 노동안전위생법 등의 다른 법제도를 개선하는 것과도 연동하면서 근로시간의 상한 설정과 연차휴가 사용촉진 등의 조치를 추진하는 것에는 이론(異論)은 없다고 생각한다.

　또한 가장 저항이 큰 화이트칼라 이그젬션에 대해서도 이 단어를 사용할지 여부는 차치하더라도, 가산임금을 적용하지 않고, 근로시간과 임금의 연계를 분리한 근무방식에 적합한 근로자가 있는 것은 노동법학에서도 인정하는 부분이다. 다만, 그 제도의 수용처가 기존의 것(관리감독자제나 재량근로제)으로 좋을 것인지는 논의가 나누어져 있을 뿐이다.

(2) 가산임금과 결별할 때?

　다만, 여기서 중요한 것은 실제로는 노동법학에서도 근로자의 건강을 확보하거나 일과 생활의 조화를 위하여 가산임금의 규제를 강화해야 한다는 목소리가 거의 없는 점이다. 이것은 이미 노동기준법의 2008년 개정에서 실현되었다는 이유가 있다. 또한, 독일의 근로시간적립계좌의 경험 등 가산임금을 활용하지 않아도 근로자에게 바람직한 효과가 있는 것이 알려지게 되었기 때문이다. 또한 앞의 2008년 개정에서 1개월에

60시간을 초과하는 연장근로에 대한 가산임금을 25%에서 50%로 인상하였을 때 그 인상된 분에 대하여 노사협정이 있으면 휴일대체를 인정하였다(노동기준법 제37조 제3항). 이미 연장근로의 금전보상에서 대체휴일이라는 코스가 만들어지고 있다고도 할 수 있다.

　화이트칼라 이그젬션에 대한 비판의 중심은 '잔업비 제로'와 '건강에 대한 악영향이 있다'는 점이었다. 하지만, 전자는 연장근로의 보상은 금전이 아니라 대체휴일과 같이 휴식을 확보하는 것으로 괜찮다면, 가산임금제도의 규정은 크게 변하게 된다. 후자는 가산임금보다도 보다 직접적으로 건강을 확보하기 위한 대책으로 중점을 이전해 가고 있다. 이렇게 보면 화이트칼라 이그젬션의 도입에 대한 장애물은 이미 크게 제거되었다고도 할 수 있다.

새로운 근로시간제도를 위한 제언

일본 근로시간제도는 분명히 변화할 필요가 있다. 그런데, 어떻게 변화해야 할 것인지가 문제이다. 예를 들어 가산임금에 집착하는 것을 그만두면 어떨까? 건강을 더욱 직접적으로 확보하면 될 것이다. 하늘 높은 줄 모르는 잔업을 하지 않는 것만으로도 상황은 크게 변한다. 극히 예외적으로만 휴일출근을 허용한다. 연차휴가를 고용주로부터 쉽게 사용하는 방법을 마련해 주면 근로자는 도움이 될 것이다. 이렇게만 해도 휴식시간을 충분하게 늘릴 수 있을 것이다.

한편, 성과보수를 받는 근로자는 휴식보다 근로를 더 선호할 지도 모른다. 이것이 다른 근로자에게 폐를 끼치는 것이 아니라면 본인 자신의 결정에 맡겨 두어도 좋다. 이러한 근무방식을 희망하는 자가 지금은 어느 정도인지 알 수 없다. 하지만, 향후 이러한 사람이 늘어나 마음껏 창조적인 근무방식을 마련해 주어야 일본 경제의 전망이 밝아진다. '화이트칼라 이그젬션'이란 이러한 사람을 위하여 근로시간에 속박받지 않는 제도이다.

1. 가산임금은 정말로 유지해야 하는가?

'가산임금의 불필요론'을 주장하면, 노동법학계로부터 제정신이냐고 평가할 지도 모른다. 하지만 본서에서 검토한 결과를 되짚어 보면, 가산임금제도를 적극적으로 유지할 이유가 없다.

(1) 국제노동기준은 불필요론?

이것은 비교법에서 도출한 결론이기도 하다(☞제4장¹ 참조). 일본에 있어 가산임금의 규제로서 모델인 미국법은 근로시간의 상한 규제라는 직접적인 규제는 없다. 이러한 미국법에서는 간접적인 규제가 있지만, 일본에서는 보다 직접적인 규제도 있기 때문에 충분할 수가 있다.

이에 대하여 일본에서는 직접적인 규제가 약하기 때문에 가산임금의 규제가 필요하다는 반론도 생각할 수 있다. 하지만, 여기에서는 그래서 직접적인 규제를 강화하는 개혁을 할 필요가 있다고 말하고 싶다. 이러한 개혁으로 제안한 내용은 뒤에서 살펴본다(☞본장 2.(근로자의 건강은 어떻게 확보하는가) 참조).

오히려 유럽과의 비교해 보면, 가산임금의 불필요론은 자연스럽게 도출된다. 「근로시간 지침」에는 가산임금의 규제는 없다. 유럽에서는 회원국이 의무화할 규제로 생각하지 않고 있기 때문이다. 직접적인 규제를 한다면, 가산임금의 규제를 군이 의무화할 필요가 없다는 것이다. 독일은 법률에 가산임금의 규제를 삭제하였다. 물론 이를 법률에 의무화가 되지 않았더라도 노사 자율로 단체협약 등에서 도입할 수가 있다. 하지만, 이것은 별도의 문제이다.

---

1 <역자주> 제4장 미국과 유럽의 근로시간법제는 일본과 어떻게 다를까?

(2) 가산임금의 패널티 기능에는 한계가 있다!

앞의 제5장[2] 10.②(벌칙 기능이 약한 가산임금의 규제)에서도 언급했지만, 가산임금을 부담해야 하는 고용주에게 패널티 기능을 적용하는 것은 어렵다. 여기서 재확인해야 할 구체적인 3가지 문제가 있다.

첫째, 가산임금의 지급방법은 다양한데, 모든 경우에 기본급에 산입하는 사례가 적법한 지급방법인지가 문제된다. 노동법의 전문가가 아니라면 잘 알 수 없는 룰이다. 결국은 고용주에게 대체로 유리하게 판단한다. 이것도 넓은 의미의 '미지급(서비스) 잔업문제'이다. 고용주의 법령 준수(compliance)가 문제되지만, 본질적인 원인은 불명확한 법률의 룰에 있는 것이다. 그러면, 가산임금의 지급방법을 법률로 명문화하는 것이 좋은 것인가 하면, 이것은 법의 지나친 개입이 될 것이다.

둘째, 불명확한 근로시간의 개념이 문제된다. 근로시간이란 '지휘명령 하에 놓여져 있는 시간'인지 여부라는 판단기준밖에 없어 룰의 불명확성이 문제된다. 공장근로자(블루칼라)처럼 상사의 지휘명령에 따라 근무하는 취업형태는 근로시간성의 판단은 비교적 쉽다. 하지만, 어느 정도 자신이 재량으로 일하는 요소가 있는 화이트칼라(사무직)는 어디까지를 고용주의 지휘명령이라고 판단해야 할지는 어려운 점이 많다. 근로시간 수를 정확하게 계산할 수 없다면, 가산임금제도의 근간이 무너지게 되는 것이다.

셋째, 기업이 가산임금액을 조작하는 것이 문제된다. 가산임금의 총액은 연장근로시간수와 산정된 기초임금을 곱하여 결정한다. 기본급을 인하하거나 산정기초에 불포함되는 상여금의 배분을 높여서 산정기초액을 낮게 억제한다면, 고용주의 입장에서는 가산임금을 적게 부담하게

---

2 <역자주> 제5장 일본의 근로시간 규제는 어디에 문제가 있는가?

된다.

(3) 건강 면에서는 역효과

가산임금이 있으면, 장시간 근로를 하게 되면 임금이 늘어난다. 이것은 가산임금이 장시간 근로에 대한 보수로서 의미를 가진다.

이러한 보수의 측면에서는 근로자가 장시간 근로를 촉진하는 요인이 된다. 물론 앞에서 언급한 것처럼 상사의 지휘로 일하는 공장근로자라면, 고용주가 근로시간의 길이를 결정함으로 가산임금의 패널티 기능에 기대할 수가 있다. 하지만 자신의 재량으로 일하는 요소가 있는 화이트칼라는 스스로 근로시간의 길이를 결정하는 것이 쉽기 때문에 가산임금이 장시간 근로를 촉진시킬 수도 있다. 가산임금으로 장시간 근로를 한다는 명확한 인과관계의 사실은 확인되지 않고 있다. 하지만 이론상 소득효과와 대체효과의 관계에 영향을 미치고(대체효과가 커지고), 장시간 근로를 촉진할 수도 있다(☞제5장 6(가산임금이 있으면, 더욱 일하고 싶어진다). 참조).

물론 근로자가 생활을 중시하는 가치관이거나 장시간 근로를 비효율적인 근무방식으로 부정적인 평가를 한다면, 가산임금은 장시간 근로를 촉진하지 않을 것이다. 미국의 가산임금의 규제가 장시간 근로를 촉진하는 요인이 아니라면, 이러한 사정이 있을지도 모른다. 하지만 일본에서는 생활을 워크(일)보다도 중시하는 가치관은 소수파이고, 일본 기업에서 화이트칼라의 낮은 노동생산성(☞ 프롤로그 참조)은 장시간 근로를 반드시 부정적으로 평가하기보다 기업에 공헌도를 대리하는 지표가 될 가능성을 시사하고 있다.

이렇게 가산임금제도는 장시간 근로를 촉진하는 요인이 되고, 패널티의 기능이 제 역할을 하지 못한다면 장시간 근로의 대책으로는 백해무익이 될 가능성이 크다. 연장근로의 대상은 가산임금이라는 금전적인

보수가 아니고, 단적으로 건강을 확보하기 위한 휴식을 부여하는 방법
이 보다 적절할 수도 있다.

앞서 제7장3 마지막 부분에서 언급한 것처럼, 연장근로에 대한 금전
보상에서 '대체휴일'로 바뀌고 있는 추세이다.

(4) 성과형 임금과 상성(相性)이 나쁜 가산임금

가산임금은 산정 기초임금에 연장근로를 한 실근로시간을 곱하여 산
출한다는 의미에서는 시간에 비례한 임금이다. 원래 근로자의 임금은
시급 이외에 월급도 일정한 시간을 일한 대가라는 부분이 있다. 근로계
약이란 원래 '사용자에게 사용되어 근로하고, 이에 대하여 사용자가 임
금을 지급하는' 계약으로(노동계약법 제6조), 사용되고 있는 것(및 그 시
간)과 임금 사이에 견련(牽連)관계가 있는 것이다. 따라서 가산임금이
시간에 비례한다는 것에는 위화감은 없다.

하지만 임금에는 다른 유형도 있다. 예를 들어 과거 20년 동안에 확
산된 '성과형 임금'은 근로자가 실제로 거둔 성과에 따라서 지급하는 것
이다. 근로자는 지휘명령 아래에서 사용(근로에 종사)함에 따라 성과형
임금을 지급하지는 않는다. 이러한 성과형 임금은 본래 장시간을 근로
해도 임금액과는 관계없다.

고용주는 '성과형 임금' 또는 전통적인 연공형 임금과 같은 '시간(기
간) 비례형의 임금'으로 지급할 것인지는 자유롭게 선택할 수 있다. 근
로자의 취업에 인센티브를 높이기 위하여 성과형 임금을 도입하는 것은
임금을 노사 합의로 체결하는 한 법적으로 아무런 문제도 없다(최저임금
규제에 제한될 뿐이다).

그런데, 성과형 임금을 도입하더라도 현행법에서는 연장근로를 하였

---

3 <역자주> 제7장 근로시간 제도개혁론은 무엇을 논의해 왔는가?

다면 가산임금을 지급해야 한다. 즉 임금체계로서 성과형 임금을 관철할 수 없고, 반드시 시간에 비례해 산정하는 가산임금이 세트로 붙는다. 노동기준법은 강행법규이기 때문에 당사자의 합의로서 가산임금을 지급할 필요가 없다고 하는 계약의 체결을 허용하지는 않는다.

이러한 점에서 노동기준법은 1987년 개정에서 재량근로제(당초에는 '전문업무형 재량근로제')를 신설해, 성과형 임금을 받는 근로자에게 적합한 근로시간제도를 도입하였다. 구체적으로는 간주 근로시간제를 인정함으로써 실근로시간과 임금의 관계를 단절시켰다. 현행법에서도 임금에서 시간에 비례한 요소를 제거할 필요성을 인식한 제도를 도입하였다. 하지만 이것은 재량근로제를 적용할 경우에만 적용하는 예외적인 조치이다. 다른 경우에는 이를테면 임금체계를 성과형 임금과 같이 시간의 요소에서 분리해도, 관리감독자 등이 아니라면 노동기준법의 가산임금의 규제를 적용하게 된다.

그 밖에도 기업은 가산임금의 규제가 있으면 연장근로를 가능하면 금지할 지휘명령을 할지도 모른다. 이것은 노동기준법의 취지에서는 바람직하지만, 근로자는 성과에 따라 더 많은 임금을 받을 기회를 법률로 박탈한다고 생각할지도 모른다. 근로자를 보호하기 위한 법규제가 오히려 장애가 될 수도 있다.

(5) 임금은 노사자치가 기본!

가산임금의 보수라는 면과 관련해 임금의 결정방법은 보다 원리적인 문제도 있다. 노사자치의 관점에서는 근로의 대가인 임금은 가능하면 노사가 정하고, 정부가 개입하는 것은 바람직하지 않다(大內 2014). 이것은 시장의 개입이 적절한가라는 경제학의 관점에서 논의(특히, 최저임금의 설정 논의)도 있지만, 국가와 시민 영역과의 긴장관계라는 정치(政治)적이고 사상(思想)적인 의미도 있다.

> ### ⏱ 보론: 미지급(서비스) 잔업은 실제로 미지급이 아니다?
>
> 　가산임금을 지급하지 않는 '미지급(서비스) 잔업'은 물론 노동기준법을 위반하는 것이다. 하지만 '미지급 잔업'이 만연된 것은 주지의 사실로 아무리 일본의 근로자가 얌전하더라도 약간은 미묘한 느낌도 든다. 어쩌면 성과형 임금을 받는 근로자는 잔업비를 받지 않아도 자유롭게 일을 해서 성과에 따른 많은 임금을 받는 쪽이 좋다고 생각하지는 않을까?
>
> 　이를 입증하는 조사결과에 의하면, 대기업에 근무하는 화이트칼라로서 '미지급 잔업'을 행한 근로자는 그렇지 않은 근로자보다 총보수액이 높은 것을 확인하고, '미지급 잔업'으로 적어도 간주되는 일부는 대가(보너스 등)를 지급받는다(高橋 2005).

　현행 노동기준법에 가산임금은 강행법규성을 가져서 당사자가 금액을 자유롭게 결정할 수는 없다. 이것은 가산임금의 패널티 기능을 중시하기 때문이지만 법률에 의해 강제로 임금을 상승시킨다는 점에서 노사자치에 개입하는 것이라고 할 수 있다.

　유럽에서는 가산임금의 규제를 철폐하거나, 아니면 단체협약을 통하여 탄력적인 제도를 설계할 수도 있다. 이것은 가산임금의 패널티 기능을 강조한 것이 아니라, 오히려 보수의 측면을 고려해 노사 자치에 맡기는 쪽이 좋다는 견해에 따른 것이다. 그리고 연장근로의 대상 방법이 그 문제의 본질이라면, 이것은 반드시 금전으로 지급할 필요는 없고, 노사가 휴가를 부여하는 것으로 결정해도 좋을 것이다.

2. 근로자의 건강은 어떻게 확보하는가?

(1) 근로시간에는 '절대적인 상한'이 필요

일본에 있어 근로시간의 규제에서 가산임금이 주목받은 원인은 직접적인 규제인 상한 규제를 제대로 기능하지 못하도록 했던 점에 있다(☞제5장4 참조). 특히 문제는 연장근로의 규제를 완화하고, 법정 근로시간은 단순히 '원칙적인 상한'을 둔 것이지만, 벌칙은 법정근로시간 수준으로 부과하는 점이다.

유럽에서 '절대적인 상한'(「근로시간 지침」은 주 48시간)을 설정하고, 그 수준에서 벌칙을 부과하는 점(☞제4장5 참조)은 일본법에서도 참고할 만한 필요가 충분히 있다.

우선은 현행법상의 한도 기준(1주 15시간, 2주 27시간, 4주 43시간, 1개월 45시간, 2개월 81시간, 3개월 120시간, 1년 360시간)을 진실된 최저기준인 '절대적인 상한'으로 삼을 필요가 있다. 벌칙도 법정근로시간을 초과하는 수준이 아니라, '절대적인 상한'을 초과하는 수준에서 부과해야 한다. 이러한 것이 그 실효성도 높여 줄 것이다(또한 최근 벌칙을 남녀고용기회균등법 등 많은 법률에서 후생노동부장관에 의한 조언, 지도, 권고, 기업명의 공표 등 제재 시스템으로 대체하는 것도 검토할 만하다).

한도 기준을 유럽의 근로시간 지침의 수준보다는 완화하였다. 하지만, 이 기준조차도 준수하지 못하는 상황인 점에서 보면, 우선 그 효력을 강화하는 데에서 시작하는 것이 현실적이다. 물론, 이러한 취지에서 현행 '특별조항인 36협정'(☞제2장 2.(법정근로시간의 예외인 연장근로) 참조)을 폐지할 필요가 있다.

---

4 <역자주> 제5장 일본의 근로시간 규제는 어디에 문제가 있는가?
5 <역자주> 제4장 미국과 유럽의 근로시간법제는 일본과 어떻게 다른가?

또한 '절대적인 상한'이더라도 현행법상 비상시 경우 등의 예외(노동기준법 제33조)는 유지해야 한다.

(2) 1일의 근로시간 상한은 '근무간 인터벌' 규제에서

법정근로시간 중 1주 40시간은 연장근로를 기산(起算)하는 차원에서 의미가 있어도, 1일 8시간의 법정근로시간은 어떠한가? 여기서도 '절대적인 상한'이 필요하다. 이를 위하여 유럽에 존재하는 휴식의 규제로 대응하는 것이 바람직하다.

유럽에서는 24시간마다 연속 11시간의 휴식(최소 휴식시간)을 의무화하고 있다(☞제4장 참조). 벌칙이 있는 최저 기준을 고려하면, 일본에서 갑자기 11시간의 휴식은 다소 엄격한 느낌도 든다. 하지만 11시간이 선진국의 표준이라면, 일본에서도 11시간 휴식을 검토할 필요가 있다.

(3) 그래도 가산임금의 규제를 남길 것인가?

법정근로시간을 초과하는 연장근로시 즉시 벌칙을 부과할 것이 아니라, 엄격한 상한 규제를 설정한다면 여전히 가산임금의 규제를 남길 것인지 문제된다.

앞서 검토한 것처럼, 가산임금이 고용주에게 패널티의 기능으로 작동하지 않는 경우가 있고, 보수의 면에서 법률로 강제로 지급하는 데에는 문제가 있었다(☞본장 1.(가산임금은 정말로 유지해야 하는가?) 참조).

하지만 이것은 가산임금의 규제가 모든 경우에 바람직하지 않다는 의미는 아니다. 고용주에게 근로계약의 의무를 지휘명령받는 시간, 노무에 종사하는 어떠한 근무방식(시간형), 또는 일정한 기일까지 지시된 업무를 완성하도록 요구받은 근무방식(근로기준량(norma)형)을 근로자는 근로시간의 길이에서 자신의 재량에 따라 결정할 여지가 많지 않다(즉 고용주는 근로시간의 결정권을 가진다)는 점에서 보면, 가산임금은 고용주에게 패널티 기능을 기대할 수가 있다.

이러한 의미에서 근로자는 법률에서 가산임금의 규제를 굳이 유지하려는 경우도 있다. 다만, 앞에서 언급한 것처럼, 보수의 면을 가진 가산임금에 대한 강행 규제는 노사자치를 존중한다는 관점에서는 바람직하지 않기 때문에, 가산율은 고용주와 과반수대표가 노사협정을 체결하면 일정한 한도까지 인하(프랑스의 법제도 참조)하거나, 가산임금의 지급방법(정액급이나 기본급에 대한 편성 등)을 당사자 합의로 결정하는 등의 탄력성이 있을 필요가 있다. 또한 대체휴가제도(노동기준법 제37조 제3항)는 1개월 60시간 이상의 연장근로에 한정하지 않고, 모든 연장근로에 적용하는 것을 검토해야 한다.

이러한 형태에서 가산임금의 규제가 남아 있더라도, 이것은 1주 40시간을 초과하는 연장근로를 적용하면 충분하다. 1일 단위에서는 연속 11시간의 휴식을 의무화하면 이것으로 충분하고, 가산임금과의 관계 때문인 만큼 1일 8시간 법정근로시간을 남길 필요는 없다. 또한 「노동안전위생법」이나 「노동재해보험법」(산업재해의 인정 기준)에서는 연장근로의 계산에서 1일 수준의 법정근로시간을 초과하는 부분을 계산하지 않는다(노동안전위생법 시행규칙 제52조의 2 등).

(4) 연장근로 사유의 규제도 필요

연장근로(1주 40시간을 초과하는 근로)에 대한 사유의 규제는 어떠한가? '절대적인 상한'을 마련해 두고 있는 것으로 충분하다는 견해도 있다. 하지만 앞에서 언급한 것처럼 한도 기준을 '절대적인 상한'으로 한다면, 유럽의 규제보다 비교적 완화되어 있다. 이것으로 장시간의 연장근로를 할 수 있어 사유의 규제를 도입하도록 검토할 필요가 있다.

구체적으로는 연장근로의 사유를 취업규칙에 필요기재사항(노동기준법 제89조)으로 해야 한다. 그리고 취업규칙에 기재하는 연장근로의 사유는 한정적인 열거로 하고, 그 내용은 연장근로를 정당화하는 것은 임시적·예외적인 사항으로 「가이드라인(지침)」을 설정할 필요가 있다. 비교법에서도 연장근로를 정당화하는 것은 노동기준법 제33조처럼 비상시 이외에는 임시적인 업무량의 증가 등으로 한정한다. 가이드라인은 이러한 한정된 사례를 유형화해 둘 필요가 있다.

연장근로의 경우 행정관청에 대한 신고는 법정 근로시간이 더 이상 최저기준이 아니라는 것을 고려하면 필요없다고 해석해야 한다. 물론 현행 시스템과 비슷한 체크는 취업규칙을 신고한 시점에서 행할 수 있다.

취업규칙에 기재된 연장근로의 사유가 가이드라인에 합치하지 않는다면 그 사유는 무효로 보아야 한다. 따라서 이러한 경우에 고용주는 그 사유에 따라 연장근로를 명령할 수 없다. 또한 고용주는 연장근로의 사유를 애매하게 규정한 경우 권리남용(노동계약법 제3조 제5항)으로 판단하기 쉬운 위험을 부담한다고 해석해야 한다(예를 들어 '업무상 필요성이 있을 경우'와 같은 추상적인 사유에 따른 연장근로의 명령은 구체성이 낮기 때문에 근로자의 사생활의 불이익을 고려할 경우 권리남용으로 판단하기 쉽게 된다).

(5) 36협정에서 취업규칙으로

근로시간의 상한을 법률에 규정하고, 연장근로의 사유 규제를 취업규칙에 둔다면, 36협정을 체결·신고하는 절차는 필요 없게 된다.

연장근로의 명령에 대한 유효성 문제도 취업규칙의 규정이 가이드라인에 적합한 것인지 여부 문제로 집약된다. 엄밀하게 말하면, 가이드라인에 적합해도, 여전히 그 취업규칙의 규정이 합리성을 가진 근로계약의 내용인지 판단할 수 있지만(노동계약법 제7조), 가이드라인에 적합한 취업규칙의 규정은 원칙적으로 합리성이 있다고 해석해도 좋다.

연장근로의 명령에 대한 근거가 취업규칙에 있더라도 여전히 권리남

용인지를 판단할 수 있는 것은 앞에서 언급한 바와 같다(☞제5장 4.(연장
근로가 어떠한 사유라도 허용되는 일본) 참조).

(6) 야간근로자를 위해서는 가산임금보다 직접적인 규제가 좋다

야간근로는 현행법상 근로시간의 직접적인 규제대상이 아니고, 가산
임금을 지급하도록 의무화하고 있을 뿐이다(노동기준법 제37조 제4항).
하지만 여기까지 언급한 가산임금의 기능을 고려하면 오히려 직접적인
규제로 전환해야 한다.

야간근로에 대한 가산임금은 관리감독자의 적용대상자에게도 적용함
으로 중요한 법 규제로 쉽게 오해한다. 하지만 주된 이유는 야간근로를
규제하는 취지는 근로시간대에 착안한 것이다. 이것은 연장근로나 휴일
근로와 같은 근로시간의 길이에 착안한 것이 아니므로, 후자의 적용제
외에 있어서도, 전자의 적용제외까지는 인정하지 않는 점에 불과하다.

또한 판례(ことぶき事件＜最2小判 2009. 12. 18., 最重判 115＞)와 행
정해석(통달)에서 관리감독자가 야간근로를 할 경우에 그 가산임금에
대하여 통상임금 중에 포함한다는 취지를 명확하게 하면 별도로 지급할
필요가 없다고 하는 간편한 방법을 인정(판례의 이해에 대한 다른 의견도
있다)하는 점에 유의할 필요가 있다.

게다가 야간근로에 대한 가산임금은 연장근로에 대한 가산임금과 마
찬가지로 야간근로를 유발할 위험성이 있는 점을 고려하면, 오히려 이
를 철폐하고 유럽의 근로시간 지침도 참고해 야간근로에 일정한 시간
이상 종사하는 근로자를 '야간근로자'로 하고, 그 근로자의 1일 근로시
간의 '절대적인 상한' 규정 등의 직접적인 규제방법을 도입할 필요성을
검토해야 한다.

그리고 이러한 야간근로자에 착안한 법제도는 노동안전위생법에서
자발적인 건강진단을 통한 결과제출제도(제66조의 2 이하)에서 이미 볼

수 있다(☞제3장 3(정부는 장시간 근로로부터 근로자의 건강을 보호하는 방법은?). 참조).

(7) 주휴일의 예외는 간단하게 인정하지는 못한다!

현행 노동기준법에서 휴일은 4주에 4일을 부여하면 된다(제35조). 따라서 주휴일의 원칙은 엄밀하게 말하면 없는 것이다. 아울러 법률상 부여해야 하는 휴일(법정 휴일)도 연장근로처럼 36협정을 체결하여 근로기준감독서장에게 신고하면, 그 날에 근로(휴일근로)를 시키는 것은 적법하게 된다. 또 이것도 연장근로와 같이 휴일근로를 인정하는 사유에는 법률상 제한이 없다. 여기서도 과반수대표가 체크하는 것에 모두를 맡기고 있는 셈이다.

휴일근로에 대한 가산임금은 연장근로보다도 높게 35% 이상으로 규정하고 있지만, 이것이 휴일근로를 충분하게 억제하는 기능이 있다고 생각하지는 않는다.

휴일에 대하여 주휴제를 의무화하고, 변형(탄력적인) 휴일제를 인정해도 유럽의 근로시간 지침처럼 '14일 단위'를 한도로 할 필요가 있다. 또한 휴일근로도 연장근로와 같이 인정하는 사유를 가이드라인으로 제시하고, 그 범위 내에서 취업규칙에서 휴일근로의 사유를 명시할 필요가 있다. 가이드라인에서 제시하고 있는 휴일근로를 인정하는 사유는 연장근로보다도 한층 더 제한적이어야 한다. 또한 취업규칙에 근거해도 휴일근로의 명령이 권리남용으로 무효로 될 가능성은 남아 있고(노동계약법 제3조 제5항), 그 판단은 연장근로의 명령보다도 고용주에게 엄격하게 부담시킬 필요가 있다.

(8) 연차휴가는 고용주의 주도로 부여하라!

연차휴가는 그 목적에서 개인 생활의 니즈에 따라 사용하는 것을 어떻게 평가할 것인지가 문제된다. 이에 가능하면 따라야 한다면 현재처럼 근로자에게 '시기지정권'을 부여하는 편이 좋다. 하지만 연차휴가를 그 본래의 취지인 근로자의 건강을 확보하기 위한 수단으로 활용하려면 연 단위로 휴식(보양)에 사용할 수 있도록 법제도도 정비해야 한다. 이에 먼저 연차휴가의 사용방법으로 근로자에게 시기지정권의 부여를 검토할 필요가 있다.

지금까지 연차휴가는 근로자의 권리라고 해도 근로자가 시기지정권을 행사한다는 조건이 붙은 것이었다. 고용주의 입장에서 조건이 있는 연차휴가를 부여하는 의무였다. 이를 조건이 없는 고용주의 의무로 전환할 필요가 있다. 이에 연차휴가와 관련된 많은 문제는 법해석의 문제(특히, 시기변경권의 유효성과 관계)도 포함해 해소하게 될 것이다.

그러나 바캉스의 습관이 없고 계속사용 원칙이 아닌 일본법에서 고용주에게 연차휴가일의 결정권을 인정하는 것은 근로자에게도 커다란 위험이다. 이러한 사정을 고려하면, 일본에서는 당분간은 현재 과반수대표가 관여하는 '계획연차휴가제도'(노동기준법 제39조 제6항)를 활용해야 한다. 이 제도는 고용주에게 연차휴가의 사용방법에 대하여 노사협정을 의무화하는 것으로 시작해야 한다. 그리고 과반수대표가 동의하지 않고 노사협정이 성립하지 않는 경우 고용주가 일정한 연차휴가의 사용가능 기간(현행법상 시기변경권을 행사하지 않은 기간)을 설정하고, 근로자는 그 기간 중에 연차휴가의 사용일을 지정한다. 만약 근로자가 그 사용일을 지정하지 않으면 고용주가 지정한다는 룰의 도입을 검토할 필요가 있다.6 어느 경우이든 연차휴가는 다음 연도로 이월하지 않고, 원칙적으로

---

6 <역자주> 한국에서는 '연차유급휴가제도'를 개선하고 휴가사용을 활성화할 필요성으로 '사용촉진제도'를 두고 있다(근로기준법 제61조). 사용자의 적극적인 사용 권유에도 불구하고 근로자가 휴가를 사용하지 않는 경우 사용자의 금전보상의무를 면제하는 제도이다. 나아가 한국에서는 경영합리화 차원에서 집단적 성질을 가진 휴가실시제도인 '유급휴가의 대체'를 도입하고 있다(근로

연도 내에 완전히 사용해야 한다.

게다가 연차휴가의 본래 취지를 살리려면 기초일수의 10일은 연속 사용의 의무화 등의 대담한 규제를 도입한 것도 좋을 것이다.

비슷한 관점에서 연차휴가의 발생요건인 전체 근로일의 80% 이상의 출근을 삭제하는 것도 검토할 필요가 있다.

3. 일본판 화이트칼라 이그젬션은 이렇다!

이상과 같은 새로운 근로시간제도를 구상하는데 남은 과제는 그 적용범위를 어떻게 할 것인가이다. 새로운 근로시간제도에서 보장되는 것은 근로시간의 '절대적인 상한'(한도 기준), 야간근로자의 '절대적인 상한'(1일 단위), 연속 11시간의 휴식(근무간 인터벌, 최소 휴식시간), 주휴일(혹은 2주 2휴일), 연차휴가이다. 가산임금제도는 표준제도이지만, 탄력적으로 규제할 수가 있다. 가산임금의 중요성을 현행법보다 크게 저하시키는 것은 적용제외의 영향을 약화시키는 것이다.

(1) 근로시간의 규제에 적합한 근로자는 누구인가?

본서에서 지금까지 검토해 온 근로시간의 규제에 대한 정당한 근거를 살펴보면, 근로시간의 결정은 본래는 고용주와 근로자 사이에 계약으로 자유롭게 결정해도 좋다(자기결정의 존중). 하지만, 근로자가 장시간 근로로 건강을 해치거나 일과 생활의 조화를 희생하면, 본인이나 가족, 나아가 주변의 근로자에게 큰 불이익을 미친다는 '부(負)의 외부성'이 있다. 그렇기 때문에 그 범위에서는 규제하는 것이 정당하다. 반대로 이러한 '부의 외부성'을 고려하지 않아도 되는 근로자의 근로시간은 규제할

기준법 제60조).

필요가 없고, 규제해서도 안된다.

근로계약에서 근로자는 고용주의 지휘명령으로 일을 한다. 하지만 그 지휘명령에는 다양한 내용으로 일정한 시간, 노무에 종사하는 것을 요구하는 '시간형', 일정한 업무내용을 지시해 그 수행을 요구한다는 '업무형'이 있다. 전자의 '시간형'은 업무가 아니라, 고용주가 지휘명령한 시간 동안 노무에 종사하는 근무방식이다. 이는 고용주가 근로시간을 결정한다고 할 수 있기 때문에, 앞에서 언급한 것처럼 근로시간을 규제할 필요성이 발생한다. 후자의 '업무형'은 일정한 기일까지 지시받은 업무를 완성하도록 명령받고 있는 사례가 대표적이다(근로기준량형). 이 경우에도 간접적으로 고용주가 근로시간을 결정한다고 할 수 있기 때문에 근로시간의 규제가 역시 필요한 것은 앞에서 언급한 바와 같다.

이와 관련해, 동일한 '업무형'도 업무의 양이나 질을 높이는 의무가 아니라 근로자의 처우에 반영하는 근무방식도 있다. 그 대표적인 사례가 '성과형 임금'에서의 취업이다. 이것은 근로기준량형과 구별해 '인센티브형'이라고 한다. '인센티브형'은 어느 정도의 시간을 일하는가의 구속성은 약하지만, 임금제도가 가진 인센티브가 근로자의 일하는 방향을 구속한다. 이러한 근로자는 고용주의 지휘명령의 정도는 희박하고, 근로자가 어느 정도의 시간을 일할 것인지 결정할 자유를 폭넓게 가진다. 즉 근로시간을 규제할 필요는 없고, 오히려 근로자의 자기결정을 존중해야 한다.

다만, '인센티브형'의 근로자라도 앞에서 언급한 것처럼 '부의 외부성'이 있다면 역시 규제할 필요가 생긴다. 이에 근로시간의 규제가 미치지 못해도 할 수 있는 것은 그 근로자가 수행할 일의 독립성이 높고, '부의 외부성'의 우려가 없거나 무시할 만큼 작은 경우이다.

예를 들어 전문성이 높은 업무에 종사하고, 자발적인 업무의 범위를 특정하며, 다른 근로자와 업무수행에서 상호관계하는 바가 적은 근로자, 또는 기업의 간부(일반근로자의 직속 상사가 아님)로서 자신의 업무수행은 일반근로자와는 독립된 근로자이다.

(2) 현행 재량근로제나 관리감독제에서는 왜 안되는가?

하지만 이러한 근로자는 현행법에서도 '재량근로제의 적용대상자' 또는 '관리감독자'가 될 가능성이 높다. 이에 새로운 근로시간제도를 도입할 필요가 없다고 하는 견해도 있었다. 이것이 화이트칼라 이그젬션 등의 새로운 적용제외제도를 비판하는 유력한 근거였다.

하지만 앞서 언급한 것처럼(☞제2장, 제5장, 제7장 참조), 현행 재량근로제나 관리감독자는 제대로 기능하고 있다고 평가할 수는 없다. 먼저 '전문업무형 재량근로제'는 그 범위가 한정되어 있다. 또한, 특별한 전문업무성이 없는 화이트칼라에게 적용할 수 있는 '기획업무형 재량근로제'는 도입하는 절차가 매우 엄격하다. 그래서 재량근로제는 적용제외에 적합한 근로자를 그 대상으로 포함할 수 없을 가능성이 있다. 한편, 관리감독자의 경우에는 그 정의가 불명확해 반대로 범위를 매우 폭넓게 적용하고 있다(판례에서는 시정하고 있지만). 이러한 점에서 재량근로제와 관리감독자제는 현행 제도의 문제점을 해결하려면 발전적으로 해소하고, 새롭게 통일된 적용제외제도로 통합하는 쪽이 제도의 명확성이라는 점에서도 바람직하다.

개별 기업에서 어떠한 업무와 직위에 종사하는 근로자가 근로시간 규제의 적용제외에 적합한가는 다를 것이다. 이에 어떠한 근로자가 규제의 적용제외에 적합한 기준을 가이드라인(지침)으로 설정한 후, 개별 기업에서 노사협정으로 적용제외의 범위를 결정하는 것이 바람직하다.

여기에서는 현행 전문업무형 재량근로제와 같이 법령에서 일정한 전문업무를 한정 열거한 것이 아니라 어떠한 업무를 적용제외에 적합한가의 일반 기준을 명시하고, 기준을 구체화하는 것은 개별 기업의 노사에게 위임하는 방법을 채택해야 한다. 그 일반 기준은 앞에서 언급한 것처럼 '인센티브형'의 근로자로 그 업무수행시 독립성이 강하고 그 근무방식이 다른 근로자에게 불이익이 되기 어려운 점('부의 외부성'이 발생하기 어려운 경우)을 유념해 책정할 필요가 있다.

이러한 가이드라인 방식을 도입해 재량근로자를 매우 한정하거나, 관리감독자의 범위가 매우 불명확한 문제를 해결하고, 기업내 노사 양측의 니즈에 맞는 적용제외의 범위를 결정할 수 있을 것이다.

물론 결국에는 제도를 도입하려면 당연히 '근로자의 동의'가 필요하다. 왜냐하면, 근로시간 규제의 적용제외는 임금과 근로시간의 가장 중요한 근로조건에 관한 결정으로 근로계약에 핵심적인 요소이기 때문이다.

🕐 보론: 연수입의 요건은 필요한가?

화이트칼라 이그젬션과 관련해 그 적용대상자의 범위에 연수입의 요건을 부과하는 것을 전제로 얼마로 할 것인지를 논의하고 있다. 하지만, 이론상 그 금액을 결정하는 것은 어렵고, 원래 연수입의 요건이 왜 필요한지도 명확한 것은 아니라고 생각된다.

우선, 연수입이 높은 근로자는 보호할 필요성이 낮기 때문에 근로시간 규제의 적용제외로 해도 좋은 이유를 생각할 수가 있다. 어느 하급심 판결에서 월급 약 180만엔인 고수입의 근로자가 가산임금을 기본급으로 편성하는 합의를 지금까지 판례에서 요구한 요건이 충족되지 않았는데도 유효하다고 인정한 사례가 있다(モルガン・スタンレー・ジャパン 사건·東京地判 2005. 10. 19. 労判 905호 5면). 학설은 대상판결을 비판하는 입장도 있지만, 이러한 비판은 판례에 위반한다는 이유로 판결의 결론에 공감하는 의견도 많았다.

하지만 연수입이 높다는 이유만으로 보호할 필요성이 낮다고 논의하기 시작하면 근로시간뿐만 아니라, 예를 들어 산업재해 등에서도 유사한 논의를 할 수 있다. 적어도 노동법학에서 높은 연수입자는 노동법이라는 강행적 보장의 내용을 부정해도 좋다고 하는 주장은 거의 들은 적이 없다(또한, 연수입의 요건이 설정된 사례로서, 근로계약 기간의 상한 특례에 관한 '노동기준법 제14조 제1항 제1호에 따른 후생노동부장관이 정하는 기준' 제5항을 참조).

다만, 높은 연수입이 일정한 교섭력을 가지는 점(교섭력의 대등성)의 표상이라고 하면, 노동법의 규제를 제외하는 정당한 이유가 될 수 있다.

문제는 교섭력의 대등성을 판정하는 기준으로 연수입이 적절한 지이다. 미국법에서는 화이트칼라 이그젬션에서 연수입 요건을 부과하고 있다. 그 취지는 반드시 명확하지는 않다(주 455달러의 수준은 결코 높지 않다). 나는 교섭력의 대등성을 제시하는 연수입 수준을 결정하는 것이 불가능하다는 점, 연수입이 성과형 임금이라면 변동적이어서 적용제외의 범위라는 중요한 사항을 결정하기 위한 기준으로 매우 불안정하다는 점 등으로 연수입의 요건에는 찬성하기 어렵다.

이와는 달리 교섭력의 대등성은 고용주의 정보 제공이나 설명이 제대로 행해진다는 근로자의 자기결정의 기반을 정비할 것인지 관점에서 검토할 필요가 있다(大內 2013(a)).

(3) 건강의 확보도 자기결정으로 좋은가?

근로시간 규제의 적용제외에 대한 최대 효과는 근로시간의 '절대적인 상한'(야간근로시 '절대적인 상한'도 포함)을 적용하지 않는다는 점이다. 본인의 자기 결정을 존중해도 좋고, '부의 외부성'을 고려할 필요가 없는 근로자라면 건강을 확보하기 위한 특별한 규제가 필요하지 않을 수도 있다. 하지만 이러한 근로자의 건강을 저해할 위험성의 방치는 근로자의 생산성을 떨어뜨려서, 장래의 일본경제에 미칠 악영향을 생각하면 바람직하지 않다. 여기서 규제를 정당화하는 근거를 찾을 수 있다.

그렇지만 본인의 자기결정을 존중해도 좋은 유형의 근로자는 건강을 확보하기 위한 규제는 '일하는 것'을 제한하는 종래의 규제방법이 아니고, 가능하면 자기결정에 맡기려는 '쉬는 것'에 권리를 주는 규제방법으로 접근할 필요가 있다(☞제1장7 참조).

구체적으로 연속 11시간의 휴식(근무간 인터벌)이나 주휴일(혹은 2주 2 휴일)은 고용주의 의무가 아니라, 현재 연차휴가제도와 동일한 조건에 있는 권리라면 좋다. 또한 새로운 근로시간제도로서 연차휴가는 고용주의 의무성이 크지만, 적용제외의 대상자는 종전과 같이 동일한 조건을 가지는 권리라고 볼 수 있다.

또한, 「산업경쟁력회의」에서 제시된 'A유형의 안'(☞제7장 2.(제2차 아베 정권에서 재연된 개혁론) 참조)은 근로시간의 연간 상한을 설정하고 있다. 근로자의 건강을 보호한다는 점에서 규제이다. 하지만 본서의 입장에서는 이러한 방법으로 보호하는 규제는 필요 없다. 위와 같은 휴식의 권리를 보장하는 것으로 충분하다고 생각된다.

노동안전위생법에서 건강을 확보하는 규정은 원래 근로자의 의사를 존중하는 내용이므로 적용제외로 할 필요는 없다.

(4) 노사자치를 살려야 한다

마지막으로 어떻게 노사자치를 이해할 것인지 문제가 남아 있다.

본서에서 제안한 가이드라인 방식(연장근로의 사유, 적용제외자의 범위)은 정부와 기업내 노사 공동으로 룰을 형성하는 것이다. 근로시간의 관리를 노사에게 완전하게 위임하는 것은 일본과 같은 기업별 노사관계가

---

7 <역자주> 제1장 근로시간을 규제하는 이유는?

중심인 국가에서는 근로자 측의 교섭력이 불안하기 때문에 적절하지 않다. 이에 정부가 가이드라인을 설정하고, 노사간 교섭을 유도할 필요가 있다.

하지만, 이러한 정부의 지원도 근로자 측의 주체가 과반수 노동조합이 아니고, 과반수대표자인 경우에는 문제라는 견해도 크다. 일반적으로 현행 36협정이 제대로 기능하지 않은 것은 과반수대표자의 힘이 부족했기 때문이라고 이해한다.

다만, 본서에서 언급한 것처럼, 과반수대표자가 일반 근로자의 진의에 반하여, 고용주가 지시한 대로 한다고 평가해도 좋은지는 의문이다 (☞제5장[8] 참조). 과반수대표자에게 문제가 있는 것은 인정하지만, 오히려 이 제도를 제대로 활용할 방법을 생각하는 편이 바람직하다.

어느 경우이든 고용사회가 큰 변화 속에서 국가의 법률에 노동법의 룰을 형성하도록 모두 맡기는 것은 비현실적이다. 이러한 의미에서 기업내 노사가 분권적·자치적인 규제를 중시할 필요가 있다. 이러한 관점에서 근로시간 규제도 무엇을 법률로 규정하고, 무엇을 노사에 위임할 것인지는 검토할 필요가 있다. 본서의 제안은 그 하나의 선택지이다.

4. 바른 화이트칼라 이그젬션론

(1) 화이트칼라 이그젬션은 이론적인 귀결

36협정과 가산임금을 축으로 하는 일본의 근로시간제도는 실패로 끝났다. 이 점을 솔직하게 인정하는 부분에서 근로시간제도의 개혁을 논의할 필요가 있다. 일본의 근로시간제도는 36협정을 삭제하고, 가산임금의 강행성을 약화시켜야 새로운 길을 내디딜 수가 있다. 여기에서는

---

8 <역자주> 제5장 일본의 근로시간 규제는 어디에 문제가 있는가?

왜 근로시간을 규제해야 하는지, 그렇다면 그 적절한 방법은 무엇인지 재검토해야 한다.

그러면, 저절로 누구를 규제할 것인지 여부가 명확해진다. 화이트칼라 이그젬션은 이러한 검토의 결과에서 도출하는 것이다.

이러한 의미에서 화이트칼라 이그젬션은 근로시간의 규제완화론이 아니라, 규제의 재구축을 위한 이론적 고찰에서 이론 필연적으로 나온 결과일 뿐이다. 이것이 그 당시에 정권의 추진 정책과 일치하는 것인지 여부는 우연한 일일뿐이다.

(2) 화이트칼라 이그젬션의 생사는 경영자의 수완에 달렸다

그렇지만, 화이트칼라 이그젬션론은 이론적인 의미만이 아니라, 실천적인 의의도 있다. IT(정보기술)이나 AI(인공지능)의 급속한 발달은 일본 고용사회에서 인간이기에 행하는 지적 근로의 중요성을 더욱더 고조시킬 것이다. 인간지능에 자극을 주는 것은 고용주의 지휘명령이 아니다. 스스로 무엇인가를 창조하려는 근로자의 내면적인 욕구이다. 이러한 근로자의 욕구에 따른 근무방식에 적합한 임금체계는 성과의 인센티브를 중시하는 것이다.

현행 가산임금의 규제가 있지만, 시간과 임금을 완전하게 분리할 수는 없다. 화이트칼라 이그젬션론의 목적은 아직은 그 부분에 칼을 대는 것으로, 실제로는 이것으로 끝난다. 건강을 확보하기 위하여 규제를 강화할 필요성은 화이트칼라 이그젬션론과는 상관이 없는 것이고, 원래 모든 근로자에게 강구할 필요가 있다. 화이트칼라 이그젬션을 도입하는 것과 물물교환을 할 필요는 없는 것이다.

화이트칼라 이그젬션은 물론 경영자가 부담하는 인건비를 삭감하기 위한 목적도 아니다. 본서의 제안에 의하면, 화이트칼라 이그젬션은 인건비의 삭감만을 목적으로 이용할 수는 없다. 이는 여기에 본래 적합한 근로자를 근로시간의 법적 제약에서 해방시킬 뿐이다. 이러한 가운데 그 근로자를 어떻게 활용할 것인지는 경영자의 창의적인 연구(創意工夫)에 달려 있다. 여기서 경영자의 진짜 승부가 시작된다.

(3) 이 다음에 있는 것은?

노동법에서 말하는 '근로자'란 고용주에게 지휘명령을 받는 자이고, 근로시간은 고용주의 지휘명령 아래에 있는 시간이다. 하지만 IT(정보기술)의 발전은 근로를 시간적·장소적인 제약에서 근로자를 해방시키고 있다. 이미 현행법에서도 '재량근로제'가 이러한 근로를 받아들이는 제도였다. '선택적 근로시간제'도 시간적 구속성에서 해방된 근로, '사업장 밖 근로의 간주근로시간제'는 장소적 구속성에서 해방된 근로를 수용하는 제도이다. 다만, 이러한 제도에서 일하는 자는 지휘명령관계가 희박하지만 여전히 '근로자'로 분류된다. 하지만 향후 근무방식이 물리적인 면에서도 더욱더 다양해지고, 지휘명령 아래에 있는 '근로자'의 여부를 확실하게 모르는 사람이 늘어날 것이다.

그 대부분은 고용관계가 없다고 평가할지도 모른다. 그러면 이들은 일하는 것에 관한 규제는 필요없게 되는 것인가? 노동기준법과 같은 규제는 아니라도, 임의법규와 같이 당사자의 합의로 일탈(derogation)할 수 있는 약한 규제라면 새로운 근무방식으로도 유용할 수도 있다.

노동법의 전통적인 규제 범위, 규제 사항, 규제 방법을 크게 변화시키는 시대는 이미 와 있다.

본서에서 현행 법제도를 전제로 일정한 근로자에 대하여 근로시간 및 가산임금의 규제를 적용제외하고, 그 밖의 근로자도 가산임금을 탄력적인 규제로 재편성하도록 제안하는 것은 규제의 후퇴처럼 볼 수도 있다. 하지만, 미래에 고용사회의 규제는 지휘명령으로는 파악할 수 없는 사람이 지금보다도 더 다양하게 일하는 것에 적합하고 유연한 구조가 될 필요가 있다.

　마지막으로 본서가 제안한 화이트칼라 이그젬션을 도입해도 현 시점에는 그 만큼 많은 근로자가 적용제외의 대상자가 되는 것은 아니다. 실제로 이것 자체가 일본에서 화이트칼라 이그젬션의 근무방식 문제라고 할 수 있다. 세상에는 화이트칼라 이그젬션의 적용대상자가 점차 늘어날 사항을 많이 우려한다. 하지만, 일본 사회에서 핵심 문제는 화이트칼라 이그젬션에 적합한 근로자가 적다는 점에 있다. 높은 창조성 및 부가가치를 창출하는 화이트칼라가 없다면 미래의 일본 경제는 어둡다. 화이트칼라를 대상으로 한 이그젬션은 이러한 근로자의 근무방식에 적합한 법제도를 정비한다고 하는 의미라는 점을 명심해 둘 필요가 있다.

에필로그: **잔업비란?**

어떤 회사의 소수 노동조합의 위원장과 노동위원회의 위원의 대화

"우리 회사는 다수 노동조합만 우대하고, 우리를 차별하고 있어요."

"그건 안되죠. 어떤 차별을 받고 있습니까?"

"다수 노동조합의 조합원에게만 잔업을 시키고 있어요."

"잔업이 없는 것이라면 우대받는 것이 아닌가요?"

"터무니 없는 말씀 마세요. 잔업비를 받을 수가 없잖아요."

"법률은 잔업을 시키지 않도록 하기 위하여 잔업비를 지급하도록 하는 것인데."

"잔업비 없이 어떻게 생활을 합니까? 위원님, 상식이 없으시군요."

"…"

어느 대학교의 교원과 인사과장의 대화

"왜 우리 대학교의 교원에게는 재량근로제를 도입하지 않습니까?"

"선생님에게는 연구 이외의 업무도 해주셔야 하는 경우가 많기
때문에."

"다른 대학교의 교원은 모두 재량근로제에요. 우리는 전문직이어
서 재량근로를 인정하지 않으면 곤란합니다."

"그래도 재량근로제가 되면, 잔업비는 없게 됩니다만."

"…"

회사원끼리의 대화

"정부가 잔업비를 없애려고 하는 것 같아."

"그런가 봐."

"우리들, 잔업비가 없어지면 생활을 할 수 없는데."

"그래도 대상은 연수입 1,000만 엔 정도를 받는 사람이라니깐, 우
리하고는 관계가 없어."

"처음에는 관계가 없어도, 나중에 적용범위가 넓어질 것인데. 파
견 때에도 그랬다고 TV에서 말했어."

"그래도 한도가 있을 거야. 넌 수입은 얼마야?"

"300만 엔"

"…"

References

참고문헌

* 굵은 글자 부분은 본문 중에서 약어로 표시함.

■ あ 행

荒木尚志, 『労働時間の法的構造』(1991, 有斐閣).

荒木尚志, 「裁量労働制の展開とホワイトカラーの法規制」, 社会科学研究 50巻 3号(1999), 3－34면.

荒木尚志, 「労働時間」, 日本労働研究雑誌 597号(2010), 38－41면.

有泉亨, 『労働基準法』(1963, 有斐閣).

石田光男・寺井基博編, 『労働時間の決定－時間管理の実態分析』(2012, ミネルヴァ書房).

岩出誠, 「みなし割増賃金をめぐる判例法理の動向とその課題」, 荒木尚志・岩村正彦・山川隆一編, 『労働法学の展望－菅野和夫先生古稀記念論集』(2013, 有斐閣), 337－354면.

江口匡太, 「工場法史の現代的意義」, 日本労働研究雑誌 562号(2007), 110－113면.

大内伸哉, 『雇用社会の25の疑問－労働法再入門－』(2007(初版), 2010(第2版), 弘文堂).

大内伸哉, 『キーワードからみた労働法』(2009, 日本法令).

大内伸哉, 『君は雇用社会を生き延びられるか－職場のうつ・過労・パワハラ問題に労働法が答える』(2011, 明石書店).

大内伸哉, 「労働契約における対等性の条件－私的自治と労働者保護」, 根

本到·奥田香子·緒方桂子·米津孝司編『労働法と現代法の理論－西谷敏先生古稀記念論集(上)』(2013(a), 日本評論社), 415－432면.

大内伸哉, 『解雇改革－日本型雇用の未来を考える』(2013(b), 中央経済社).

大内伸哉, 『雇用改革の真実』(2014, 日本経済新聞出版社).

大内伸哉·川口大司, 『法と経済で読みとく雇用の世界－これからの雇用対策を考える(新版)』(2014, 有斐閣).

小倉一哉, 『日本人の年休取得行動－年次有給休暇に関する経済分析』(2003, 日本労働研究機構).

小倉一哉, 『エンドレス·ワーカーズ－働きすぎ日本人の実像』(2007, 日本経済新聞出版社).

小倉一哉, 「ワークシェアリングは雇用促進に有効だったか」, 日本労働研究雑誌573号(2008), 84－87면.

小畑史子·佐々木勝, 「第4章 労働時間」, 荒木尚志·大内伸哉·大竹文雄·神林龍編『雇用社会の法と経済』(2008, 有斐閣), 79－109면.

■ か 행

梶川敦子, 「アメリカ公正労働基準法におけるホワイトカラー·イグゼンプション－規制改正の動向を中心に」, 日本労働研究雑誌 519号(2003), 28－33면.

梶川敦子, 「ホワイトカラー労働と労働時間規制の適用除外－アメリカのホワイトカラー·イグゼンプションの検討を中心に」, 日本労働法学会誌106号(2005), 114－125면.

梶川敦子, 「日本の労働時間規制の課題－長時間労働をめぐる法学的分析」, 日本労働研究雑誌575号(2008), 17－26면.

梶川敦子, 「割増賃金請求訴訟における時間外労働時間数の立証と使用者の記録保存義務－アメリカ法の検討を中心に－」, 神戸学院法学 38巻3·4号(2009), 355－385면.

梶川敦子, 「割増賃金」, 土田道夫·山川隆一編『労働法の争点』(2014, 有斐閣), 108－109면.

小嶌典明，「第4章　労働市場改革と労働法制」，鶴光太郎・樋口美雄・水町
　　勇一郎編『労働市場制度改革』(2009, 日本評論社)，85－118면.

小宮文人・濱口桂一郎訳，『EU労働法全書』(2005, 旬報社).

■ き 행

佐々木勝，「割増率の上昇は残業時間を減らすか？」，日本労働研究雑誌573
　　号(2008)，12－15면.

島田陽一，「ホワイトカラーの労働時間制度のあり方」，日本労働研究雑誌
　　519号(2003)，4－15면.

島田陽一，「ホワイトカラー労働者と労基法41条2号」，季刊労働法　214号
　　(2006)，30－38면.

島田陽一・和田肇・小倉一哉・鶴光太郎・長谷川裕子・荻野勝彦「座談会　労
　　働時間規制の現状と課題」，季刊労働法　227号(2009)，58－94면.

菅野和夫，『労働法(第10版)』(2012, 有斐閣).

■ た 행

高橋陽子，「ホワイトカラー『サービス残業』の経済学的背景」，日本労働研
　　究雑誌536号(2005)，56－68면.

鶴光太郎・樋口美雄・水町勇一郎編，『労働時間改革－日本の働き方をい
　　かに変えるか』(2010, 日本評論社).

寺本廣作，『働基準法解説(復刊)』(1998[初版は1948, 時事通信社], 信山社).

藤内和公，『ドイツの雇用調整』(2013, 法律文化社).

東京大学労働法研究会，『注釈労働時間法』(1990, 有斐閣).

■ な 행

中窪裕也，『アメリカ労働法(第2版)』(2010, 弘文堂).

西谷敏，『規制が支える自己決定－労働法的規制システムの再構築』(2004,

法律文化社).

西谷敏・五十嵐仁・和田肇・田端博邦・野田進・萬井隆令・脇田滋・深谷信夫, 『日本の雇用が危ない－安倍政権「労働規制緩和」, 批判』(2014, 旬報社).

日本労働法学会編, 『講座21世紀の労働法(第5巻 賃金と労働時間)』(2000, 有斐閣).

野田進・和田肇, 『休み方の知恵－休暇が変わる』(1991, 有斐閣).

野田進, 『「休暇」労働法の研究－雇用変動のなかの休暇・休業・休職』(1999, 日本評論社).

野田進, 「労働時間規制立法の誕生」, 日本労働法学会誌 95号(2000), 81면 以下.

■ は 行

濱口桂一郎, 「労働時間法政策の中の裁量労働制」, 季刊労働法 203号(2003), 40－59면.

濱口桂一郎, 『新しい労働社会－雇用システムの再構築へ』(2009, 岩波書店).

浜村彰, 「第9章 労働時間規制の目的と手段」, 前掲 『講座21世紀の労働法 第5巻 賃金と労働時間』(2000, 有斐閣).

■ ま 行

水町勇一郎, 「労働時間政策と労働時間法制」, 日本労働法学会誌106号(2005), 140－153면.

守島基博・大内伸哉, 『人事と法の対話－新たな融合を目指して』(2013, 有斐閣).

■ や 行

山川隆一, 「労働法の実現手段に関する覚書」, 前掲 『労働法と現代法の理論－西谷敏先生古稀記念論集(上)』(2013, 日本評論社), 75－103면.

山口浩一郎・渡辺章・菅野和夫編, 『変容する労働時間制度－主要五ヵ国の比較研究』(1988, 日本労働協会).

山田卓生, 『私事と自己決定』(1987, 日本評論社).

山本勲・黒田祥子, 『労働時間の経済分析－超高齢社会の働き方を展望する』(2014, 日本経済新聞出版社).

■ ら 行

労働政策研究・研修機構,『諸外国のホワイトカラー労働法に係る労働時間法制に関する調査研究(労働政策研究報告書No.36)』(2005, 労働政策研究・研修機構).

労働政策研究・研修機構,『労働時間規制に係る諸外国の制度についての調査(調査シリーズNo.104)』(2012, 労働政策研究・研修機構).

■ わ 行

和田肇, 『ドイツの労働時間と法－労働法の規制と弾力化』(1998, 日本評論社).

和田肇, 「アベノミクスの労働時間政策を検証する」, 季刊労働法 245号(2014), 32－46면.

渡辺章, 「工場法と国際労働条約と労働基準法－時間外労働に対する法的規制の推移を中心に－」, 日本労働研究雑誌 482号(2000), 2－11면.

渡辺章, 「工場法史が今に問うもの」, 日本労働研究雑誌 562号(2007), 101－110면.

■ 欧文

Kachi Y, Otsuka T, Kawada T, Precarious employment and the risk of serious psychologial distress: a population－based cohort study in Japan, Scandinavian Journal of Work Environ & Health 2014;40(5) 465－472.

사항색인

판례색인

판례 · 판례집 등의 범례(약어는 굵은 글자 부분)

最高裁判所(第1～3小法廷)判決(決定)

高等裁判所判決(決定)

地方裁判所判決(決定)

最高裁判所民事判例集

最高裁判所裁判集民事

労働関係民事裁判例集

判例時報

労働経済判例速報

労働判例

저자

오오우치 신야(大內伸哉)

1963년 효고현(兵庫縣) 고베(神戶)시 출생
1995년 도쿄(東京)대학 대학원 법학정치학연구과 박사과정 수료(법학박사)
1996년 고베(神戶)대학 법학부 조교수
2001년 현재 고베(神戶)대학 대학원 법학연구과 교수

〈저서〉
『雇用社会の25の疑問(第2版)』(弘文堂, 2010)
『君は雇用社会を生き延びられるか』(明石書店, 2011)
『人事と法の対話』(공저, 有斐閣, 2013)
『解雇改革』(中央経済社, 2013)
『君の働き方に未来はあるか？』(光文社, 2014)
『法と経済で読みとく雇用の世界(新版)』(공저, 有斐閣, 2014)
『雇用改革の真実』(日本経済新聞出版社, 2014)
『労働時間制度改革－ホワイトカラー・エグゼンプションはなぜ必要か』
　　(中央経済社, 2015)
『労働法で人事に新風を』(中央経済社, 2015)
『勤勉は美徳か？』(光文社, 2016)
『AI時代の働き方と法』(弘文堂, 2017) 외 다수

역자

이승길(李承吉, sglee79@ajou.ac.kr)

아주대학교 법학전문대학원 교수(노동법)
성균관대학교 법학과, 대학원 석사과정, 박사과정 졸업(법학박사)
경기지방노동위원회 공익위원(심판)
고용보험심사위원회 위원
서울중앙법원 조정위원
국가인권위원회(사회권) 전문위원
국무총리행정심판위원회 위원
동경대학 사회과학연구소 객원연구원
동경대학 법정치학부 객원연구원
산업연구원 연구위원
한국노동법학회 회장(2016)

한국사회법학회 회장(2017 – 2018)
소시얼아시아포럼(SAF) 한국 대표

〈저서 및 논문〉
근로계약법제에 관한 연구
노동법의 제문제
성과주의인사와 임금법제
노동법의 기초연구(공동번역)
노동법의 복권(공동번역) 등 다수

근로시간 제도개혁

초판발행	2017년 11월 30일
지은이	오오우치 신야(大內伸哉)
엮은이	이승길
펴낸이	안종만
편 집	김선민
기획/마케팅	정연환
표지디자인	김연서
제 작	우인도·고철민
펴낸곳	(주) **박영사**
	서울특별시 종로구 새문안로3길 36, 1601
	등록 1959. 3. 11. 제300-1959-1호(倫)
전 화	02)733-6771
f a x	02)736-4818
e-mail	pys@pybook.co.kr
homepage	www.pybook.co.kr
ISBN	979-11-303-3117-1 93360

* 잘못된 책은 바꿔드립니다. 본서의 무단복제행위를 금합니다.
* 역자와 협의하여 인지첩부를 생략합니다.

* 책값은 뒤표지에 있습니다.